国家出版基金项目
NATIONAL PUBLICATION FOUNDATION

U0658088

从文化自知到文化自信

中华优秀传统文化大家谈 ｜第一辑｜

温海明 赵薇 主编

杨朝明 著

山东城市出版传媒集团·济南出版社

许多人在世界文明面前感到迷茫、在西方文明面前感到卑微，缺少的是对自身文明符合历史真实的认知。理解到这一点，才能达致真正的文化自信；唯其如此，才可以与全人类共享中华文化的伟大智慧。

图书在版编目(CIP)数据

从文化自知到文化自信 / 杨朝明著. —济南：
济南出版社，2020.1
（中华优秀传统文化大家谈 / 温海明，赵薇主编. 第一辑）
ISBN 978 - 7 - 5488 - 3849 - 4

Ⅰ.①从… Ⅱ.①杨… Ⅲ.①中华文化－研究
Ⅳ.①K203

中国版本图书馆 CIP 数据核字(2019)第 276751 号

图书策划　杨　峰
出 版 人　崔　刚
责任编辑　樊庆兰　刘雅稚
装帧设计　侯文英

出版发行　济南出版社
地　　址　山东省济南市二环南路 1 号(250002)
编辑热线　0531 - 82803191
发行热线　0531 - 86131728　86922073　86131701
印　　刷　山东临沂新华印刷物流集团有限责任公司
版　　次　2020 年 1 月第 1 版
印　　次　2020 年 3 月第 1 次印刷
成品尺寸　170mm×240mm　16 开
印　　张　21.5
字　　数　334 千字
印　　数　1—3000 册
定　　价　52.00 元

出 版 前 言

　　"文化是一个国家、一个民族的灵魂。文化兴国运兴,文化强民族强。"党的十九大报告强调,中国特色社会主义文化源自中华民族五千多年文明历史所孕育的中华优秀传统文化,要加强对中华优秀传统文化的研究阐释与普及教育。中共中央办公厅、国务院办公厅印发的《关于实施中华优秀传统文化传承发展工程的意见》,明确要求加强中华文化研究阐释工作,深入研究阐释中华文化的历史渊源、发展脉络、基本走向,着力构建有中国底蕴、中国特色的思想体系、学术体系和话语体系。深入研究和阐发中华优秀传统文化,彰显中华文化魅力,坚定文化自信,成为摆在每一个从事文化研究和出版传播者面前的重要课题。

　　当前,对中华优秀传统文化的研究阐释正形成一股全国热潮,涌现出一大批有影响力的专家学者。他们从不同视角深研中国传统文化,汲取精华,关照现实,展望未来,取得丰硕研究成果。系统地挖掘整理他们的研究成果,集中展示他们的学术观点,有助于推动中华优秀传统文化研究的纵深发展。

　　为此,我们精心策划了《中华优秀传统文化大家谈》项目,搭建中华优秀传统文化研究平台,集中介绍国内名家学者关于中华优秀传统文化研究的核心思想、观点,较为系统、全面地反映当前中国传统文化研究尤其是儒学研究的整体状况和发展趋势,以期推动学术交流,服务学术创新,同时使广大读者能够了解、感受、领略中华优秀传统文化的深邃内涵和精神魅力。名为"大家谈",意在汇聚名家、大家,选取的作品均为当代中华传统文化研究的名家名作;同时也有"众人谈"之意,意在百家争鸣,繁荣学术研究。

却顾所来径,苍苍横翠微。项目从策划到出版,皆赖专家学者们的学术热情与鼎力支持。对此,我们深为感佩,并衷心感谢! 同时也希望更多学界大家加入我们的行列,使更多高水平、高质量的研究成果能够与广大读者见面。

《中华优秀传统文化大家谈》项目组

2019 年 12 月

目录
录

下篇　中华文化的当代思考

上篇

中华文明的真实样态

把握儒家思想精髓　弘扬优秀传统文化

习近平总书记指出："孔子创立的儒家学说以及在此基础上发展起来的儒家思想，对中华文明产生了深刻影响，是中国传统文化的重要组成部分。""研究孔子、研究儒学，是认识中国人的民族特性、认识当今中国人精神世界历史来由的一个重要途径。"儒学有其形成的广阔背景，有典型的博大体系，有漫长的发展历史。中华文化就像一棵生生不息的文明之树，这棵树枝繁叶茂、生命坚韧，在不同时期结出了不同的文明花果。把握儒家思想之大体，有利于我们更好地传承与弘扬中华优秀传统文化。

"天下为公"　与中国文化理想和精神追求

2500 年前，孔子创立了儒学，孔子思想的突出特点在于对以前数千年文化的继承总结、凝练提升。孔子"祖述尧舜，宪章文武""述而不作，信而好古"，他"好学"而"博学"。孔子尊重历史，尊重前人的文化创造，站在当时历史的制高点上济古维来。梁漱溟说："孔子以前的中国文化差不多都收在孔子手里；孔子以后的中国文化又差不多都从孔子那里出来。"

与其他许多民族一样，中华民族追求社会和谐、人心和顺，始终有对美好幸福生活的向往。上古三代礼制损益因革，西周初年周公制礼作乐，确立了社会的基本规则。孔子向往"郁郁乎文哉"的"周公之治"，形成了"大道之行，天下为公"的社会理想。在他心中的"大同"世界里，人们"选贤举能，讲信修睦""老安少怀，有爱有敬""盗窃乱贼不作，奸谋闭而不兴"。

孔子"天下为公"观念指向人的公德意识和公共意识，强调人的社会性存在。只要人们发生社会联系，这个追求就不会改变，也不应改变。儒学注重人性和人的价值，考虑人与人、家与家、国与国之间的关系，致力于处理人心和道心、人情和人义、天理与人欲的关系。

孔子"天下为公"的社会理想，一直是中国人的追求，今天依然是中华民族的梦想。有梦想就能创造、敢奋斗、善团结，就不畏山高路远。"天下为公"是人生的方向、社会的方向，是人类的大道、世界的大道，也是人类命运共同体理念的理论来源。

"为政以德" 与社会规矩意识和管理规则

人组成社会，就要有社会管理。在孔子心目中，治国就像驾车，驾驭车马要"以道服乘"，治国理政更是如此。孔子说："虽有博地众民，不以其道治之，不可以致霸王。"这里，"霸"指的是强大，"王"意味着伟大。意为越是地域广阔、人口众多，越需要共同信念与信仰。《周礼》六官中，"冢宰之官以成道"，"司徒之官以成德"，那时的人就特别看重"董正治官"，树立正气，化民成俗。正确价值观的建立，为政者十分关键。周代就强调敬德保民，孔子更主张为政以德。

儒家特别注重社会管理，尤其注重管理者的素质。在孔子那里，"为政以德"就是"以正为政"，他的方法简单明了，就是用为政者的"正"引导社会的"正"。孔子认为，以正为政则无不正。各级管理者都应该尽力"正其身"，发挥自身的表率作用。

儒学是君子之学、大人之学，就是要培养明是非、知荣辱、能担当、敢引领、格局大的社会精英。孔子告诫为政者"子欲善而民善"，力图使他们清楚"风行草偃"的道理。"君子"要德位相配，是德与位的统一体。因为责任大，所以要求高；既然是尊贵的人，就应是高尚的人。这是中国君子文化的精髓与要义。

国无德不兴，人无德不立。树立和培养道德，干部是主导，学校是主场。干部有政德，教师能传道，学生"思无邪"，久久为功，润物无声，就会有良好的个人品德、家庭美德、职业道德、社会公德。孔子说"人道，政为大"，说"上者，民之表也，表正则何物不正"。人道之正在于政，孔子强调正名，也是上行下效的问题。为政在于正名，在于使人们遵守规则与规范，履行责任和义务。

"为政以德"就要"为国以礼"。礼具有"决嫌疑""济变""弭争"的功能。儒家礼文化博大精深，使中国成为最讲礼的国度。礼"经国家，定社稷，序民人，利后嗣"。许多孔庙建有"礼门""义路"门坊一类的建筑，昭示人们要遵道而行、循理而动，要人们做人讲规矩、办事守章程。这对于国家治理和党风廉政建设都有借鉴意义。

"推己及人" 与个人价值观念和修养方法

"国皆有法，而无使法必行之法"，所以孔子说："人而不仁，如礼何？人而不仁，如乐何？"人的道德修养、社会的伦理准则就是和谐与和平的保障。瑞士著名哲学家孔汉思在起草《走向全球伦理宣言》时，特别重视中国传统文化中最基本的两点：一个是人道，即孔子说的"仁"；另一个是孔子在人文规则历史中设立的第一个黄金法则，即"己所不欲，勿施于人"。

孔子教人修文德，立忠信，特别注重推己及人。孔子"一以贯之"的"道"，曾子说就是"忠恕"。孔子认为，现实世界由"太一"化生而来，"分而为天地"，"然后有万物"，然后有男女、夫妇、父子、君臣、上下，然后"礼仪有所错"。处理这些两两相对的关系，需要有忠恕之道，需要有"一"的思维，由修己而推己。

儒家注重"人道大伦"，希望推衍"爱与敬"。孔子说"爱与敬，其政之本"，人有爱有敬，才能父慈子孝、兄良弟悌、夫义妇听、长惠幼顺、君仁臣忠；"立爱自亲始""立敬自长始"，认为修养要从家庭开始，修身须从孝悌起步。儒家的"仁爱精神""敬畏观念"正是"爱"和"敬"的问题。三国时魏国人刘邵说《孝经》"以爱为至德""以敬为要道"，他在《人物志》中说"人道之极，莫过爱敬"，说明他把握了儒家学说的精髓。儒学的这些特征，对于人的道德培养，尤其对于青少年的正确是非观、价值观的培育有重要价值。

"执两用中" 与人生的行动纲领和思维指南

儒家思想特别重视中道。孔子讲"执其两端，用其中于民"，它是道德准则，也是思想方法，指以不偏不倚、无过无不及的态度为人处世。"中庸"即"中之用"，就是"用中"或"使用中道"，按东汉郑玄的说法就是"中和之为用"。孔子讲的"中"是"时中"，是根据条件变化而不断调整的"中"。中庸的精髓在于有"经"有"权"，中庸指人在为人处世中不断纠偏的过程。

人处在天地之间，就应当效法天、地之道。《逸周书》讲："天道尚左，日月西移；地道尚右，水道东流。人道尚中，耳目役心。"又说"天道曰祥，地道曰义，人道曰礼"，所以孔子强调说："夫礼，所以制中也。""以礼制中"的同时还"以刑教中"，儒家讲德主刑辅，那么怎样以刑辅德？儒家注重德治，但从没有忽视"刑何以辅德"的问题，所以孔子说"刑罚不中，则民无所措手足"。

在"时中"哲学里，中的标准就是合宜、合理、合礼。"时中"包含两层意思：一是"无可无不可"，一是"无过无不及"。也就是说，一切要以是否合"义"而定。可见，中庸不仅是认识世界的方法和处世准则，也是中国人思维方式的核心特征。孔子晚年喜《易》，所作《易传》尤其看重"时"与"变"，他强调"时中立极"，多次说"与时偕行""与时偕极"。孔子的中道原则追求中和境界，让人不拘泥、不保守，让人不偏执、不极端，让人与时俱进，不故步自封，体现了孔子思想、儒学学说的高度与深度。

历史总在不断发展，在"损益"中前进。作为一种行为方式，"中庸"有很强的实践性，儒家思想在政治与社会的各方面都包含有中庸思维，体现了"时中"的智慧。作为一种修行方式或自我教育方式，中庸强调"至诚无息""择善固执"。儒家中道思想注重以人为本，以人性为主体，使个体发展与社会和谐相协调，这是社会法则，也是人道原则。中庸方法是进取的哲学，是和谐的哲学，中国儒学精神是坚定文化自信的力量源泉之一。

总之，儒学铺染了中国人的生命底色，包含着我们的价值信念与民族精神，深深影响了一代又一代的中华儿女。

（原载于《光明日报》2018 年 12 月 4 日）

认识儒学价值，坚定文化自信

　　在 2013 年 8 月 19 日至 20 日全国宣传思想工作会议上，习近平主席强调必须胸怀大局，把握大势，着眼大事，在全面对外开放条件下，要引导人们更加全面客观地认识当代中国、看待外部世界；必须宣传阐释中国特色，着眼历史传统与中国特色的关系，在民族精神中汲取滋养，理解我国传统文化之于"中国"的特殊意义。会议要求围绕坚持中国道路、弘扬中国精神、凝聚中国力量下功夫，着眼坚定理想信念，引导人们增强道路自信、理论自信、制度自信。2014 年 3 月 7 日，在参加十二届全国人大二次会议贵州代表团审议时，习主席特别关注贵阳孔学堂，并提出了"文化自信"问题，认为一个国家综合实力最核心的还是文化软实力，这事关精气神的凝聚。习主席强调说："我们要坚定理论自信、道路自信、制度自信，最根本的还要加一个文化自信。"今天，我们不仅要坚定"三个自信"，更要大力弘扬中华优秀传统文化，去其糟粕、留其精华，增强文化自信。

　　习近平主席关于"文化自信"的论述意味深长，意义重大。鸦片战争以来，西方的坚船利炮打开了中国国门，对中国文化产生了严重的负面影响，中国沦为殖民地半殖民地，国人的文化自信被严重损害。其实，中华民族传统文化是文化自信的根基，积淀着中国改革发展的巨大内力。在建设中国特色社会主义的今天，必须大力弘扬孔子思想与儒学精髓，坚信自身文化的价值意义，正确理解中华民族传统文化，给予认同尊重，充分坚持发扬，建立真正意义上的文化自信。

充分理解孔子儒学的价值，树立文化自信

中华民族传统文化博大精深，包蕴丰富。人们公认，中国传统文化的主干是儒学，而孔子作为儒家文化的创始人，其地位极其重要。在这一点上，许多学者的认识都是一致的。例如，著名历史学家、文化史家柳诒徵先生说："孔子者，中国文化之中心也。无孔子则无中国文化。自孔子以前数千年之文化，赖孔子而传；自孔子以后数千年之文化，赖孔子而开。"① 著名历史学家、思想家钱穆先生说："孔子为中国历史上第一大圣人。在孔子以前，中国历史文化当已有两千五百年以上之积累，而孔子集其大成。在孔子以后，中国历史文化又复有两千五百年以上之演进，而孔子开其新统。在此五千多年，中国历史进程之指示，中国文化理想之建立，具有最深影响最大贡献者，殆无人堪与孔子相比伦。"② 现代新儒家"三圣"之一的梁漱溟先生也曾说："孔子以前的中国文化差不多都收在孔子手里；孔子以后的中国文化又差不多都从孔子那里出来。"③ 这些说法，很有典型意义。

作为传统文化的重要组成部分，孔子思想在中国历史上发挥了极为重要的作用。不难理解，今天的中国是历史中国的延续与发展，以孔子思想为代表的优秀传统文化在当今的中国特色社会主义建设中，在当下我们发展文化强国的战略中，是不可或缺的"正能量"，意义非同凡响。

第一，孔子思想具有世界意义。孔子是和苏格拉底、柏拉图、释迦牟尼等齐名的世界级哲学家。亨廷顿把孔子所创立的儒家文明，作为与基督教文明、伊斯兰文明等相对应的基本人类文明。世界著名哲学家、神学家孔汉思在起草《走向全球伦理宣言》时认为，全球伦理最基本的两个伦理框架，是中国传统文化中最基本的两点：一个是人道，即孔子说的"仁"；第二个是孔子在人文规则历史中设立的第一个黄金法则——"己所不欲，勿施于人"。④ 中华文化走向世界，最重要的标志应该是孔子思想走向世界。

---

① 柳诒徵：《中国文化史》（上册），北京：东方出版中心，1988 年。
② 钱穆：《孔子传·序言》，北京：三联书店，2002 年。
③ 梁漱溟：《东西文化及其哲学》，北京：商务印书馆，1999 年。
④ 孔汉思：《倡导"人道"的文化才有未来》，《新京报》，2009 年 12 月 10 日。

第二，孔子思想是联系全球华人的精神纽带。英国学者贡布里希在研究世界历史后说："在孔子学说的影响下，伟大的中华民族比世界上别的民族更和睦、更和平地共同生活了几千年。"① 孔子提出家国同构、以天下为己任，是全球华夏儿女共同的追求，哺育了一代一代的华夏子孙。作为中华民族共有的精神家园和"最深沉的精神追求"，孔子思想在今天依然能够团结凝聚各族儿女以及世界华人，汇聚成改革发展的正能量。

第三，孔子思想是中国特色社会主义丰厚的文化土壤。马克思主义中国化根植于中华文化的沃土。孔子"大道之行，天下为公"的社会理想等，与马克思主义呈现出高度的一致性。在思维方式与方法上，都主张与时俱进、实事求是、知行合一。孔子思想集中华文化之大成，深刻思索人性和人的价值，希望人们明理修身，循道而行，推衍亲情，放大善性，与社会主义核心价值体系一脉相承。

第四，孔子思想有利于国家治理和党风廉政建设。孔子的整个思想体系及众多论说，如"为政以德""为国以礼""先富后教""修己安人""修己以安百姓"和"孝悌""慎独""中和"思想，以及"义利观"等，今天仍有重要现实意义。党的群众路线教育提到"正衣冠"，与《礼记·冠义》所说"人之所以为人"首先在于"正容体，齐颜色，顺辞令"异曲同工，都是强调人的基本素养。

第五，孔子思想对个人道德修养十分有益。从某种意义上讲，孔子学说就是修身学说，他的思想对每一个人都有十分重要的意义，而对青少年的正确的是非观、价值观培育尤其具有十分重要的价值。孔子思想就是要把人培养成为有爱心、有情怀、有担当、爱学习、求上进的君子，特别强调修身、齐家、治国、平天下，注重自我修养和道德实践。

正如习近平主席所说，以孔子思想为代表的中华文化已经沉淀为中华民族的精神基因，融入中华儿女的骨髓与血液，构成中华民族独特的精神标识，是我们"最突出的文化优势"和"最深厚的文化软实力"。这就需要我们大力传播弘扬优秀文化，树立自己的文化自信。

---

① ［英］贡布里希著，张荣昌译：《写给大家的简明世界史》，桂林：广西师范大学出版社，2009年。

正确对待中国传统文化, 构建文化自信

中华文化源远流长, 博大精深, 同时, 中国历史在漫长发展过程中也有跌宕起伏, 特别是由于外来文化的冲击, 中国历史文化的发展演变走过了曲折的道路。只有正确理解和认识民族文化的发展历程, 搞清楚历史文化的发展脉络, 认知其间的发展演变, 才能有正确对待传统文化的态度, 唯其如此, 也才能构建起我们的文化自信。

第一, 正确估价中国古代文明的发展水平。在中国古代文明研究方面, 自宋代开始, 特别是近代以来, 由于佛学的冲击, 曾出现了波澜壮阔的疑古思潮, 其造成的负面影响很大, 最突出的表现就是严重低估了中国古代文明的发展水平。例如, 近代以来的疑古学派辨别古史, 最终落脚在古书辨上, 许许多多的中国典籍被判为"伪书", 严重影响了对古代文明的正确认识。认真反思疑古思潮盛行时期的那些"辨伪成果", 甚至包括今天人们对于疑古思潮的理解和认识, 实在不能不让人深刻反省。

三十年前, 历史学家李学勤先生提出"要正确估价中国古代文明的发展水平", 后来更明确提出"走出疑古时代", 这是立足学术前沿对中国古文明细致研究与深入思考的结果。历史发展是加速度的, 最近这三十年的科学技术迅猛发展, 已经着实让人目不暇接, 但中国古代文明的进路却是绵长久远的。从很早的时候起, 我国就已经形成了令国人骄傲的文化, 有丰富的文献记载, 所以《尚书・皋陶谟》说: "天叙有典, 敕我五典五惇哉! 天秩有礼, 自我五礼有庸哉!"《尚书・多士》说: "惟殷先人, 有册有典。"我国很早就形成了"有典有则, 贻厥子孙"的传统。孔子论《尚书》之《皋陶谟》, 一曰可以观治, 一曰可以观政。于《帝典》见"尧舜之圣焉", 于《皋陶谟》见"禹、稷、皋陶之忠勤功勋焉"。这些说法都不会是空穴来风。

中华文化连绵不断, 经过不断的损益发展, 到西周时期, 形成了"郁郁乎文哉"的礼乐文明。春秋末年以降, 面对新的形势, 孔子等思想家系统总结历史文化, 使其思想的形成有一个广阔的文化背景。只有对早期中国智慧进行整体观照, 系统思考, 全面把握, 才能认清传统文化特质, 掌

握孔子思想精髓。

第二，认清儒家思想在历代社会的变迁。经过最近三十多年的学术研究，尤其是随着地下早期文献资料的面世，我们对相关学术问题看得比以往更清楚了。原来，秦汉以来，儒学出现过一个显著变化，即原始儒学（先秦时代的儒学）具有明显的"德性色彩"，而汉代以后的儒学则具有明显的"威权色彩"。原始儒学的代表人物强调"正名"，主张"修己安人"和"仁政""德治"；汉代以后的儒学适应封建专制制度的需要，逐渐片面强调君权、父权和夫权，儒学慢慢蜕变，呈现出了为后人诟病的"缺乏平等意识和自由理念"等特征，与现代社会显得格格不入。对于这一点，我们如将有关文献相互比较，就能够清晰地看出来。比如，所谓"君君，臣臣，父父，子子"，孔子讲的是"为人君，止于仁；为人臣，止于敬；为人子，止于孝；为人父，止于慈"，强调君、臣、父、子各尽其本分，这正如《易·象传·家人》所说："父父，子子，兄兄，弟弟，夫夫，妇妇，而家道正。正家而天下定矣。"后来才逐渐演变为对君权、父权、夫权的片面强调。所谓"刑不上大夫"，根据《孔子家语》中的记载，孔子所说的意思是一个"尊贵的人"也应该是一个"高尚的人"，当官的人即"尊贵的人"犯了死罪贵在自裁，用不着通过用刑来进行惩罚。而在汉代以后，它才成为维护贵族特权的一个依据。

今天，人们都承认这样的事实：因为有了孔子，中华民族比世界上别的民族更和睦、更和平地共同生活了几千年。当今一个昌盛、和谐的社会，在很大程度上仍然立足于孔子所确立和阐述的很多价值观念。新文化运动的矛头直指孔子，是因为他在封建专制时代受到尊崇，儒学一直是统治学说。这样看来，一些当年对孔子和儒学传统持"保守"立场的人，更多看到了原始儒学的真精神；而一些对孔子和儒学传统持"激进"立场的人，则更多地看到了作为"封建专制灵魂"的那个"偶像的权威"。今天，我们应该更好地把握孔子及儒家思想的内涵和价值。儒学与封建专制统治的结合，使之片面强调君权、父权与夫权，"缺乏平等意识和自由理念"，但原始儒学"正名""修己安人""仁政""德治"等核心价值观念依然深入人心。我们不应把二者混为一谈，而应更加关注原始儒学，分清"真孔子"和"假孔子"，澄清误解、明辨是非，弘扬原始儒学的真精神。

第三，要有科学对待传统文化的辩证思维。对中国传统文化包括孔子儒家思想，应充分认识其精华，摒弃历史虚无主义态度，也要看到其时代性特征，看到其唯心保守成分。要剔除其封建性的糟粕和不合理成分，去粗取精，去伪存真，古为今用，推陈出新，择善而从，有鉴别地对待，有扬弃地继承。要特别注意传统文化的时代融入性，抽象其精神，创造性地加以现代价值转换。

加强传统文化的宣传教育， 提升文化自信

文化自信源自对于文化价值的深刻认知与充分肯定，如果不是对自身文化生命力有坚定的信念，文化自信就无从谈起。因此，在认识自身文化价值之后，就应该让这种文化走向大众，走向民间，走向青少年。只有这样，文化自信才能真正建立起来。但是，就整体来说，人们对孔子儒学的认识还有很大的距离，还存在着许多模糊认识。因此，要加大力度研究和宣传孔子、儒学与传统文化，让更多的人获得坚持坚守的从容，鼓起奋发进取的勇气，焕发创新创造的活力，这样我们就能更理性、更科学地进行文化反思、比较与展望，正确对待世界其他优秀文化成果，进而认识发扬中国文化的独特优势和发展前景，进一步坚定文化信念和追求。

第一，加强学术引领，提升宣传教育水平。由于传统文化尤其孔子儒学形成于两千多年前，学术界对中国上古文明的发展程度认识不够，估价偏低；儒家认为"六经"乃"先王政典"，是儒学根本，但"六经"性质不同，而相关记载匮乏；孔子"述而不作"，孔子遗说由其弟子后学整理，数量虽多却显得凌乱；孔子儒学胸怀天下而关注民生，思维恢宏却包蕴精微，再加之宋代开始兴起的疑古思潮以及近代以来中国的变动等原因，使孔子儒学与传统文化的研究显得难度极大。因此，有必要大力进行人才培养与整合，尽快形成一支掌握传统文化精髓，有文化自觉、勇于担当，有使命感的队伍。加强孔子儒学研究，潜心发掘整理优秀思想文化资源，集中力量进行重大课题研讨，力争产出一批适应社会发展和符合时代要求的成果，把历史的中国、现实的中国讲清楚，讲好中国故事。

第二，采取有效措施，增强宣传教育力度。为了宣传孔子儒学与优秀

传统文化，各级各部门采取了许多积极有效措施，给了传统文化宣传教育以制度保证。当今社会，青少年的人文素质教育显得十分迫切。人的教育应当注重"适时而教"的原则，"禁于未发之谓豫，当其可之谓时"，"时过然后学，则勤苦而难成"。青少年处在身心发育的重要时期，正是道德人格养成的关键阶段，也是人生观确立的重要关头。古人将"成人"教育作为不可缺少的重要一环，对我们是一个极好的借鉴。近些年来，针对当前青少年人文教育的现状，有识之士也进行了一些有益的探索，有助于我们进一步思考。我们认为，尤其应当注意加强在国家教育制度上保障传统文化普及，引导青少年了解和掌握传统文化，让中华传统文化精神融入青少年的生活，走进更多人的心灵，进而影响和渗透社会的各个层面。

第三，要营造舆论氛围，扩大宣传教育广度。习主席视察孔子研究院并做重要讲话，旁征博引，举出很多孔子和儒家思想的经典名句，揭示其深刻的时代价值。他重视中华文化典籍的阅读，给我们做出了榜样。领导干部应该带头认真学习传统文化，切实承担起时代赋予的文化使命，使传统文化走进社会的各个层面、各个行业，形成社会风尚，建设新道德、新文化，提高民族自信心，为改革发展注入更大动力。

（原载于赵宇飞主编：《中国人的文化自信》，孔学堂书局2014年版）

弘扬原始儒学的真精神

　　孔子是伟大的思想家，也是历史上引起巨大争议的思想家。到目前为止，世界上大概还找不出第二个人像孔子这样，在过去两千多年里受到那么多关注。关于孔子及儒家思想的评价，很多看法和观点明显对立。时至今日，模糊认识依然存在。

　　面对良莠并生、瑕瑜互见的儒学，我们要"剔除其封建性的糟粕、吸收其民主性的精华"，必须明确上述"文化景观"形成的复杂原因，搞清这种"文化景观"形成的历史过程。

　　在对待孔子与传统文化的问题上，人们的态度形成明显的两极还是近代以来的事情。近代以来，不少人将中国落后挨打的原因归结为传统文化的腐朽，强化和放大了人们对传统文化负面影响的认识。于是，在20世纪的一个时期内，中国形成了一个"反传统的传统"，似乎中华民族要摆脱苦难就必须摒弃传统文化。近代以来学术上的疑古思潮，对此起到了推波助澜的作用。从思想文化史的角度看，近代疑古思潮是宋代以来疑古思潮的继续，但二者又存在明显不同。后者是为了"卫道"（即"捍卫儒家道统"）而疑古，前者则变成了为摒弃传统而疑古。在古史辨运动中，学者们更是由"疑古史"演变到"疑古书"，我国古代文化典籍遭到前所未有的怀疑。

　　经过最近三十多年的学术研究，尤其是随着地下早期文献资料的面世，我们对相关学术问题看得比以往更清楚了。原来，秦汉以来儒学出现过一个显著变化，即原始儒学（先秦时代的儒学）具有明显的"德性色彩"，而汉代以后的儒学则具有明显的"威权色彩"。原始儒学的代表人物如孔子等强调"正名"，主张"修己安人"和"仁政""德治"；汉代以后的儒学适应封建专制制度的需要，逐渐片面强调君权、父权和夫权，儒学慢慢蜕变，呈现出了为后人诟病的"缺乏平等意识和自由理念"等特征，与现代社会显得格格不入。对于这一点，我们如将有关文献相互比较，就能够清晰地看出来。比如，所谓"君君臣臣，父父子子"，孔子讲的是为人君止于仁、为人臣止于敬、为人子止于孝，强调君臣父子各尽其本分，后来才逐渐演变为对君权、父权、夫权的片面强调。所谓"刑不上大夫"，根据《孔子家语》中的记载，孔子所说的意思是一个"尊贵的人"也应该是一个"高尚的人"，当官的人即"尊贵的人"犯了死罪贵在自裁，用不着通过用刑来进行惩罚。而在汉代以后，它才成为维护贵族特权的一个依据。

今天，很多学者包括外国学者都承认这一事实：因为有了孔子，中华民族比世界上别的民族更和睦、更和平地共同生活了几千年；当今一个昌盛、和谐的社会，在很大程度上仍然立足于孔子所确立和阐述的很多价值观念。新文化运动的矛头直指孔子，是因为他在封建专制时代受到尊崇，儒学一直是统治学说。这样看来，一些当年对孔子和儒学传统持"保守"立场的人，更多看到了原始儒学的真精神；而一些对孔子和儒学传统持"激进"立场的人，则更多地看到了作为"封建专制灵魂"的那个"偶像的权威"。

回望两千多年来儒学与中国社会的关系，我们可以更好地把握孔子及儒家思想的内涵和价值。儒学与封建专制统治的结合，使之片面强调君权、父权与夫权，"缺乏平等意识和自由理念"，但原始儒学"正名""修己安人""仁政""德治"等核心价值观念依然深入人心。我们不应把二者混为一谈，而应更加关注原始儒学，分清"真孔子"和"假孔子"，澄清误解、明辨是非，弘扬原始儒学的真精神。

（原载于《人民日报》2014 年 4 月 27 日）

探寻儒学真精神

2018 年新春伊始，山东省召开全省全面展开新旧动能转换重大工程动员大会，于是"山东终于承认自己落后了"这样的话题上了热搜。在查找"山东落后"问题的症结时，有人将山东人"思想观念保守"归因于孔孟儒学。这是一个极大的误解。孔子和儒家圣贤都注重为政者的德行，儒学精神具有明显的德性色彩。近代以来人们反对传统，矛头所向是缺乏平等意识和自由理念的封建思想，而这些思想恰与现代性格格不入，大大背离了孔子儒学真精神。

齐景公向孔子问政，孔子回答了八个字：君君、臣臣、父父、子子。在这里，孔子强调每个人要尽力做好自己，正其名，安其分，尽其力。也就是说，孔子认为，为政者"在其位"必"谋其政"，应该勇于担当，按自己的角色定位尽力做好自己。同时，为政者亦不可逾越本分，胡乱作为。

从根本上讲，孔子所思考的，是人的自然性与社会性的关系问题，也就是"人之所以为人"的问题。孔子希望每一个人都要按照社会性要求尽到自己的责任，做一个合格的社会人。儒家提倡的君子人格正是如此。"君子"本义是为政者，同时也蕴含着许许多多的道德要求，道理显而易见，既然责任大，就要要求高。儒学作为管理学说，注重为政之道的探讨，要求为政者以自身的道德引领天下的风气，使社会更加和谐有序。

由此，我们不难看出问题的症结所在。我们故步自封不是因为孔孟之道，恰是因为背离了孔孟儒学真精神。我们不能把当下的问题推诿于古人，更不应该"厚诬圣贤"。今天，我们亟须回到儒学的源头。"明者远见于未萌，智者避危于无形"，唯有走到本源，原原本本，方可从细微之处观全局，从未形之时察大势。孔孟之道正大光明，关键要"学真"与"真学"。

第一，要正本清源地学，领导干部带头开展经典扫盲。要走向传统文化，汲取中华智慧，学习圣贤、走进孔孟，是一条极其便捷的路径。我们不可人云亦云，简单粗疏，没有温情，不知敬畏。也只有走进经典，深入经典，才能在经典中获得营养。

儒家言"学"，从来不仅指读书看书。孔子说"学而时习之，不亦说乎"，儒家讲"安其学而亲其师，乐其友而信其道"，这里所说的"学"，是指社会治理之学，他们追求的社会治理之学在现实中很好运用。没有保守，无关自封，其中有满满的正道、信念和追求。真学孔孟，学真孔孟，不仅在于读书，而且要细细品思，结合实际好好运用。文化自信源于文化自知，束书不观，怎么了解文化？

第二，向历史深处学，才能静深，有本有力量。孔孟之道是对中国上古以及夏商周三代文化的总结和继承。典籍说孔子"祖述尧舜，宪章文武""述而不作，信而好古"，可见，孔孟的思想是对他们以前中国数千年文化的总结。他们思考"人之所以为人"的根本问题，思考人的社会性存在。实际上，孔孟之道是中国思想的精髓和真精神，是中国文化的精华。

沉下心来，在历史的长河中行走，邂逅中华圣贤崇高的灵魂，说不定他们就跃然纸上，栩栩如生。在孔子儒家的话语系统里，坚定理想信念就是"志于学""志于道"，因为"道前定则不穷"，可见坚定信念不是一句口号，是内在生命的唤醒。只有觉醒的生命，才能拥有坚定的信念，拥有为民的渴求。只有对民族命运有思考，才会对民族文化有自觉、有尊重。理想信念的载体在人，回望圣贤，左顾右盼，会有许多值得"思齐"的人。向前瞻望，自己要加油成为这样的人。满满的正能量，信念坚定，稳步前行。

第三，踏踏实实地学，择善固执，执中至诚。文化，天下公器也。如果要为其冠姓加名，她姓"中国"，名"人心"，字"正道"，还可以号"天理"。中华文化来自中华民族五千多年的沉淀与创造，这是我们的文化立足点，我们自然要坚守中华文化立场。如果将马克思主义与传统文化对立起来，可能是对马克思主义的一知半解，或者对传统文化和孔孟之道要义的不求甚解。传统文化要正本清源地学，要沉下心来学，要踏踏实实地学。"明则诚，诚则明"，以至诚之心，从而择善固执。只有这样，才能感知到中华经典的魅力，使传统文化思想为人生领航。

在党的十九大报告中，习近平总书记引用的孔子名言"大道之行，天下为公"，也是历代思想家所提倡和追求的。"公"与"私"相对，在很大意义上，"公"指的是人的公德意识和公共意识。人各安其位，各尽其力，各尽其责，这是基本原则。当人们学会用坚强的意志去克服自己的欲望时，就不会片面强调自己的权利和权力，而首先想到要尽自己的职责，弄明白自己的"本位"，就该尽自己的"本分"，致力于提高自身素养，做好自己的本职工作。

（原载于《人民政协报》2018 年 3 月 7 日）

由文化自知到文化自信

——从儒学的格局与气象谈起

20 世纪 80 年代，有诺贝尔奖获得者提出："人类要在 21 世纪生存下去，必须回到 2500 年前，去汲取孔子的智慧。"这一说法传到国内后，一些学者感到欣慰，但也有人感到意外、怀疑，甚至讥讽嘲笑的也不乏其人。当这一事实被认定，而且这个结论被认为是"最精彩"的一个时，我们理应对中华文化的历史传统、价值内涵和现实意义有更深入的认识，"文化自信"正是源于充分的"文化自知"。

儒道学说的广阔背景

中华文化就像一棵生生不息的大树，它的根扎得很深很牢。人们认为春秋战国是中国文化发展的特殊时期，但它绝不是中国文化的形成期，而是中国思想与中国智慧的繁盛期、高涨期。此前，中华文明已有漫长的发展历程，有较高的发展水准。

在人类文明的研究中，世人推崇德国哲学家雅斯贝斯"轴心期"的理论。这一理论认为，公元前 8 世纪至公元前 2 世纪，尤其公元前 6 世纪至公元前 3 世纪之年间，是人类文明的"轴心时代"，这一时代，各个文明都出现了伟大的精神导师，他们提出的思想原则塑造了不同的文化传统，也一直影响着人类的生活。但是，雅斯贝斯的所谓"轴心时代"理论，并没有关注中华文明在诸子时代以前的漫长发展，没有注意中国许多思想家何以那样尊崇古代"先王"。

近四十年来，学术研究的重要进展与考古材料的惊人发现都一再证实，尧舜以来尤其夏、商、周三代时期的中国文明已经有漫长的发展历程和较高的发展水准。走在学术前沿的学者其实早已经看清楚这一点，20世纪80年代，李学勤先生就呼吁人们"走出疑古时代""重新估价中国古代文明"。我们需要重新认识古代文明的发展水平，理解我国先民的深邃智慧和文化创造，再也不能对上古典籍中那些丰富记载视而不见！

人们看到，百家争鸣其实是对历史文化的继承、总结与反思，诸子思想的形成有广阔的文化背景。夏、商、周三代已经是"有道"时期，已经是中国文化形成与确立的时期。在雅斯贝斯所说世界文明的"轴心"之前，中华文明已经有了漫长的发展历程，有了丰厚的文化积淀，有着自身深沉的精神凝结与创造。

中国的先民们认知世界，以天地为师，着眼古往今来，关注四方上下。在中华文化的早期典籍中，"天下""万方""四海"之词层出不穷，这源于中华文明的天下观、世界观、整体观、系统论，在与世界互动中，他们深刻理解"天道成而必变""道弥益而身弥损"之类的道理，讲究注焉不满，酌焉不竭，当位而行，允执厥中。

看清中华文明的绵延之路，探悉中华文明的深远辽阔，就会看到这样一个一定会越来越清晰的事实：早在孔子以前数千年的"三代之明王"时期，中华文明就已经为人类确认了坐标。中华"先哲""先王"站在人类发展的中心点，思考"人心"与"道心"的关系，为人类谋福祉，系统而完备。如果更多走近中国早期文明，更多了解中华文明，看到它的高度，了解它的深度，那么，中华民族的伟大复兴之梦，就不仅是嘹亮的呼唤，更是洋溢的动力。

孔子的自信

中华思想的精华集中于孔子与老子，孔子则集中了尧舜禹汤、文武周公的思想精华。他向老子请教，他一定比今天的许多人更懂得老子，所以，他创立的儒学才影响更加久远，成为中国传统文化的主干，成为传统中国思想的杰出代表。

在诸子百家中，孔子最重视对传统的继承总结与凝练提升，故而孔子学说更具有生命力。孔子以后历代思想家思考世道人心，都在孔子思想的基础上继承发展与弘扬，所以，孔子才被尊为"万世师表"。西方学者常将中国称为"孔子的中国"，这内在地决定于孔子思想的特性与特质，决定于孔子学说的巨大影响。

孔子自幼好学，他的好学成就了他的博学。孔子"祖述尧舜，宪章文武"，自称"述而不作，信而好古"，显然，孔子的"思想高峰"立于三代时期的"文化高地"。所以柳诒徵先生说："自孔子以前数千年之文化，赖孔子而传。"梁漱溟先生说："孔子以前的中国文化差不多都收在孔子手里。"1989 年，联合国教科文组织总干事代表泰勒博士说："当今一个成功、昌盛的社会，在很大程度上仍然立足于孔子所阐述的许多价值观念。"他说："这些价值观念是超越国界和超越时代的，它属于中国也属于世界，属于过去并照耀着今天和未来。"孔子思想不在"一时一地"，它包含了"天地之美""万物之理""古人之全"，所以《庄子》说"内圣外王之道"是"道术"而不是"方术"。

想到孔子，往往首先浮现的是孔子栖栖惶惶、到处奔走的身影，往往是那个驾着马车"周游列国"的形象。孔子为政似乎没有成功，其实他清楚"穷达以时"的道理。他信念坚定，也有充分的自信。孔子初仕，为中都宰。"行之一年，而西方之诸侯则焉。"他治理中都仅一年时间，便成为各地诸侯学习的样板。鲁国国君问孔子：用你的办法治理鲁国，怎么样？孔子说："虽天下可乎，何但鲁国而已哉！"孔子相信自己的为政方略有广泛的适用性。

孔子的自信，源自他对礼乐本质的把握，源自他对人性和人的价值的思考。有弟子问"十世"以后的治世之道是否可知，孔子说别说"十世"，即使"百世"也可以知道。孔子认为，人组成社会，成为社会的人，就必须明于礼义。社会治理的根本，无非就是人心的端正，就是在人们心中筑起道德的堤防。夏、商、周三代，礼的形式随着时代的变化而"损益"，但礼的根本精神永远不会变。

由"中都"而"鲁国"而"天下"，这是空间的放大；由"三代"而

"十世"而"百世"，则是时间的绵延。这显示了孔子思想的"时空维度"。他的高度与宏阔可见一斑。他倡言"内圣外王之道"，主张推己及人，修己安人，明德新民。比如，他思考如何立身处世的问题时，往往从根本上着眼，从简单处着手。

孔子弟子请教有没有一个字可以终身奉行，孔子认为这个字应该就是"恕"。孔子解释，所谓"恕"就是"己所不欲，勿施于人"。子张请教"行"，问如何才能使自己到哪里都能通达。孔子说应当"言忠信，行笃敬"，说话忠诚守信，行事庄重严肃。人如果时刻将"忠信""笃敬"装在心中，指导自己的行动，即使走到与自己文化不同的"蛮貊之邦"，也一样顺畅通达。

"王天下之道"

中华文化追求以王道行天下，孔子继承发扬三代文化传统，王道政治是孔子心中的理想政治。孔子常谈"王天下之言"，谈以"道"治国才能"致霸王"；孟子则言及"王""霸"之别。霸道，靠的是兵甲之力，使人被动屈服，埋下隐患，自食恶果。王道，以德行仁，人们主动臣服，心悦诚服，自求多福。

《孔子家语》有《王言》篇，记述孔子的王道言论，孔子思考"王天下之道"，希望听"王天下之言"。王者气象使得中华文明有着多姿多元而又贯通如一的气质禀赋。中华文明崇尚礼让，源于礼让，使得许多矛盾不解自消。内心有王者情怀，才会能让则让，让于可让，同时还会在原则面前当仁不让。

中华文化气象使中国主流价值追求清晰而坚定。中国者，执中而立于天下，安定四海，天下大同。王者的终极追求是什么？是仁、义、礼、智根于心、见于面、盎于背、施于四体，四体不言而喻。当内在的美德丰厚盈溢之时，光辉灿然的生命就巍然耸立。

在王者气象的追求中，言念君子，温其如玉。"庶几夙夜，以永终誉。"美国前总统奥巴马曾表示他一直致力于学习"确定自我身份的时候，不以降低别人来显示自己与他人的不同，而应该以抬高他人来找到彼此的相同"。其实，几千年前，"和而不同""成人之美""立己达人"这样的叮咛就在中华厚土掷地有声，而且在斗转星移的千年过往中从未间断，至今回响，使得近者悦，远者来。

中华文明的王道精神经得起时空的检验，它是从人心与人性出发，致力于满足人们的需求。向上仰望，是深远历史经验的总结，是天地智慧的体悟；向下扎根，是对多方利益的兼顾与平衡，求得最大公约数，昭示未来的发展方向。在疑惑中超越，于不确定中憧憬。《诗经》云："自西自东，自南自北，无思不服。"中华文明的精神气象、气质禀赋、价值追求，夯实了中华文明在世界价值体系中心点之坐标，它没有焦虑，而是如如不动，见证永恒。

"道前定则不穷"

西方思想家说"知识就是力量"，我们还要补充"力量需要方向"。此即所谓"君子不器"，即所谓"道前定则不穷"。

思维模式标识代表着价值取向，并决定着行动走向。比如，以何为本，以何为末；以何为先，以何为后；以何为始，以何为终。在中国传统的思维模式中，视荣誉与责任高于一切，兼顾多方利益；遵循并行并育，没有相悖相害；信奉"创造、分享、助给"，创造在自己，分享给他人，助给予弱者。

在"一以贯之"之中，孔子儒家关注根本，将个人的修养放于中心点，反求诸己，从而聚焦于发展，聚焦于成长。人们看重内在的功力，如火之始燃，泉之始涌，扩而充之可保四海，反此甚至不能事父兄。这样的思维并不东张西望，没有左顾右盼，而有深邃的动力和发展的持续性。由进至近，絜矩成人，至诚无息，执中而立。朱熹云："气至而滋息为培。气反而游散为覆。"由"天地位"而"万物育"，"致广大而尽精微，极高明而道中庸"。

中华文明价值取向清晰，更可贵的是，它以"一以贯之"的思维模式来落地，全然思索古与今、我与世界、价值观与方法论。这样的思维模式，成为通往中心坐标的最优路径、极佳选择。埃及前总理伊萨姆·谢拉夫说，这个"无序混乱的世界"要"找到一个理想的平衡点"，做这件事情的主角应该是有悠久文明历史的中国。他强调，中国人一定要珍视自己传统的价值观，他还说："不光中国人民需要这些价值观，全世界也需要。"这也是源自"一以贯之"，自尊，尊人，被人尊；自敬，敬人，被人敬；自爱，爱人，被人爱；自知，知人，被人知；自信，信人，被人信。开放大度，和谐包容，智慧持中，踏实稳重。与基督教的博爱精神与神圣观念相类似，儒家最重仁爱精神和敬畏观念。孔子儒家十分看重的正是"爱"与"敬"。《论语》说："孝悌也者，其为仁之本与。"孔子说"爱与敬，其政之本与"，又说"立爱自亲始""立敬自长始"。美国的爱默生说："我们确信，武力会招致另一种武力，只有爱和正义的法则才能实现彻底的革命。"其实，对于爱与正义，几千年前中华传统文明中的信奉全然而彻底。

子曰："为政以德，譬如北辰，居其所，众星拱之。"面对纷纷扰扰的多元追求，有德之民族，有德之国度，有德之文明，像北辰灿然居中，这应该正是中国在世界中的文化坐标。我们要认清自己的文化方位，思索中华文化的竞争力，思考中华文明与人类共同价值之间的关系。这些决定于我们文化的特点、特性与特色，决定于我们的哲学智慧和文化气象。我们在忙于为"优秀的传统"制作"得体的时装"时，还要更多地在认真理解"优秀的传统"上下功夫。

事实上，许多人在世界文明面前感到迷茫，在西方文明面前感到卑微，究其原因是因为缺少对自身文明符合历史真实的认知。理解到了这一点，才能达致真正的文化自信；唯其如此，才可以与全人类共享中华文化的伟大智慧。

（原载于《中国政协》2017 年第 19 期）

从文化自信看民族的根与魂

文化自信具有极深的意涵。文化应该面对生命的世界，而不是物象的世界。文化自信源于文化自知，如果把文化比作一棵树，真正的自知必须知道它的根有多深；如果把中国文化比作生命体，真正的自知应该了解它的魂在哪里。曾经有学者谈到文化"魂不附体"，恐怕说的正是文化的自信问题。

在中国共产党建党 95 周年庆祝大会的讲话中，习近平总书记再次强调要坚持文化自信，在这个特殊重要的语境中，这不仅是在以往所说道路自信、理论自信和制度自信之后的"第四个自信"，而且是更为根本、更具有魂魄意义的自信。

文化自信的提出，是道路自信、理论自信和制度自信"三个自信"问题认识的深化与系统化，也是当代中国新文化建设理论进一步体系化的重要标志。"四个自信"相互联系不可分割，但文化自信却是更为基础、更为坚实、更加持久、更加深沉的自信。增强文化自觉和文化自信，是坚定"三个自信"的题中应有之义，习总书记特别指出要坚定中国特色社会主义道路自信、理论自信、制度自信，说到底是要坚持文化自信。文化关涉人的心灵，在根本上，它是生命面向生活的东西。

文化自信内涵十分丰富，但如果仔细观察和体会，不难看出其中最为核心的就是对中华民族优秀文化传统的自信。经过几千年的创造与积淀，中华文化已成为中华民族的精神基因，构成中华民族独特的精神标识，这是我们最突出的文化优势、最深厚的文化软实力。因此，早在 2012 年 12 月在广东考察时，习近平总书记就十分明确地指出，我们决不可抛弃中华民族的优秀文化传统，恰恰相反，我们要很好地传承和弘扬，因为这是我们民族的"根"和"魂",丢了这个"根"和"魂",就没有根基了。

文化自信与价值观自信直接关联。几千年来,以孔子为代表的中华圣哲确立和阐述了一系列价值观念,这是中华民族文化的立足点,铺就了中华民族的文化底色,我们今天的社会主义核心价值观与之血脉相连。在大力弘扬时代精神的同时,必须认真汲取中华优秀传统文化的思想精华和道德精髓,深入挖掘和阐发中华优秀传统文化的时代价值,使中华优秀传统文化成为涵养社会主义核心价值观的重要源泉。

道德问题属于文化的核心内容和深层次问题,坚定文化自信,是继承和发扬中华传统美德的需要。价值与信仰关系到中华民族伟大复兴中国梦实现的大计,"人民有信仰,民族有希望,国家有力量",通过坚持不懈的宣传教育和实践养成,引导人们增强文化自信、价值观自信,确立正确价值坐标,自觉讲道德、尊道德、守道德,形成奋发向上、崇德向善的正能量。

在纪念孔子 2565 周年诞辰国际学术研讨会暨国际儒学联合会第五届会员大会开幕会上的讲话中,习近平总书记指出要科学地对待文化传统。他说,不忘历史才能开辟未来,善于继承才能善于创新。优秀传统文化是一个国家、一个民族传承和发展的根本,如果丢掉了,就割断了精神命脉。他希望把弘扬优秀传统文化和发展现实文化有机统一起来,紧密结合起来,在继承中发展,在发展中继承。文化遗产是一个国家和民族的根与魂,保护、传承文化遗产,就是守护民族和国家过去的辉煌、今天的资源、未来的希望。

近代以来,由于政治上衰败和军事上挨打,中国逐渐丧失了文化自信,在反思落后原因的时候,不少人迁怒于自己的传统文化,强化或放大了对传统文化负面影响的认识,于是,在 20 世纪的中国,竟然形成了"反传统的传统"。当年,王国维曾说:"可爱者不可信,可信者不可爱。"作为一种强势文化,西方文化竟然一时压倒了东方文化,似乎西方文化成为"可信"的文化,而东方文化转而成为"不可信"的东西,中国的文化自信遭受到打击,现在,已经到了该找回中华民族文化自信的时候了。

要弘扬传统文化,找回民族文化自信,必须充分重视作为传统文化主干的儒家文化,了解中国传统文化自古及今的整体性,否则就会出现"理论漂浮""逻辑缺钙"之类的流弊。事实上，以孔子儒学为主体的中华智慧，思维恢宏而包蕴精微，只有弄清制约准确认识的各种因素，只有搞清楚孔子儒学产生的广阔文化背景，知道疑古思潮长期盛行产生了严重负面影响，才有可能全面、综合理解孔子儒学，了解儒学与诸子、儒学与佛学和道教的关系，把握儒家思想之"大体"，在"道术"意义上理解"中国精神"与"中国气质"。

孔子思想和儒家学说是中华民族最值得珍视的宝贵遗产。我们看清了中国文明的绵延之路，就不会再妄自菲薄，就能理解以儒学为代表的传统思想的高度与深度。中华民族文化像一棵生生不息的文明之树，在不同的历史时期结出了不同的文明花果。也只有在这样的意义上去认识孔子儒学，才会看到中华民族文化这棵生命之树的根，才能培根固元，也只有如此，才会找到古老中华民族这位"东方巨人"的魂魄。

（原载于《人民政协报》2016 年 10 月 31 日）

儒学在今天该是什么样态

——《儒学与现代化的新探讨》读后

以前拜读郭齐勇的《中国哲学智慧的探索》《中国儒学之精神》《中华人文精神的重建》等著作时，就被其中独到的学术识见、浓郁的儒家情怀、清晰的开放心态与问题意识所感染，而拜读其新著《儒学与现代化的新探讨》，则更分明地看到一种儒家学者的博大气象与中正格局，这基于郭齐勇对儒学固有智慧的发掘，也属于郭齐勇本人的"正知正见"。

这本书中所收文章的中心都不离"儒学与现代化的关系"这个主题。在走向现代化的过程中，中国自身历史的久远与绵延，自己文化的丰富与深刻，决定了今天必须汲取包含孔子思想和儒家学说等在内的各种思想资源。中国的发展当然要参鉴外国特别是西方文化，但本土文化尤其儒学的现代化更为关键。

文化自信来自文化自知与自觉。由于近代中国遭受列强的欺凌与社会剧烈变动，致使不少人疏离了传统，正如郭齐勇所说，不少人对中华民族文化丧失了信心，从而以新奇相标榜，自塞其源，自毁其根，粗暴践踏《六经》《论语》《孟子》。结果眼睛紧盯功利，心中缺乏信仰，富而无礼，令人忧心。郭齐勇痛心发问：孔子、孟子何负于中国？何负于人类？

因此，该书第一部分是"老干新枝"，讨论传统儒家尤其先秦儒家，讨论他们的政治哲学、道德哲学、生态环境哲学及其现代化问题，探究中国思想精髓，发掘儒家学说的当代价值。儒学以怎样的面貌适应现实？儒家以怎样的姿态回应当下？郭齐勇特别关注近现代儒学的发展轨迹，对现代新儒学思潮及其代表人物、对有关的学术争鸣加以研究和讨论。第二部分"现代学苑"恰是对研究者的研究、对反思者的反思。通过研究传统儒家、概观现代儒学，可以在前贤研究的基础上，更加清晰地看到儒学的特质与精义，对于今天更好地弘扬儒学十分必要。

郭齐勇研究现当代儒学代表人物的学术理论，也专门总结近年来中国大陆儒学的新进展、新特点，他已经立足于儒学研究的前沿，着眼于传统思想文化的高端。他认为，儒家价值系统在现代化中需要重新定位，儒家道德理想主义的某些合理因素可以保留在新的统一交融的文化体系之中，也可以超越国界保留在全人类的新文化之中。但现代生活非常复杂，要重建民族文化的主体性，要借助和调动儒家文化资源，必须深刻反省儒家道德理想主义的现实境遇。

以当代"新的统一交融的文化体系"这一认知定位为基础，郭齐勇主张儒家要主动走向生活世界，走向民间，积极回应现实挑战，这无疑是非常正确的。要使儒学在当代发挥作用，必须了解儒学特质，准确把握儒学"真精神"。但仅仅这样还远远不够，还必须对现代文化特征有清醒的、理性的认识，不然就无法找到合理适宜的观念定位，无法找到儒学与现实世界的融入点、发力处。

儒学是信仰，是生命的学问，只有认识儒学价值，才能主动识仁达用，安身立命，利用儒学丰厚的资源经国济世。例如，郭齐勇赞扬胡秋原一生以公共知识分子自任，怀抱道德理想，积极参与、批评、指导现实政治，又尤重从理论与历史的角度研究知识分子问题。而在胡秋原看来，勇于批评社会政治文化，以天下为己任，正是中西知识分子的相同之处。

郭齐勇正是这样的知识分子，他是思想家，也是躬行者，他是知行合一的人。他热爱国家，关切现实，挚爱民族文化，因此他认为儒家学者要利用一切机缘在大陆再植灵根，重建儒学，主动与各种思想学术流派对话、互动。他以他的恩师萧萐父先生提出的"汗漫通观儒释道，从容涵化印中西"为自己的学术理想，申说"开放的儒学"观点，主动与马克思主义、西方学术、百家之学拥抱、兼容。

该书第三部分冠以"薪火相传"的篇名，实有深意在焉。他表达继承前辈师长的精神遗产的宏愿，接续前辈的方式和方法，而编辑教材、建设书院、会读经典、教学研究、培养人才，以及为国学学科建设呼吁、奔走，则在于积极用世，投身传承儒学，致力于文化复兴。

郭齐勇"开放的儒学"观点，与孔子思想和儒家文化的包容性特征高度契合。儒学牢笼天地，包蕴精微，它在继承古代数千年文化的基础上形成，又影响了中国数千年。儒学是一个开放的思想体系，郭齐勇强调"开放"二字，不仅在于避免极端，拒绝偏执，也是为了儒学能够与时俱进，主动适应当代实际，广纳博采，有利于实现、发扬儒学的功能与作用，更好地建设中国时代新文化，并参与世界文明对话和全球伦理建构。

（原载于《光明日报》2015 年 11 月 10 日）

儒家文化有没有中断过

问（上海宝山泗塘二村　屠甄）：日前有学者称，犹太教是一个连续的没有间断的传统，而中国的传统则是间断了的传统。据我所知，以儒家文化为基础和内核的中华文明，是唯一连绵延续下来的文明。传统儒家文化中断过的说法，此前从未听说过。请问，实际情况到底怎样？

答：与世界其他古代文明相比，中国文明的一个突出特点，就是它的连绵不断，传承至今。几千年来，无论历经多少朝代更迭和风云变幻，中华民族的文化传统和精神内核，都深深植根于这块古老而又博大的土地上，指引着中国人修身立命的前进方向。

作为传统文化的荦荦大端，以孔子思想为代表的儒家文化可以说是中华文化传统的血脉与灵魂。现代史学家柳诒徵先生说："孔子者，中国文化之中心也；无孔子则无中国文化。"作为一个"博大精深"的思想体系，普通人在对儒家思想及其演变过程的把握和理解上，不可避免地会遇到一定困难，许多人尚处于"习而不察、莫名其妙"的阶段。

儒家文化之所以能够在数千年的历史进程中保持生命力，首先源于其对历史文化的总结与继承。孔子向往三代圣王之治，推崇并"删述"整理了《诗》《书》《礼》《乐》《易》《春秋》"六经"。作为中国传统文化"元典"的代表，"六经"凝结了古圣先贤的智慧。儒家思想创立者这一追述历史、言古合今的积极姿态，为其学说的传播和流传奠定了深厚悠远的基础。

在儒学的早期阶段，孔子思兼天人，牢笼天地，将人类作为自然界的一部分，思考人与自然的关系。此外，还包蕴精微，不仅思考人与社会、人与人的关系，且特别重视研究人自身的人生与人心的协调。很显然，只要人们还需要生活在一起，就必须考虑人与人之间的和谐相处，就必须思考如何为人处事的问题。人们之间要和顺、和谐，就不能不考虑社会的管理方式，就不能不"推己及人""为政以德"。一味地实行强权霸政，逞一己之欲，就会导致政权倾覆，社会乱危。早期儒学这一贴近时代需要，系统阐述有关道德修养和政治理想的一般性做法，在当时的士阶层中受到了普遍关注，也最终使其成为"显学"。

秦汉之际的历史变动，使人们对儒学有了更好的理解。到汉武帝时期，经过董仲舒等人的演绎，儒学不仅在学理方面取得了进展，而且开始在社会政治层面实现了功能的强化，儒家学说成了国家意识形态领域中的"独尊"学说。魏晋时期，随着国家对思想领域控制的逐渐放松，儒学开始受到玄学的冲击。那时，一些人"轻贱"唐虞，"菲薄"周孔，以名教礼法为"乱危死亡之术"。但观其实质，玄学家更多的也是强调调和，是在用道家思想解说儒家经典，本质上并不违背儒家教义。

隋唐之际，宗教开始盛行，几乎当时所有的帝王都不同程度地宣扬佛、道思想。但与此同时，知识界也多次发起了"灭佛运动"，以"求兵于僧众之间，取地于塔庙之下"。事实上，就算在佛学最为盛行的中唐时期，儒学所提倡和规定的价值观仍占主导地位，统治者也无不以倡导忠君、孝亲，注重立身治国的学说作为统治的基本原则。到了宋代，外来宗教更是逐渐"儒学化"，典型的代表就是禅宗在佛教内部的影响越来越大。同时，儒家学说也积极地进行自我改造，程朱理学的兴起为儒学开创了一片新天地。"儒释道三教本为一体"的观念也逐渐深入人心。

近代以来，儒学遭遇西方文化前所未有的挑战，几乎被逼至"中绝"的边缘。一些文化精英公然宣布与传统文化决裂，以至于20世纪的中国形成了一个"反传统的传统"。在很长的一段时间，人们都被这样的激情控制着。著名学者钱玄同甚至要求"废孔学不可不先废汉文"，瞿秋白则痛骂其"是世界上最龌龊最恶劣最混蛋的中世纪的茅坑"，吴稚晖更提出"把线装书丢到茅厕"之说。儒家学说被贬得一文不值，儒家文化也似乎真要中断了。

然而，在有人激烈抨击儒学的时候，也有人强烈拥护传统。这一时期，近代儒学运动开始兴起。一个有意思的现象是，当了解了西方思想，再回头反观中国文化时，人们对儒学的认识就会变得较为冷静和理性。严复翻译《天演论》，其初衷在于使国人更好地了解西方，重新认识中华文化的深厚底蕴；章太炎最初激烈"诋孔"，后来变为强烈"尊孔"。《大学》可视为儒家学说的"圣经"，孙中山先生极力推赞《大学》，称其"精微开展的理论""是我们政治哲学的知识中独有的宝贝"，为了拾起"民族精神"，他号召找回这些"知识的精神"。应该说，就算在危急的时刻，中国人对儒家文化和传统仍留有一份"温情与敬意"。

总之，历史上，儒家文化虽然不可避免地经常受到冲击，但它始终没有中断过，并在新时期涅槃重生，重新获得了自主权，获取了新生命。

（原载于《解放日报》2007 年 8 月 20 日）

重新认识儒家"中道"哲学

前几年，清华大学收藏了一批战国时期的竹简，价值极高！最初公布的第一篇文章被定名为《保训》，李学勤先生首先认定这是周文王临终时训诫太子的"遗言"，这位太子就是周武王。人们惊奇地发现，周文王临终时谆谆嘱托的竟然就是一个"中"字。他要求太子发了解民情、了解人生，深入社会、认识社会，从而准确把握矛盾，尽量处事以"中"。显然，孔子儒家的"中道"哲学与《保训》里的"中"一脉相承。由此，这引起人们对于孔子"中道"哲学的重新思考。

孔子 "中道" 学说渊源有自

周文王如此重视"中"，一定产生了重要影响。事实正是如此，《逸周书·五权解》记载，武王临终时，同样希望儿子尽力做到"中"。于是，他对辅佐成王的周公说："先后小子，勤在维政之失。"要他勤勤恳恳，力求避免政治上出现偏失。武王还希望儿子"克中无苗"。"苗"通"谬"，即谬误、偏失。意思是尽力做到适中无邪，以"保"成王在位。武王接着说："维中是以，以长小子于位，实维永宁。"既要"保"其在位，又要"长"其于位，使他在王位上尽快成长起来。那么，怎么成长？就是要"维中是以"，"以"的意思是"用"，即维中是用。

文王、武王以后，周人认真遵行了"中"的思想。西周时期，"中道"思想很受重视。西周职官中有"师氏"，具体职掌邦国事情是否合乎法度或礼制，以之教育后代。《周礼·地官司徒》说师氏"掌国中、失之事，以教国子弟。凡国之贵游子弟学焉"。郑玄注："教之者，使识旧事也。中，中礼者也；失，失礼者也。"符合礼的为"中"，否则就不是"中"，就是"失"。师氏具体掌握邦国中符合礼和不符合礼的故事，用以教育国中子弟，凡国中的贵游子弟都参加学习。原来，西周时期是以"中"来教育国中子弟。

周人重视"中道"，是因为他们以"中道"为"人道"。《逸周书·武顺解》有一个重要论述，反映了那时人们的观念："天道尚左，日月西移；地道尚右，水道东流；人道尚中，耳目役心。"他们认为，天之道以左为尊，日月都是东升西落；地之道以右为尊，河川都是自西向东入海；人事的规律是以中正为上，所以耳目要顺从于心。人道尚"中"，就像"日月西移""水道东流"那样，自然而然，理当如此。所谓"耳目役心"，就是"耳目役于心"，这是说要用心去思考、分析、把握信息，要有透过现象看本质的能力。

《逸周书·武顺解》还说："天道曰祥，地道曰义，人道曰礼。"这里的"礼"符合天理、人情。这种朴素的"人道"主张将"天""地""人"合观，把人放在天地之间，没有孤立看待人的问题。从中还看出，这个"人道"之"中"，其标准就是"礼"。

周代重视"中道"，也不是他们的创造，而是接受了尧、舜以来的思想成果。在《保训》的叙述中，既说到了尧、舜，也说到了商朝的先人及商汤，这些都可以得到其他相关文献材料的印证。

据整理者介绍，"清华简"的时代在战国中期偏晚。这些珍贵文献记载的早期历史，同样也让我们透过中国学术史上的种种讨论，清晰地梳理出中华民族"先圣""先王"思考"中"的历史。唐宋时期，思想家们说的"道统"，便是"中道"的传承统绪。从尧、舜时代到西周时期的文王、武王，这个"道统"传承直接影响了孔子的学说，直到子思作《中庸》，将孔子儒家的中庸思想记录下来。《中庸》所包含的，实际是中国两千多年的思想成果。

"孔子智慧" 精髓在于 "中道"

孔子思想的一个重要特征便是"述而不作"，孔子"祖述尧舜，宪章文武"，他集上古历史文化之大成，站在历史的高端上系统凝练提升。用梁漱溟先生的话说，"孔子以前的中国文化差不多都集中在孔子的手里"①，孔子所继承的前人成果，其精髓恐怕应该就是"中道"思想。

在近代东西方文化的交汇交流中，曾经有人（如林语堂）向西方介绍"孔子的智慧"。1988 年 1 月，第一届诺贝尔奖获得者国际大会在法国巴黎举行，75 位参会者（包括 52 位科学家）经过 4 天讨论得出重要结论："人类要在 21 世纪生存下去，必须回到 2500 年以前，去汲取孔子的智慧。"提出这一结论的是瑞典物理学家汉内斯·阿尔文博士。② 不论阿尔文博士对孔子儒学了解多少，但孔子儒家的社会主张、政治理想是人所共知的。他们向往"天下为公，讲信修睦"，希望人们"己所不欲，勿施于人"，要求人们互相关爱，尽力做到"不独亲其亲，不独子其子"，尽力做到"泛爱众"。孔子相信"道不远人"，无论是政治主张还是伦理学说，孔子往往从浅近的道理出发。有人认为孔子"只有一些老练的道德说教"，其实，正如中国的《周易》不太容易读懂那样，"读懂孔子"也不是轻而易举的事情。

有现代西方学者经过比较后说道："在孔子学说的影响下，伟大的中华民族比世界上别的民族更和睦、更和平地共同生活了几千年。"又说："孔子提出的方法是简单的。也许你不会马上就喜欢它，但是其中却蕴含着比人们第一眼所看到的更多的智慧。"③ 孔子的智慧来源于他对以往历史的总结。历史给了孔子一个制高点，在他的时代，似乎没有人比他更有仁德，也没有人比他更博学、更睿智。他与常人的不同，就在于他立足更高，所见更远。他思考人性、思考人道，同时也思考天地之道，整体、系统而动态地观察世界。从他敬仰的"先圣""先王"那里，他看到了"允执其中"，看到了"中道"。通过继承、凝练与提升，孔子达到了他认识世界的最高境界。不理解"中庸"，就难以真正了解孔子。

孔子思想也有一个阶段性的发展过程。孔子思想产生之初，他关注最多的应该是"礼"，即周礼。孔子之所以名声日隆，从学弟子众多，都在于他对周代礼乐的精深造诣。这时期，孔子谈论最多的也是周礼，他所念念

---

① 梁漱溟：《东西文化及其哲学》，北京：商务印书馆，1999 年。
② 顾蒂：《关于诺贝尔与孔夫子的一些说明》，《中国文化研究》，2002 年第 2 期。
③ ［英］贡布里希著，张荣昌译：《写给大家的简明世界史》，桂林：广西师范大学出版社，2009 年。

于怀的，是怎样以周代礼乐重整社会。后来，孔子对社会的认识逐渐深化。他到处推行自己"礼"的政治主张，企图改造社会，但处处碰壁，遂进一步思考"礼"之不行的深层原因。于是，他越来越多地提到"仁"，议论"仁"与"礼"的关系，孔子"仁"的学说得到了充分拓展和完善。进入"知命"之年以后，孔子的人生境界继续提高，逐渐达到"从心所欲不逾矩"的佳境。他晚而喜《易》，作《易传》，对哲学思想进行了具体阐发，他"中庸"的方法论观点也臻于成熟。

"中庸"就是"用中""使用中道"

对于"中庸"，历代学者都做出过很多解释。"中庸"十分神奇，也并不复杂，甚至可以说十分简单，因为"中庸"就是"执中""用中"。无论从《易经》，还是借助新出土的地下文献（郭店楚简《五行》），都证明"庸"在先秦时与"用"相通，"中庸"即"用中"。用中就是"用心"，按照《礼记·中庸》的思想，用心之道就是"诚"，所谓"至诚"和"诚外无物"，就是"用中"之道。

宋代以来，学者们对"中庸"的解说越来越复杂，让人如坠云里雾里。近代以来，大家都误认为"中庸"就是调和，就是"和稀泥"，甚至就是"没原则"，其实这是极大的误解。西方有人认为孔子的学说"只是一些老练的道德说教"，其原因恐怕也主要是没有理解"中庸"思想的精妙。"中庸"绝不是简单的"调和"，也不是简单的"折中"。难怪孔子说："中庸其至矣乎！民鲜能久矣！"又说："天下国家可均也，爵禄可辞也，白刃可蹈也，中庸不可能也。"仔细思考这些话，就能觉察出"中庸"的分量。

我认为，"中庸"这一概念的意思，东汉学者郑玄已经讲清楚了。他说："名曰《中庸》者，以其记中和之为用也。庸，用也。""庸"，也就是"用"。《中庸》通篇所讲都是如何把握中道，如何在实际中使用"中"。

作为概念，"中庸"特别简单，但真正把握"中"道，做到"用中"却并不容易。不难理解，"中"不是凝固不变的，而是动态的，它随着时间、空间的变化而变化。或者说，"中"实际就是在现实中不断纠偏的过程。因此，孔子所说的"时中"十分重要！也就是说，这个"中"因时而变，"与时偕行""与时偕极"。"中"，不是任何时候都能一眼看透，它不是数理意义上的"中间"。人在具体行为中对"中"的把握，就好像掌握平衡，这种平衡就是一种稳定、一种和谐。不稳定、不和谐，就谈不上发展。所以《中庸》说："致中和，天地位焉，万物育焉。""天地位"就是和谐，"万物育"就是发展。

对于事物"中"的把握，必须要有一个整体、系统、全局的观念。《荀子·大略》中说："礼之于正国家也，如权衡之于轻重也。"治理国家，就像使用秤或者天平，秤或天平达到平衡状态时，可以称为"中"。但是，就像事物总是在不断发展变化那样，这种和谐和平衡绝不会是不变的，不会是静止的，随着时间、空间等相关条件的变化，"中"的标准也应相应改变。就像天平中物体增加或者减少，平衡就被打破了。要维持新的平衡，达到新的"中"，权衡必须进行相应的移动。但是，这种移动要适当，必须处理好三个问题。第一，方向：往哪移动？第二，距离：移动多少？第三，速度：移动快慢。任何一个方面做不好，这个平衡都会被打破。而要在新的条件下求"中"，就必须讲究科学，就应该全面认知事物，懂得见微知著，洞察变化。

真能把握"中"的人一定境界很高。"时中"也是为人处世的重要道理或原则。《论语·乡党》记载了这样的故事："色斯举矣，翔而后集。曰：'山梁雌雉，时哉！时哉！'子路共之，三嗅而作。"这里好像是说孔子和子路在山间散步，发现一群雌雉（即母野鸡）。子路看见野鸡，似乎有一个举手之类的动作，野鸡便警觉地飞到前面的树上。见此情景，孔子感慨地说："山梁间的野鸡呀，它们懂得'时'呀。"野鸡懂得"时"，就是它们发现了"变化"，而且及时做出了正确反应。孔子的意思是，野鸡发觉可能遇到危险，便远离这种危险，把自己置于安全的境地。所以，孔子感慨雌雉知"时"！

《大学》引《诗》云："缗蛮黄鸟，止于丘隅。"子曰："于止，知其所止，可以人而不如鸟乎！"意思是说那些小鸟很不简单，它们知道停落在山丘安全的地方，对此，孔子感慨地说：何以人还不如这些小鸟呢？正像现在学生学习与将来找工作的关系，孔子说："不患无位，患所以立。"不应只是担心将来能否找到工作，最应该自问的是自己将来能干好什么！

孔子"时"的思想意义重大，儒家典籍里面有好多相关记述，很多都是相通的。《周易》里面"卦以藏时"（王弼语），也给今人以很好的启发：我们都应该了解自己，了解自己是谁，了解自己是干什么的，了解自己能不能干好自己该干的事。那么，踏踏实实做好当下恐怕才是最重要的。

宋朝以前孔子故里曲阜孔庙的大门名曰"中和门"，后更名为"大中门"，可以想象宋代人心目中孔子"中道"思想有极其重要的地位。孔子的"中道"思想之所以受到重视，是因为它是一种行为方式，是指导人们的重要思维方式，具有重要的、普遍的指导意义。

"以礼制中" 和 "以刑教中"

无论为人处事还是国家治理，"中道"的应用体现在"以礼制中"。西周时期用"中"来教养国中子弟，其实就是教育引导他们"守礼"。同样，人的行为符合"中道"，也就是明理修身，循道而行。《逸周书》说"人道尚中"，同时说"人道曰礼"。礼，自然就是事物的道理，正如《孔子家语》中说的："礼也者，理也。"《礼记·礼器》也说："礼也者，合于天时，设于地财，顺于鬼神，合于人心，理万物者也。"把握"人道"，就应该了解事物的本质，了解社会和人生的发展规律。不然，要做到"中"，也只是空想。

人们要守礼、要修身，就是需要把握好行为的尺度和原则。如儒家特别提倡敬、恭、勇，这些都是优良的品质，值得提倡，但也不能简单化。孔子说："敬而不中礼，谓之野；恭而不中礼，谓之给；勇而不中礼，谓之逆。"敬，做过了头，就流于粗野；恭，做过了头，就流于奉承或者谄媚；勇，做过了头，就流于忤逆。所以，孔子说："夫礼，所以制中也。"

以礼制中，就是以"礼"（即"理"）为行为准则，做事遵从客观规律。把握好这一方法，就要"不过"，也不要"不及"，要不偏不倚，不保守，不冒进。例如"信"与"恭"，孔子弟子有子说："信近于义，言可复也；恭近于礼，远耻辱也；因不失其亲，亦可宗也。"人生境界高的人，不会像"硁硁小人"，而应像孟子所说，"言不必信，行不必果，惟义所在"。又如"和"，有子说："礼之用，和为贵。先王之道斯为美，小大由之。有

40

所不行，知和而和，不以礼节之，亦不可行也。"这就是说，不能为"和"而和，要以礼节"和"。这也是"中"的要求。

《中庸》说："喜怒哀乐之未发，谓之中；发而皆中节，谓之和。"内心对外界的正常反应是喜怒哀乐，这是人情之"中"；其表达时有度有节，其结果被称作"和"。人都有喜怒哀乐之类的情绪，这些情绪是对外部事物的正常反应。人们对外界事物的反应都具有一定的客观性，这便是"率性"之"道"，这正如《尚书·盘庚》中所说，"各设中于乃心"。人心里面的那个"中"，是人正常的情绪与心境，它被正常、适度、有节地表达，才会得到"和"的结果。而人"发而皆中节"，决定于心里的那个"中"。没有"中"，就没有"和"。

人生的和谐体现在"中庸"或者"时中"的认识境界中。人之执中，首先应当"知中"。《易·乾》九三曰："君子终日乾乾，夕惕若厉，无咎。"传统上，认为"终日乾乾"是终日戒慎恐惧，自强不息。"夕惕若厉"，到了晚上还是心怀忧惕，不敢有一点的松懈。人们通常认为这里是说人应当有"忧患意识"，但是这样理解《周易》并不准确。实际上，"夕惕若"的"惕"，帛书《易传》作"沂"，沂本作"析"。衣、析、惕，意义相同，本义为解除，引申有安闲休息义。《乾》九三爻辞强调的是一个"时"字，要求君子要因时行止。所以《淮南子·人间训》认为："终日乾乾，以阳动也；夕惕若厉，以阴息也。因日以动，因夜以息，唯有道者能行之。"孔子解释得好，他说："君子进德修业。忠信所以进德也。修辞立其诚，所以居业也……是故居上位而不骄，在下位而不忧，故乾乾因其时而惕（析），虽危无咎矣。"（《易·乾·文言》）人生贵在正确对待升迁进退，因为"上下无常""进退无恒"，重要的是不断"进德修业"，关键的时候才能"及时"抓住机遇。

每一个人刚出生时都天真无邪。随着年龄的增长，人对外部世界产生了一种认知。在外物的诱导下，"好"与"恶"的情感产生了。人被外物所"化"往往是无休无止的，如果是这样，"好"与"恶"的情感就应该有所节制，不然就会滑向危险的边缘。这个"节"能够作为人"情欲"与"天理"之间的平衡，以防止"人化于物"，防止"灭天理而穷人欲"，避免产生人间的罪恶。这个"节"就是"礼"，处理得当，就做到了"中"。

孔子儒家思索人性，思索"人之所以为人"的问题，其中心的思想应该正是为人处事之"中"的问题，这也是儒学的核心议题。他要求人们关注"人情"与"人义"，研究"人心"和"道心"，思考"人欲"和"天理"。孔子向往社会的和谐与"大同"状态，他深信只要人们正心修身，推衍亲情，放大"善性"，秉顺理性，循道而行，社会就不难达至"至善"之境。

为了使人们的行为符合社会规范，孔子还强调"以刑教中"。所谓"以刑教中"，不是指单纯的强制性的以刑罚强迫人们遵守"中道"的要求。正如政治治理中"徒法不足以治"的道理一样，"以刑教中"还具有树立典型、正确引导的意义，而且这应该是"中道"方法教育中重要的方面。

西周时期，"以刑教中"是"大司徒"社会教化手段的"十二教"之一。这时期的"以刑教中"，是通过刑罚判决告诉人们做人的道理。但决不仅如此，因为周代的教化系统比较完备。《周礼》"天官冢宰"中有"太宰"一职，其具体职掌是"建邦之六典"，用来辅佐王者治理天下邦国。"六典"中的"刑典"，表述为"以诘邦国，以刑百官，以纠万民"。太宰怎样"刑百官"？许多注释、翻译都径直理解为"惩罚恶吏""惩罚不法官吏"等。其实，《周礼》刑典的"刑"应该与"型"相通，有法式、典范、榜样的意义，强调对百官的管理，即为政者的表率作用，并以此进行社会人心教化。

孔子的认识与之完全一致。在他看来，对百官应"以礼御其心""属之以廉耻之节"，树立法式和典范。孔子说："名不正，则言不顺；言不顺，则事不成；事不成，则礼乐不兴；礼乐不兴，则刑罚不中；刑罚不中，则民无所措手足。"如果社会没有正气，礼乐不兴，那么刑罚就很难做到公正，社会的公平、正义就无从谈起。

"中道"学说与世界"和谐"

从实质上讲，"中庸之道"是修身之道，也是君子之道。孔子主张仁政德治，强调个人修养，教以诗书，导以孝悌，用仁义礼乐加以引导和启示，以成就道义、德行。这是人具体的修行方式与途径。

在现实社会中，有很多时候，人的行为未必合宜，未必适当。按照孔子和早期儒家的取向，社会管理的最高境界首先是用道德教化人心，其次是以政治引导人民。但政教不是万能的，它并非在任何时候、对任何人都适用，也有的人"化之弗变，导之弗从"，其行为"伤义败俗"，负面影响很大，对这些人就只能"用刑"，采取强硬措施。对"伤义败俗"者的惩罚，是对社会扭曲行为的矫正，也是对社会行为的一种刚性引导。这是从特殊的角度，告诉人们什么是"中"，什么样的行为违背了社会规范。

中庸之道作为传统儒家修行的法宝，其基本点在于教育人们自觉地进行自我修养、自我监督、自我教育、自我完善，把自己培养成为具有理想君子人格的人，其理论的基础在于人道应当符合天道，将天人合一，尽心知性知天，做到将人的理性与情感统一起来，完善自己内心的品德和智慧，在此基础上处理好各种人际关系，进而使天下国家达到太平和合的理想境界。

中庸是人生和谐之道，也是世界和谐之道。人生和谐的追求需要以"义"为准则，国家的、天下的和谐同样如此。"中和"之境的"和谐"不是暂时的，它建立在"礼"的牢固基础上，具有相对的稳定性。儒家既主张"以和为贵"，同时又强调"以礼节和"。礼贵得"中"，知有所"节"则知所"中"，能得中庸之常道，不偏不倚，恰到好处。无论对个人、家庭还是社会、国家，乃至整个世界，"和"都极其重要。

要保持"和"，重要的是守礼、有道，遵循共同的行为准则。人有恒心，坚守德行，与周围的人相处融洽。如果没有自己独立的思想，不能坚持自己的德行，一味追求和别人保持一致，不讲求原则，就很难与他人和谐相处，共同发展。同样这既是人生和谐之道，也是世界和谐之道。

2014年3月27日，习近平主席在巴黎联合国教科文组织总部演讲，提出了世界"文明和谐论"，这是中国关于世界文明关系的最新表达。习主席的演讲高瞻远瞩，气势恢宏，掷地有声，它明显高于"文明冲突论"，也包含了既有的"文明对话论"，业已引起国际社会的广泛关注和一致好评。我们认为，这一理念是在"和平共处五项原则"基础上的延伸和发展，与孔子的"中道"哲学存在着显著的契合。外交是一个道德选择困难的领域，但也是一个道德选择适宜的领域。道义因素是外交的重要维度，而现在占据主流的国际关系准则及其价值观，还没有摆脱实质上的民族主义和社会达尔文主义的影响，因而探讨符合天道正义的国际宪政规则显得十分必要。在诸多思想资源中，也许儒家的相关资源最为丰富。

在演讲中，习主席提出文明交流互鉴的态度和原则：第一，文明是多彩的；第二，文明是平等的；第三，文明是包容的。文明多彩是认识前提，文明平等是基本态度，文明包容使人类文明不断发展和进步。只有承认并充分尊重文明的多样性，看到不同文明之间的多姿多彩，才有可能尊重其他文明，从而平等对话，互相交流；才有可能参透其他文明的奥妙，消除独尊、歧视、排他心理，避免无知、傲慢和偏见，进而求同存异，互相涵摄，和谐相处，共同前行。

习近平主席的论述基于中国文化发展的历史经验，体现了中国传统文化的伟大智慧。习近平主席2013年11月26日视察孔子研究院时谈到，有的外国元首看长城，就能联想到中国文化的特点在于热爱和平，不进攻侵略，而是防守自己的家园。习主席说，长城还象征包容与凝聚力，外来的东西，进来后也变成内生的东西。中华民族就是不少民族融合形成的，中国常把外来文化本土化。这样的例证不胜枚举，佛教中国化就是如此。

中华文明的包容性特征很早便形成了。春秋时期就有人说"和实生物，同则不继"，孔子儒家集古代文化之大成，形成了"和而不同"的优秀品质，虽不苟同，但相互尊重，和平共处。只要秉持平等、谦虚的态度，了解各种文明的真谛，就能具有包容精神，实现文明和谐，就能像习主席所说，哪里还有什么"文明冲突"？习主席说到，在教科文组织总部大楼前的石碑上，用多种语言镌刻着这样一句话："战争起源于人之思想，故务需于人之思想中筑起保卫和平之屏障。"在当今国际背景下，习近平主席的演讲更加具有现实意义，更加能够振聋发聩，引起正义人士共鸣。其实，儒家的"中道"学说，核心的问题便是思索"人之思想"里面的那个"屏障"，这便是"中"，便是用以"制中"的那个"礼"。

中国先人早就看到"人心惟危"，人不能"好恶无节"，而应明理修身，推衍亲情，放大善性，"允执厥中"。孔子便说："凡夫之为奸邪、窃盗、靡法、妄行者，生于不足，不足生于无度。"又说："人藏其心，不可测度，美、恶皆在其心，不见其色。"既然"有度"与"无度"全在"人之思想"，那么中华文明"以礼制中"的意义便不言而喻。

（原载于《孔学堂》2015 年第 1 期）

中庸之道并非"和稀泥没原则"

——杨朝明研究员在"春秋讲坛"的演讲

中庸追求"天地位，万物育"，追求稳定与和谐，追求进步与发展。中庸是和谐和顺之道，也是求变发展之道。"中"当然不是简单数理意义上的"中间"，更不是"调和"或"折中"。中庸是一个不断纠偏的过程。此时"中"，换个时间未必"中"；此地"中"，换个场合未必"中"。中庸就是不偏不倚，就是"过犹不及"。只要不断地思考、自觉地践行、恒定地坚守，我们离中庸就不会远。

如果你去参观曲阜孔庙，应该会对"大中门"留下深刻印象。这是孔庙的第四道门。"中"当然指的是中庸，"中"之前加一"大"字，显然是为了表示强调、尊崇。可以想见，在古人的心中，中庸之道是孔子儒学的精髓，代表了孔子学说的高度。

可是现今，人们心目中的中庸又是什么样子呢？提到它，可能马上想起的是"老好人""和稀泥""没原则"。特别是近代中国落后于西方国家，有不少人认为是中国"太中庸"了。这些似是而非的论调，是对中庸实实在在的误解，也都远远背离了中庸精神。

"中" 就像 "秤" 之平衡

人们之所以熟悉中庸这个概念，是因为它在孔子和儒家思想体系中实在太重要了。有人把中庸视为孔子思想的核心。事实上，中庸思想美妙和谐、辩证深邃，不知影响了多少中华儿女，烙印在了多少中国人的心灵深处。哲学家冯友兰晚年就曾自书一联感叹："阐旧邦以辅新命，极高明而道中庸。"

中庸有名，还在于它是儒家"四书"之一。孔子关于中庸的论述，集中记录在《中庸》里。魏晋以后的儒、释、道之争，使人们进一步看到了《中庸》的重要性，于是把它从《礼记》中析出，与《论语》《孟子》《大学》并列，终成"四书"。

中庸一词出自孔子，《中庸》里说得明白。孔子曰："中庸其至矣乎！民鲜能久矣！"意思是，中庸是至高的境界，大家缺乏这种德行已经很久了。东汉经学家郑玄指出，名曰《中庸》者，以其记中和之为用也。庸，用也。中庸即中用，就是使用中道。尽管历代思想家对中庸进行过很多解释，但郑玄的这个解释更直白、更晓畅、更明晰。

中庸之所以是"执中""用中"，原因在于人们时时处处都需要"中"的思维，都不能离开"中"。中庸追求"天地位，万物育"，追求稳定与和谐，追求进步与发展。中庸是和谐和顺之道，也是求变发展之道。

真正做到"中"是不容易的。"中"当然不是简单数理意义上的"中间"，更不是"调和"或"折中"。它不是一眼就能看透的事情。"中"的标准并不固定、更不拘泥，它随着条件的变化而变化。中庸是一个不断纠偏的过程。此时"中"，换个时间未必"中"；此地"中"，换个场合未必"中"。

有人以"秤"来比喻和诠释"中"的内涵。秤的结构并不复杂，一个杆，一个权。量东西时，秤砣不能固定在某个地方，而应该随物之轻重来回移动，这才是"中"，才能"中"。《荀子》说："夫礼之于正国家也，如权衡之于轻重也。"合礼的才合理，合理的才合礼，合理、合礼才是"中"。国家要和谐发展，就需把握"中"，就像掌握那个"秤"的平衡。

"人道尚中" 对应 "人道曰礼"

孔子一生颠沛流离，只为追求道的实现。他奔波于列国之间，致力于弘扬和践行心中的"道"。这个道，正是孔子站在当时社会的制高点上，总结和继承夏商以来的文化传统，整体、系统、动态观察世界而看到的"中道"。可以说，不理解中庸之道，就难以真正了解孔子和儒学。

孔子的中庸之道，是对他之前中道思想学说的继承。早在尧舜时期，先王们就关注人性和人的价值，讨论人的自然性与社会性之间的关系，思考如何处理"我想怎么样"与"应该怎么样"之间的矛盾。《尚书》记载了"十六字心传"，说的是"人心惟危，道心惟微，惟精惟一，允执厥中"。

这个"允执厥中"极其重要，里面包含了太多的中国智慧。一方面，人藏其心，深不可测；另一方面，人又往往为外物所化，成为物的奴隶。那么，如何去把控人心？"人之所以为人"的道理在哪里？人心和道心之间的那个"中"是什么，怎样"择其两端而用其中"？这些成为古往今来国人思考的重要问题。

作为思想方法，"中"是尧、舜、禹相传之道，尤受到周人的重视。新发现的清华大学所藏战国竹简中明确记载，周文王把"中"看成修身成长之道，视作为政治国之道。

"清华简"整理出来的第一篇就是《保训》，李学勤称其为"周文王的遗言"。周文王临终前告诫儿子，反复强调"中"。他谈到，舜从前是一个普通人，长期在民间，亲自耕种田地，了解民性和民情。他"恐求中"，惶恐追寻做人处事之"中"。一个人，如果想成为国家的管理者，就必须求中道。他还以殷商先君处理以前遗留的矛盾为例，生动地指出君王或君主在处理人与人之间的关系、国与国之间的矛盾时，必须遵循中道的原则。

周文王推尊中道，影响了武王、周公，影响了整个周代文明，形成了周代文化的尚中传统。《逸周书·武顺解》中说："天道尚左，日月西移；地道尚右，水道东流；人道尚中，耳目役心。"意思是说，人处在天地之间，就要效法天道、地道。在天上，日月星辰自东向西不停地流动；在地面，"一江春水向东流"。那么，人呢？人道尚中，就要"耳目役心"，要思考是非，要有价值判断。

紧接着，《逸周书·武顺解》又说："天道曰祥，地道曰义，人道曰礼。"这就可以对应理解了，"人道尚中"与"人道曰礼"相对。符合"中"，就是符合"礼"。

《孔子家语》也记载了孔子很多类似的话。例如，子曰："礼乎，夫礼所以制中也。"它就像河南省的朋友张口就说的"中"，"中"就是可以、好、合理。所以，由"人道尚中"与"人道曰礼"的对应来看，"中"和"礼"之间的关系是非常清晰的。

以刑教中，树立学习标杆

周代"以礼制中"，又"以刑（型）教中"，树立标杆和典型，引导人们学习中道。这深深影响了孔子和儒家。孔子崇周，赞赏周代礼乐文明，并形成了他的中庸学说。

那么，在具体实践中如何做到"中"呢？在孔子看来，符合礼的就是"中"，以礼为标准追求中道，就是"以礼制中"。孔子认为，每个人都有自己在不同社会关系中的具体位置。每个人都是社会的人，身份都是复合的。只有以礼约束自己，做好该做的事，社会才会和谐。所以，《大学》要求"为人君止于仁，为人臣止于敬，为人子止于孝，为人父止于慈，与国人交止于信"。这就是要人们各正其名、各安其分、各尽其力，定位好自己，做好分内事。

传统社会的基本关系是父子关系、君臣关系，铺展开来就是《中庸》所谓"五达道"的说法，即君臣、父子、夫妻、兄弟和朋友之间的相处之道。此外的关系，无非都是由此派生出来的。

这里讲讲"人义"。孔子曰："何谓人义？父慈、子孝、兄良、弟悌、夫义、妇听、长惠、幼顺、君仁、臣忠，十者谓之人义。"程颐说："不偏之谓中，不易之谓庸。中者，天下之正道；庸者，天下之定理。"中庸就是不偏不倚，就是"过犹不及"。各种关系之间有其应该遵循的道理，人们按照这个道理去处理，就遵循了礼，也就合理了。那个"中"虽然"致广大而尽精微"，但只要不断地思考、自觉地践行、恒定地坚守，我们离中庸就不会远。

在世界上，天、地、人以及物与我，都不是各自孤立、相互对峙，而是差异的统一。在这个统一体中，只有各安其位、各得其所、和谐共处，才可以"万物并育而不相害，道并行而不相悖"。中道作为和谐之道，体现在人与自身、人与人、人与社会、人与自然关系的处理上。一个人，只有内外兼修，才能身心合一。只有遵循忠恕之道，修己而推己，才能将心比心、换位思考。

做到中庸难吗？确实不易。孔子继承先圣的思想，继承先王之道，深入思考人心与道心、人情与人义的关系；历代儒家继续思考天理与人欲的关系，思考怎样恰当地处理这种关系……历代先贤不断探索、不断思考，正是因为中庸之难。毕竟，"天下国家可均也，爵禄可辞也，白刃可蹈也，中庸不可能也"。

与时偕行， 不拘泥保守

中庸之难，难的是"知时"而"时中"。时中，就是"与时偕行""与时偕极"，把握时机，随时变化，不拘泥保守。

曲阜孔庙第一道大门，就是"圣时门"。如果你去参观，可能会有人解释：这个"时"就是时髦。鲁迅说孔子是"摩登圣人"，"摩登"即时髦的意思。其实，这个"时"源自"时中"。孟子曰："圣之时者也。"儒家特别注重"时中"，《中庸》说"君子而时中"。

《易传》最重要的特点在于对"时"的哲学理解。"卦以藏时"，周易六十四卦其实就是六十四个"时"。《易·乾》中说："君子终日乾乾，夕惕若厉。"《淮南子》说："终日乾乾，以阳动也；夕惕若厉，以阴息也。因日以动，因夜以息，唯有道者能行之。"讲的就是"时中"的问题。

有人讲"终日乾乾"就是一整天踏踏实实的努力；"夕惕若厉"的"夕"就是晚上，"惕"就是警惕。晚上也需要警惕，这叫忧患意识。有人可能要问：君子忙了一整天，到了晚上也没有一点的松懈，合适吗？其实，马王堆帛书告诉我们，"夕惕若厉"的"惕"是"沂"，"沂"的通假字是分析的"析"。意思是指，一个人忙了一整天，到了晚上一定要好好休息。只有好好休息，第二天才能有一个好的工作状态。这叫作"以阳动，以阴息"。一个人，如果明白并把握好自己的阴阳，就"无咎"了，就不会招致失败。

孔子曰："不患无位，患所以立。"同样也是讲求"时中"。一个人不要担心将来有没有自己的位置，而要担心自己能干好什么。了解当下的自己很重要，这就是《中庸》所说的"知远之近"。真正理解了这个"时中"

之道，就能把握好人生。

孔子还说："知终终之，可与存义也……因其时而惕，虽危无咎矣。"对此，我们可以这样理解：有人跑得很快，在前进的路上收不住脚步。但如果只是不顾一切地跑，就有可能不稳健、不踏实。因此，《易传》所说"进退无恒"最重要。哪有永远的进？哪有永远的退？一个简单的道理：拳头收回来，再打出去，也许更有力量。

孔子又告诫："君子进德修业，欲及时也，故无咎。""进德"是要提高德行，"修业"则是提高才干。我在孔子研究院提出大家都应自觉遵循的院训，就是"博学于文，行己有耻"。前者是修业，后者是进德。所谓"欲及时"，"欲"是打算，"及"是赶上，"时"是机会。机会是给有充分准备的人留着的。这不又回到"时中"思想了吗？

选择了善， 就要执守不变

中庸之难，还难在"至诚"。至诚，就是"择善固执"，就是孔子表扬颜回时所说的"拳拳服膺而弗失之"。中庸，说起来容易做起来难。人们进行是非选择似乎没那么难，但坚守正确的选择却很不容易。

人们读完《中庸》、读熟《中庸》，品出了其中的真味，可能就会只剩下"至诚"二字。有人把《中庸》解释得过于玄妙，未必符合《中庸》的本旨。我认为，《中庸》更是修养论、功夫论。这个修养论或功夫论的中心，可以说就是"至诚无息"。

在日本，有一位著名的企业家叫稻盛和夫。他经营的两家公司都在世界五百强之列。到了八十岁以后，他又经营起了一家航空公司。他有什么成功诀窍吗？据说，他曾挥笔留下两个字——"至诚"。

什么是"至诚"？《中庸》说："诚者，天之道也；诚之者，人之道也。"天道至诚，谁能挡住寒来暑往？谁能挡住日月星辰自东向西的移动？谁也挡不住。这就是天道。天道至诚，人要顺应天道，就是要诚之。

《中庸》认为，圣人不是装出来的，圣人一定是从容中道、不思而得，按照准则去做事。选择了善，就执守不变，这便是"诚之者，择善而固执之者也"。

请大家稍稍留意，在《中庸》里，孔子表扬了一个人，那就是颜回。孔子为什么表扬他？后人又为何尊颜回为"复圣"，认为他是继孔子之后的又一位"圣人"？曲阜复圣庙前两侧有两个牌坊，其中一个写道：优入圣域。意思是说，颜子的优秀达到了"圣"的境界。那么，这个"圣"的境界是什么呢？孔子夸奖颜回说："择乎中庸，得一善，则拳拳服膺而弗失之矣。"这就是"复圣"的境界。我们为什么没有达到这个高境界呢？也许就是缺少了颜回"不贰过"的精神。

"诚"就是"敬"。孔子说："古之政爱人为大，所以治。爱人礼为大，所以治。礼，敬为大。"说到根本处，人道还是一个"敬"的问题。孔子的这些话，都记载在《孔子家语》之中。

收放自如，可避免许多冲突

孔子的中庸之道，就是教人怎样以合理的行为促进社会关系的和谐。在四大文明古国中，中国的文明是唯一连绵不断的文明。其中的一大原因就在于中国有中庸之道。

中庸是孔子思想的精髓，也是孔子思想体系中的一种方法论。中庸，表达了儒家知识分子的入世情怀与处世哲学。用中庸之道化解社会矛盾，方式得体，圆润实际，收放自如，没有宗教所固有的一些不可妥协性，也就避免了许许多多的冲突。

说到中庸，人们往往会想到"不偏不倚，过犹不及"。不错，这也是中庸之道。做任何事情都有一个度的问题，都要符合度；超过了度不好，达不到度也不好。

20世纪六七十年代，社会上曾经流传过一张漫画。画的是被丑化的孔子拼命向后拉一辆奔驰的车子，寓意他是"拉历史倒车的人"。当人们说孔子"落后""复古""倒退"时，似乎不知道《中庸》里的话。孔子说："愚而好自用，贱而好自专，生乎今之世，反古之道。如此者，灾及其身者也。"很明显，孔子将墨守成规、不知变通、不懂时变者与"愚而好自用，贱而好自专"并提。由此，真不知道孔子的"复古""倒退"之说，是怎么传出去的？

中国人很早的时候就懂得了中庸的妙用和神奇。在远古时代的艰苦条件下，为了生存，为了发展，先民们总结经验，并将中庸提升为一种哲理和智慧。例如，先民们敏锐地认识到了天地、阴阳、刚柔、男女、黑白、长短等的相对与二分。在此基础上，进一步发现了"中"。同时，在一分为二的基础上发展为"三生万物"，在"天地位"的基础上追求"万物育"。这是独具中国特色的辩证法。

总之，我们如果真正了解了中庸的智慧后，就能领略中庸之美、享受中庸之效。

（原载于《解放日报》2017 年 9 月 19 日）

儒学的五大当代价值

习近平同志考察孔府，表示要好好看看《孔子家语通解》《论语诠解》这两本书。主编杨朝明接受记者专访，详解这两本著述内容、《孔子家语》和《论语》的关系，以及孔子和儒家思想研究在当下的意义等。

《孔子家语》 和 《论语》 的关联

《孔子家语》和《论语》性质上是一样的，都是孔子当年教学的时候弟子各有所记，记录了孔子言语和孔子当时与弟子等有关人物进行的对话。但是《论语》是选出来的，如果说《论语》相当于孔子的语录的话，那么《孔子家语》相当于全集。从规模上讲，包括标点在内，《论语》只有两万多字，而《孔子家语》却多出其近四倍，相对来说材料比较完整。

孔子人生的三个境界

《论语》首篇首章很多人就理解错了，传统解读把这三句话割裂开来理解，认为"学而时习之，不亦说乎"说的是学习，"有朋自远方来，不亦乐乎"说的是朋友，"人不知而不愠，不亦君子乎"说的是胸襟。其实这三句话是有内在关联的，"学"是名词而非动词，是孔子的学说、信念、主张。解释为："假如学说被社会采用，不是很高兴吗？退一步说，假如社会没有采用，但是赞同我的人从远方来和我一起讨论，不是也很高兴吗？再退一步，如果全世界都不理解我，我也不恼怒，不也有君子的胸怀吗？"这是孔子人生的三个境界。《论语》的首篇围绕做人这个中心问题展开，后面分别以为政以德、守礼明礼等层层剥离展开。因此，首篇是最重要的。

《论语诠解》 对于孔子思想的勘误和新解

《孔子家语通解》对《孔子家语》整本书的成书、内在结构、原文进行了释读和翻译。而在此基础上，《论语诠解》对《论语》的很多言论进行了重新诠释和解读，对一些争议和误读提出了我们自己的看法。比如"君君，臣臣，父父，子子"传统上理解这句话强调君臣父子各行其道，觉得是统治阶级的符咒，但我们认为他强调的是"正己"，就是每个人在不同位置做好自己的本职工作，使个人行为符合自己身份。《论语》对话缺少具体语言环境，《史记》中有更详细的记载，孔子也一贯强调修身、修己。

再比如，"唯女子与小人难养也"，传统理解是瞧不起妇女，但实际上"小人"是地位低下的人的意思，不仅不是轻视，反而是重视。周初有"敬德保民"的传统，孔子思想与文武周公一脉相承。《孔子家语》中说："君子莅民，不可以不知民之性，而达诸民之情，既知其性，又习其情，然后民乃从命矣。故世举则民亲之，政均则民无怨。"就是这个意思。

孔子和儒家思想研究的当下意义

我给习主席汇报时提到了儒家思想的当代价值，共有五个方面：第一是世界意义。孔子是和苏格拉底、柏拉图齐名的世界级的哲学家，他的思想是最基本的人类文明，中华文化走出去的根本标志就是孔子文明走出去。第二，孔子思想是整个中国和华夏文明的共同纽带，是中华民族最深层的精神追求。孔子提出家国同构、以天下为己任，都是全球华夏儿女共同的追求，哺育了一代一代的华夏子孙。第三，孔子思想是马克思主义中国化最深厚的文化土壤，中国特色社会主义也是以孔子思想为丰厚的土壤。第四，孔子思想对于我们现在社会的治理、党风廉政建设具有很大意义，孔子提出的"为政以德""为国以礼""富而后教""修己以敬""义利观""中和"都对治国有影响。第五，孔子思想还有提高个人修养以及培养青少年正确思维观的作用。

（原载于《唯实（现代管理）》2014 年 1 月 10 日）

认识中国儒学的"三段论"

从儒学形成到今天,对儒学价值的认识历来就存在一定分歧。为了更好地理解孔子思想与儒学,把握儒学与中国社会的关系,更好地弘扬优秀传统文化,有必要结合中国社会的实际,放眼整个中国历史文化的长河,宏观而整体地观察儒学孕育、形成、发展、演变的过程。如果把中国儒学比作一棵树,那么,我们不能仅仅看清孔子以来儒学的树干与枝叶,还应看到孔子以前儒学发达的根系,否则,如何能理解这棵大树的生生不息?又怎样去施肥浇水、培根固元?不能忘了,孔子以前,中国文化已经有一个漫长的发展与积累,孔子学说的特点恰恰在于"祖述尧舜,宪章文武"①"述而不作,信而好古"②。因此,跳出儒学本身来看儒学,从而对其进行适当的阶段性划分很有必要!

中国儒学当然有不同的发展阶段,学术界也有不同的分期方法。笔者所说的"三段论",是说我们认识中国儒学,可以分为先秦时期、秦汉至清朝、近代以来三个时段。先秦时期是"原始儒学阶段"。这一时期尤其夏商周三代,是儒学创生与萌芽阶段,并最终在春秋战国时形成了早期儒家学派。在这一时期,孔子儒家主张"修己安人"和"仁政""德治",强调"正名",具有显著的德性色彩。秦汉以至清代是"儒学发展阶段",此间,中国历经两千多年的皇权时代,儒家学者"宗师仲尼",致力于探索儒学精义,使之形成了多样化的发展形态;同时儒学与政治结合,并且走向民间,与皇权社会及专制政治产生了密切关联。近代以来是"儒学反省阶段"。清

---

① 朱熹:《四书章句集注》,北京:中华书局,2012 年。
② 杨伯峻:《论语译注》,北京:中华书局,2013 年。

朝灭亡以来，皇权政治结束，进入民权时代，中国被动地融入世界，人们开始了对儒学与社会关系的反思与反省。如果放眼儒学的全部历程，可以说，直到今天，反思依然在路上，今天仍处在这一反省阶段。

对儒学发展阶段进行如此划分，有两个时期就显得非常关键：一是秦汉之际，二是清末民初。秦汉是中国专制政治的建立时期，与先秦时期不同的是，此时强调皇权至上。为适应专制政治的需要，逐渐强化了君权、父权和夫权，儒学由此发生蜕变，逐渐具有"威权色彩"，呈现出为后世所诟病的"缺乏平等意识和自由理念"的特点，也与现代社会的理念格格不入。近代以来，尤其甲午中日战争后，由于中国社会的特殊变动，人们开始反思自己的民族文化。在帝制时代，孔子被推崇到极高地位，儒学是主流意识形态，所以，新文化运动的矛头自然直接指向孔子，借以打倒儒学和传统文化。这种"全盘性反传统主义"的运动，其思维方式上存在偏颇是显而易见的。然而，在客观上，它却主要指向具有"威权色彩"的儒学，使得人们把被扭曲了的儒学主张看得更加清楚。

相比之下，认识理解儒学在秦汉之际的境遇及变化则最为根本、最为紧要、最为关键。先秦时期，作为"百家争鸣"的一部分，儒学在与各派的互相驳斥、争鸣与融合、互相借鉴与吸收中得以发展，他们都强调自觉修身，以人为本，崇礼明德，重视教化。而到汉代，儒学却发生了质的变化，由民间学术上升为官方学术，儒学与政治紧密结合起来，呈现出明显的纲纪观念与浓重的"威权政治"色彩。

秦代施行暴政，特别是"焚书坑儒"使儒家经典受到了重创，影响了儒学的发展。但是秦朝二世而亡，这种深刻教训使得继起的汉朝统治者不能不深刻反思，他们看到"纯法"之治"严而少恩"的弊端，认为"仁义不施"是造成强秦覆灭的根本原因。以此为鉴，汉初统治者倡导黄老之学，与民休息。但"清静无为""因循为用"的道家学说并不能有效适应封建社会的大一统政治需要，而儒学在"列君臣、父子之礼，序夫妇、长幼之别"方面的优长则有利于封建宗法与专制统治的加强。于是，在经过反复辨析、权衡利益得失后，汉代统治者最终还是选择了儒学。

西汉统治者选择以儒学治国，却改变了原始儒学德性政治思想浓郁的特色，这一点，在汉高祖刘邦那里就已经露出端倪。而刘邦对于儒生与儒学态度的转变也意味深长、发人深思。刘邦即位称帝之初，对儒学缺乏基本的了解，对儒家的《诗》《书》等典籍没有丝毫兴趣，对其教化作用一无所知。可是，后来的刘邦却与先前判若两人。他在《手敕太子书》中说："吾遭乱世，当秦禁学，自喜谓读书无益。自践祚以来，时方省书，乃使人知作者之意。追思昔所行，多不是。"① 后来，在路过鲁地时，他甚至还以太牢祭祀孔子。可见，他对孔子和儒学的态度发生了根本性转变。

刘邦对孔子和儒学的态度由谩骂、蛮横转为敬重、尊崇，主要缘于汉初残破现实的逼迫。当时，经济极度凋敝，政治混乱，民怨沸腾。历史的曲折多难和巨变，给新兴的汉王朝提出了时代的主题，他们不能不思考如何建立自己的统治秩序，改变当时的残破局面，正视这突如其来的国家学说的空缺。当战争的烟尘散尽，他们首先思索的是秦朝二世而亡的教训。汉初思想家一针见血地指出，汉代不能再如同秦朝那样"用刑太急""仁义不施""不知教化"，于是，他们试图用儒家礼仪建立汉朝的统治秩序。然而，直接引导刘邦态度转变的则是叔孙通、陆贾等汉初儒生。他们顺应时势，注重实际问题的解决，在探索和选择治理国家指导思想的过程中，更加看重学说的实证性。因此，被司马迁称为"汉家儒宗"的叔孙通制订汉代朝仪，对刘邦的影响可能会更大一些。当时，朝廷仪法混乱，"群臣饮酒争功，醉或妄呼，拔剑击柱"②，刘邦为此大为伤神。当叔孙通提出"与臣弟子共起朝仪"时，刘邦还不怎么相信，说"可试为之"，并且特意指出不要搞得太复杂，要适合汉初君臣的理解能力。然而，当礼仪施行于朝廷后，刘邦才由衷地感到"为皇帝之贵也"，并拜叔孙通为太常，"赐金五百斤"，连他的弟子也都做了郎官。③ 这一事件肯定对刘邦转变对孔子和儒学的态度起了重要作用。

司马迁称叔孙通为"汉家儒宗"，在他身上就十分鲜明地体现出汉代儒学的转变。读《史记》《汉书》中有关叔孙通的传记，给人留下印象最深的是他"知当世之要务"，精通"时变"，审时度势，能在秦汉之际的动荡岁月中出入自由，游刃有余。在秦末汉初的动荡岁月中，叔孙通多次易主，

---

① 严可均：《全上古三代秦汉三国六朝文》，北京：中华书局，1958 年。
② 司马迁：《史记》，北京：中华书局，1963 年。
③ 司马迁：《史记》，北京：中华书局，1963 年。

实际上是在选择可事之君。他跟随刘邦后，仍然不忘灵活变通，去就取舍"与时变化"，他甚至把"不知时变"的儒士称为"鄙儒"。

秦汉时期已不同于春秋战国之时。孔子的时代，世界多元，他可以像"择木之鸟"那样在列国之树中间进行选择。而秦汉时，多元的世界归于一统，此时只有一棵"皇权大树"，儒者别无选择。像孔、孟那样的儒学大师，尽管一生到处奔走，可仍然没能找到适合的栖身之所。如果再像孔子那样"道不同不相为谋"，便意味着永世不被用。叔孙通显然也是在寻找可栖之树，几经选择，他终于归从了即将取得天下的刘邦。后来，叔孙通就极力寻找儒家与皇权的结合点，以求儒学和儒生受到重视。如果没有叔孙通等人的"变通"或者"圆通"，儒家或许将永远摆脱不了孔子那种"丧家之狗"的命运，儒学成为官学也无从谈起。

儒学的这种转变当然存在一个过程。到汉武帝时"罢黜百家、独尊儒术"，儒学上升为"独尊"的官学，自然也不可避免地演变为政治统治的工具。但是，儒术尽管已经"独尊"，但儒者中的某一个人如果违背了统治者的一己之欲，仍然会遭到统治者的严惩，甚至失去生命。儒生为了更好地适应社会的发展，也变得唯唯诺诺，唯君主是从。自儒学被定于一尊后，儒学也就成为国家全部思想与政治生活的重要组成部分。

西汉时期，经学兴盛，其原因正在于此，正像班固所言："自武帝立《五经》博士，开弟子员，……百有余年，传业者寝盛，支叶蕃滋……盖禄利之路然也。"[1] 可见传经的目的已不仅仅在于弘道，而是将着眼点放在了现实政治上面，与当时的政治紧密结合起来。于是，经学博士们为了满足统治者的需要，甚至不得不改变经文原意，例如，在强调民本的同时，他们会自觉不自觉地抛弃孟子的"君轻论"，放弃荀子的"从道不从君"论，而代之以突出君权的"尊君卑臣""君为臣纲"等，从而强化君主专制的理论。

成书于西汉时期的《礼记》《大戴礼记》，作为儒家的重要经典，就体现出了显著的威权政治的特色。在这两部书中，有大量的与《孔子家语》相同的材料，只是《礼记》与《大戴礼记》都进行了一定的改动。如果将

---

[1] 班固：《汉书》，北京：中华书局，1958年。

其详加比较，就可以看出《孔子家语》的用词更为近真。也就是说，仅仅从儒生改造儒家经典所透露的信息，我们就可以明显看到汉代儒生价值观念的转变。与先秦经典相比，汉代儒学典籍色调有了明显改变，读汉儒改造后的儒家论述，处处闪现着帝制时代所特有的纲纪观念，散发出浓重的汉代威权政治的气息。在这些典籍里，先秦儒家提倡的以修身、重民及君臣之间互尽义务、彼此信任为特征的"德性儒学"被遮蔽起来，在君臣、上下之间，要求更多的是臣对君的忠诚，至此，儒学蜕变而成为两千多年帝制时代君主独尊的威权政治学说。

对中国儒学进行这样"三阶段"划分，有助于对儒学价值的认识。作为思想文化，孔子儒学的影响之大可以说罕有匹敌，而对其价值认识的分歧之大竟然也无与伦比。孔子学说影响之大，是因为它的形成有一个十分广阔的文化背景，因此，才成就了孔子的博大与高深。不难理解，文明的发展是加速度的，无论是文献记载还是出土资料，都证明我们以往对中国古代文明发展程度的估价严重偏低了，如果我们再不能走出迷茫，就很难对中华文明的发展有正确的理解与评价；如果不能理解孔子等早期儒家的博大，就很难对后儒的"宗师仲尼"有准确的理解。近代的学者们说得好："孔子以前的中国文化差不多都收在孔子手里"[1]，"自孔子以前数千年之文化，赖孔子而传"[2]。没有对孔子思想"集大成"特点的准确认知，或者思维仍停留在疑古思潮盛行的那个时期，科学认识孔子儒学就无从谈起！

了解这一点十分重要！在中国不断遭受外敌欺凌，民族面临生死存亡之时，关注民族命运的人都希望中华民族尽快走出低谷。面对本民族传统文化，强烈"保守"传统的人多看到了原始儒学的真精神，而对孔子儒学与传统文化持"激进"立场的人，则更多地看到了作为"专制政治灵魂"的那个"偶像的权威"。这就不难理解，启蒙运动时，有学者提出要"打倒孔家店，救出孔夫子"。我们确实应关注原始儒学，分清"真孔子"和"假孔子"，澄清误解，明辨是非，正确对待儒学与中国传统文化。

将儒学分为三个阶段进行认识，当然绝不是简单地"回到孔子"。如果

---

① 梁漱溟：《东西文化及其哲学》，北京：商务印书馆，1999 年。
② 柳诒徵：《中国文化史》，上海：上海古籍出版社，2001 年。

"正本清源""返本开新"意味着否定历代学术的发展，那将是极大的误读。我们当然不是也不能抹杀历代学者的贡献，只是为了更好地理解儒学在当代社会的境遇，从而更好地认识儒学。谁也没有并且不会无视儒学发展过程中呈现出的流变与阶段性特征，不会无视历代学者的贡献。元武宗即位时命翰林起草诏书，其中有一句话说得好："先孔子而圣者，非孔子无以明；后孔子而圣者，非孔子无以法。"① 如果也这样理解后儒之于孔子的关系，就会减少很多误解。如果我们不尽可能全面、整体地认识孔子和早期儒学，就说不清孔子以后的儒学发展与孔子的关系。事实上，还有不少人似乎无视众多"孔子遗说"的存在，不能理解孔子所处时代中华文明已有的漫长发展，凭着只言片语的孔子言论，进行"老道的""经验式"解读，难以了解孔子思想"全体"，不能把握中华文化精髓。

从儒学自身的发展看，"反思"与"反省"仍在进行。随着学术事业的进步，人们对儒学的变化看得更加清楚。正如有些西方学者所看到的，因为有了孔子的学说，"伟大的中华民族比世界上别的民族更和睦、更和平地共同生活了几千年"②。时间过去了两千多年，虽然社会已经发生了巨大变化，但人们仍然需要立足于孔子所确立和阐述的那些价值观念，可以说，这样的认识已为越来越多的学者所接受和认同。不过，从总体上看，当前人们对于孔子儒学的理解还带有明显的过渡性特征。不言而喻，研究儒学如果不能把握"精髓"，就有可能竞相树旗立帜，标新立异，各执己见；推广儒学如果不能抓住"要领"，就有可能舍本逐末，事倍功半，乃至南辕北辙。"说者流于辩，听者乱于辞"，如此下去，儒学怎能发挥经世化民的作用？只要走近孔子那颗伟大的心灵，认真借鉴先圣先贤的智慧，就能看清通向大同世界的理想之路。只有深入走进孔子与儒学的世界，世界儒学的天地才能更加澄净，儒学才能照亮人心、温暖世界。

（原载于《济宁学院学报》2017 年 6 月第 3 期）

---

① 杨朝明：《曲阜儒家碑刻文献辑录：第一辑》，济南：齐鲁书社，2015 年。
② ［英］贡布里希著，张荣昌译：《写给大家的简明世界史》，桂林：广西师范大学出版社，2009 年。

文化学视野中的儒家文化

儒家文化属于文化学的研究范畴，由于儒家文化对中国社会的深刻影响，使得它成为一个包罗宏富的"复杂"文化事项。文化学是一门新兴的、具有显著交叉性质的学科，文化学的研究越来越受到世人的重视。在当前特定的历史背景下，以文化学的视野来综合审视儒家文化，不但有利于对儒家文化的准确理解和认识，而且对今天正确看待孔子与儒家文化也具有重要意义。

从 "文化" 概念看儒家文化

何谓"文化"？从文字上看，"文"是指各色交错的纹理，"化"则为改易、生成、造化。"文化"往往与自然、质朴或野蛮对举。广义的文化是指人类所创造的物质和精神的一切成果，它着眼于人类与一般动物、人类社会与自然界的本质区别，着眼于人类卓立于自然的独特生存方式。狭义的文化则指人类所创造的精神成果，它排除了人类社会——历史生活中关于物质创造活动及其结果的部分。

就本初意义而言，文化乃是指"人化"意识支配之下的人文化成或者以文教化。《易传》说："观乎人文，以化成天下。""人文"本来与"天文"相对。随着人类文明的演进，"文化"的内涵也变得十分博洽。

孔子所创立的儒学乃是修己安人之学，作为一种典型的人文文化，儒家文化完全与文化的本初意义相互吻合。《中庸》说孔子"祖述尧舜，宪章文武"，孔子继承了三代文化，而最为重要的是继承了三代的人文教化传统，孔子儒学形成以后，其影响逐渐扩大。

夏商周时期，司徒之职、典乐之官都是从事社会人心教化工作的官职。在周代，王公庶人子弟八岁就要入小学学习洒扫、应对、进退，学习礼、乐、射、御、书、数。十五岁时，贵族子弟、民之俊秀都要入大学，学习穷理、正心、修己、治人之道。《大学》所说就是从修身到齐家、治国、平天下的道理。儒家希望发挥人的善端，导人向善，以达社会至善。宋代以后重视《大学》，就是为了学者修己治人，为了国家化民成俗。

两千多年以来，我国十分注重做人的教育。儒学作为传统文化的主干，其人生价值理念一直主导着大多数士人。古代的书院与官学平行交叉，存在千年，作为一种独特的文化教育模式，它集教育、学术、藏书为一体，它不以科举仕进为目的，是一种"素质教育"。

科举制度是封建时代基本的人才选拔制度，而儒家的经书是考试的重要内容。而今，科举制度已经废除了整整一百年，关于它的功过是非，现在比以往看得更加清楚。科举制度存在弊端，但它对整合传统社会生活并维系社会内部文化生态平衡和政治、文化、思想、教育、经济、社会生活运行起到了枢纽与调节作用。科举制度是历史演进中凝聚起来的制度文化资源。科举时代，农村士绅通过科举所拥有的身份，保持了其在农村中的精英地位，并使之借此获得社会的尊重，进而主导与组织社会与文化生活。取消科举制度后，农村文化生态开始失衡，此后便开始了农村智力资源向城市的单向流动，中国农村社会的文化生态不断失调与退化，出现了严重断层，开始过度依附城市并失去了自主性。

文化的层级与儒家文化

由于文化问题的复杂性，关于文化的结构问题，人们的看法存在很大差异。如果按照层级划分，文化可以分为表层文化、中层文化和底层文化。表层文化即物质文化，包括围绕衣、食、住、行所体现出来的人们的去取好恶等；中层文化即制度文化，包括风俗、礼仪、制度、法律、宗教、艺术等；底层文化即哲学文化，包括人们的伦理观、人生观、价值观、世界观、审美观等内容。

文化的层级划分，有助于加深对孔子、儒学与中国传统文化的理解。

一般说来，文化的表层和中层反映着底层的内涵，而底层的内涵渗透于中层和表层；表层和中层的变化渗透并影响着底层，底层则制约着表层和中层的变化。儒家哲学、人生价值观属于儒家文化的底层，在儒家思想指导下形成的制度文化属于其中层，而体现儒家理念的行为方式、言谈举止等属于其表层。比如，我国有深厚的礼乐传统，儒学特别强调礼。礼可以划分成礼俗、礼仪、礼义三个层级，它们分属于礼文化的表层、中层和底层。礼俗指游离于礼乐制度之外，产生于社会群体自发的生活实践，是人们自觉的循礼行为，它约定俗成、积久而形成。礼仪指具体的仪式礼节，是关于礼的具体制度规定。礼义指抽象的礼的道德准则，指人们遵守礼的道德自觉。礼义属于最根本的东西，中国早期思想家们已经认识到："礼之所尊，尊其义也"；"为礼不本于义，犹耕而弗种也"。礼义要求社会成员自觉接受约束，具有秩序意识，以营造有序社会。在春秋末年"礼崩乐坏"之际，有人虽也能勉强做到一些礼的仪节，但往往仅保留了作为文化中层概念的礼的仪式，礼的本义已经丧失。

儒家的仁学也是如此。在本来的意义上，仁在于修己。古文的"仁"字写成从身从心，上下结构，这已经得到新出土战国竹简的证明。儒家强调修己、修身，正是"仁"的本义。由修身而亲亲，进而推己及人，从而仁民、爱物，显然有层级的不同。按照文化层级理论的启示，我们可以对孔子学说的阶段性进行体认，将其分为礼学、仁学、易学先后三个阶段。显然，孔子的思想深度是渐次递进，逐步深入的。孔子的思想方法、哲学思想是整个儒学的基础，它作为儒学体系的根本，影响着他的仁学、礼学的认识。文化三层之间的影响是相互的，而表层和中层之间的相互影响最为直接，二者相互牵动，互相制约，孔子的仁学与礼学之间的关系正是如此。

从理论上讲，文化的三层应该是完整的一体，但在人类历史上似乎从来没有出现过完整的状况。如前所说，孔子的思想就有一个发展演变的过程。儒家学说形成后，早期儒家们致力于宣传与推广，使儒学的影响逐渐扩大。但是，在儒学影响扩大的过程中，人们对儒学的认识当然会由表及里，也是先看到儒学的表面与枝节，所以，当人们还不能真正认识和理解孔子儒学的思想体系时，不少人往往仅仅看到儒家所倡导的礼仪，而不能认识儒学所以治理天下国家的大经大法，故而，排斥儒家与儒学的现象屡见不鲜。

文化的发展与变动，说明文化具有开放的性质。儒学也是如此，它随着社会历史的发展而变化。但是，文化的三个层级之间应当有序互动，否则，如果出现层级间的明显断裂，则将形成社会的断裂。

文化的系统与儒家文化

文化的整体都可以分为若干的亚文化，而每一个亚文化还都可以继续区分为若干的次亚文化。各亚文化的区分不是绝对的，它们未必完全并列，而是互相联系，互相纠结。

按照文化系统的观点，可以更好地了解儒家文化和诸子文化的区别与联系。本来，学术文化应当被视为一个整体，庄子称这个整体为"道术"。与之相比，各家的学术则被称为"方术"。庄子是道家学派的代表人物，但他认为，各家学术虽然皆有所长，时有所用，但由于各家自执一端，往而不反，遂使得贤圣不明，道术割裂。但道术的存在是客观的。庄子说："其明而在数度者，旧法世传之史尚多有之。其在于《诗》《书》《礼》《乐》者，邹鲁之士、缙绅先生多能明之……其数散于天下而设于中国者，百家之学时或称而道之。"庄子告诉我们，"邹鲁之士、缙绅先生"主张的"内圣外王之道"超出了"百家之学"。

西汉时期，司马谈也看到各家皆"务为治"，但司马谈与庄子不同，他倾向于道德家的学说。由于儒学的博大和整体思维，他认为儒学"博而寡要，劳而少功"，但他仍然看到儒家的礼学在为政治国中的作用，认为"序君臣父子之礼，列夫妇长幼之别，不可易也"，这仅是儒学的一端，并非儒学的深层内涵，他的认识深度显然不及庄子。

文化发展规律与儒家文化

文化的发展有一定的规律可循，比如，变动不居、多元多彩、吸收异质、表动底静等都是文化发展的基本规律。了解这些，有利于增加对文化的认识，有利于对文化的发展做出判断和抉择。

文化的发展是变动不居的。文化的发展速度与社会经济的发展是相应的，它与社会生产力的发展成正比。文化变化的速度是国家活力的象征，但是，文化变化相对过缓和过速会带来一系列问题乃至危险。社会经济的过速发展会对自然带来巨大破坏，这种破坏往往远远大于自然的修复速度，西方工业化就给人类带来了不小的灾难，同时也给文化带来了某种程度的破坏。从这样的意义上看，中国文化特别注重天人合一，特别注重人与自然的协调，对社会历史文化的发展十分有利。

文化变动的动力有内外之别，层次和系统内部的冲撞是文化发展的内动力，而异质文化的接触和冲撞则是文化发展的外动力。就儒家文化的发展而言，无论孔子以后的"儒分为八"，还是孟、荀战国二大儒的学术分别，无论汉代经学内部的今、古之争，还是后来的王肃之学对郑玄之学的攻击，都可以看作儒家文化内部的冲撞和激荡，是儒学发展的内动力。儒学发展的外动力也有很多，例如儒、佛、道"三教"之争与宋明理学的产生，中国近代西方文化与中国传统文化的碰撞等。可以说，从两汉经学、魏晋玄学到程朱理学、陆王心学，乃至清初实学等，都是儒家文化发展的不同形态。

文化发展是多元多彩的。中国社会很长一段时里，儒家文化居于主导地位，但儒家文化并不排斥其他文化。一方面，儒家文化总是在不断地吸收其他文化的成果，另一方面，非儒家文化的文化因素始终充斥着中国社会的方方面面。

文化发展往往表现为吸收异质。所谓异质文化，是指基于不同地理、历史、文化、生产等因素而形成的文化。异质文化间的接触与冲撞方式很多，例如战争、商贸、移民、通婚、联络等都会引发文化的交流，中国传统文化的发展也是一个不断接收异质文化的过程。

文化各层级的稳定性有所不同，最基本的特征是表动底静。表层与中层的文化不断下渗，时间久了，也可以撼动作为根基的文化底层。文化的三层变动速度不同，作为制度层面的中层文化变动尤甚，但是，中层如果与底层、表层严重脱节，常常会出现断裂的危机。历史上，秦朝二世而亡，与其实行暴政、"仁义不施"等有密切关联，这就是一个典型的例证。

我们如何对待儒家文化

根据文化的层级理论，一个时代的文化，其底层应当清晰，不能含混模糊，应具有相对的稳定性，这是文化发展的前提，也是社会稳定的前提。要制定文化发展对策，要进行文化体制改革，就必须对文化现状有清楚而科学的估价。

一个自信的民族应是开放的民族，一个有希望的民族必须有坚实的文化立足点。中华民族文化经过五千多年的积累，经过圣哲先贤的阐发提炼，已经凝结成强大而厚实的民族文化精神。不过，儒家文化尽管已成为民族的心理积淀，但近百年来的淡漠、误解乃至摧残，使传统文化几遭灭顶之灾。虽然我们已经认识到要弘扬和培育民族精神的重要性，但不少人在理解上还不十分清晰。很显然，弘扬应当是发扬与接续传统，弘扬优秀文化，培育则是在继承优秀民族文化传统基础上的培育。

当前文化的底层欠晰，使得作为文化中层的制度文化现状不容乐观，这也必然导致表层文化的莫知谁属。与此相应，雅文化孤芳自赏、俗文化杂乱无章、亚文化提升乏力……人们感到迷惑：到底中国城市的表层文化属于哪家？目前的状况是，儒学还没有走出"学院"，传统文化精华还有待继续发掘，不少国人乃至知识阶层还缺乏民族文化知识与情怀，我国俗文化还几乎处于自生自灭的境地……于是，有识之士主张以开放的胸怀积极吸纳世界优秀文化成果，更呼唤民族文化的有力传承，呼唤全民族的"文化自觉"。

所谓"文化自觉"，应该是指领导阶层和知识阶层对本民族文化的自觉认识和弘扬。费孝通先生认为，生活在既定文化中的人对其文化要有"自知之明"，要明白它的来历、形成的过程、所具有的特色和它的发展趋向；不仅要欣赏本民族的文化，还要欣赏异民族的文化，做到不以本民族文化的标准去判断异民族文化的"优劣"。自知之明是为了加强对文化转型的自主能力，取得决定适应新环境、新时代文化选择的自主地位。费孝通先生将"文化自觉"概括为："各美其美，美人之美，美美与共，天下大同。"这种概括具有时代意义，有利于世界各种文化多样共存、取长补短、共同发展。

近代以来，中国国力的落后，使不少人迁怒于中国传统文化。例如，近代的严复翻译《天演论》，其初衷在于了解西方，重新认识中华元文化的深厚底蕴，然后继承之、发展之。他的本意是希望通过中西文化对比，引起国人对中华元文化尤其对《周易》这部经典的重视。他认为，中国优秀传统没有得到正常的延续——祖先开其端，子孙没有续其尾；祖先拟其大，子孙没有专其精。所以，他在《天演论》的译序中写道："近二百年，欧洲学术之盛，远迈古初。其所得以为名理公例者，在在见极，不可复摇。顾吾古人之所得，往往先之，此非傅会扬己之言。"他还连续举例证明我们的确"往往先之"，"反以证诸吾古人之所传，乃澄湛晶莹"。但是，他万万没有想到，《天演论》并没有架起祖先与子孙之间、传统文化与现代之间、古代易理与现代科学之间的桥梁，引起的却是对西方文化的狂热。祖先所开的端、所拟的大，在当时不是如何续、如何专的问题，而是如何批判与抛弃的问题。

长期以来，由于传统文化受到抵制、蔑视甚至践踏，也造成了人文素养教育严重的缺失，于是，社会上一系列问题接踵而至，因此，人们认识到应当加强传统文化教育，加强人文底蕴的培养；应当自觉开掘传统文化的宝库，在文化上继承创新。

（原载于《济宁日报》2006 年 6 月 5 日）

人文传统与儒家教化学说

1927 年，梁漱溟先生曾经书写过一副对联，上联是"不为圣贤，便为禽兽"，下联是"莫问收获，但问耕耘"。今天，人们理解下联不难，但谈及上联，就不能不觉得疑惑，因为此联不仅显得唐突，而且看起来有些绝对乃至荒谬。其实，这样一副看似简单的对联，却包含着中国传统文化的广阔背景，与儒家的教化学说紧密相连。

所谓"教化"，本义是上施下效，长善救失，使有改变。"教"指文教，指使人向善的方向转变，所以《国语·周语》说："教，文之施也。""化"的本义是悄然改变，所以有人说"在阳称变，在阴称化"，上有所教，下有所行，便可以称为"化"，所以《说文》说道："化，教行也。"儒家关注社会，关注现实，因而十分重视作为社会最基本"细胞"的人。儒家主张对人的教化，自然是希望教行迁善，人人向善，最终达到社会的"至善"。

毫无疑问，人自出生之始，作为一种生命存在，便已经为"人"，就开始享受做"人"的权力。然而，如果将"人"的属性分为自然性与社会性两个方面，那么，人生之初，更多的还是自然性的一面，而要成为具有健全人格的社会的人，还需要逐渐认识社会、了解人生、积累知识、充实涵养，这是一个使人具备社会性的过程，自然也是一个教化的过程。人要成为一个完全意义上的"人"，就不能只考虑自身的自然性，不能仅仅停留在自己是一个自然人的层面上，更要兼顾社会，考虑到自己是社会的一员。

早期儒家就看清了"自然人"与"社会人"应有的区别。孔子与弟子讨论问题时，就常常提到"成人"这一概念。何谓"成人"？现代使用这一概念，多是着眼于人的身材、体力或智力，从而理解为"达到完全发育的人""成年的人"，而较少注意它的道德内涵。其实，在孔子和儒家那里，所谓"成人"，更多的还是指人的道德人格的养成。

所谓"成人"，当然首先是一个年龄概念。人生之初，不可谓成人。幼而学，学而长，人的学习与成长，应是社会道德内涵不断扩充的过程。早期儒家强调"人与禽兽"的区别，无非是说人具有社会性，人具有道德，应与其他动物不同。

孔子和儒家对"成人"的认识，有深刻的文化背景。最晚自西周开始，中国已经有了比较完备的成人礼，男子的成人礼称为"冠礼"。在周代，对青少年的做人教育贯穿在他们成长的整个过程之中。那时，人生八岁入小学，开始学习洒扫、应对、进退，学习礼、乐、射、御、书、数等知识。等到十五岁时，贵族子弟、民之俊秀，都要入大学，受穷理、正心、修己、治人之道。经过几年的学习，一个人由少年而青年，由不谙世事的孩子，变成能够承担社会义务的成年人。行冠礼之后，他们开始享有成年人的权利，开始对婚姻、家庭和社会尽自己的责任。因此，冠礼就是对其"成年"的认可，是其正式步入"成年人"行列的标志。

冠礼是人生最基本的礼仪，人成为"人"，不仅能够行礼，还要自觉以礼来约束自身。礼有"礼仪"与"礼义"的不同层面，有形式与内容的区分。按照儒家对冠礼的理解，人而成人，就应当对社会伦理或行为准则有较为准确的认同。成人礼是人生礼仪的重要环节，行过成人礼，证明已经长大成人，已经可以恋爱，可以结婚，可以作为成人社会的正式成员。行过冠礼，就应该实实在在地担负起自己的职责，尽自己的义务。人在成人之后应当穿着得体，行为得当，言辞和顺，不应再像顽皮的孩童什么都不管不顾。

在人之为人方面，儒家论述十分充分。人既然为人，就应当懂得并使自己的行为符合"人义"，否则，只有人的躯体而缺乏人的道德内涵，就不能算是完全意义上的"人"。《礼记·冠义》说："成人之者，将责成人礼焉也；责成人礼焉者，将责为人子、为人弟、为人臣、为人少者之礼行焉。"古代社会的基本伦理是父子、兄弟、君臣、夫妇、朋友，对于一个长大成人的"人"，应当懂得"人义"，即做人的基本要求。《礼记·礼运》说："何谓人义？父慈子孝，兄良弟悌，夫义妇听，长惠幼顺，君仁臣忠。十者谓之人义。"人年满二十，行过冠礼之后，便应认同这些人伦，从而取得实践"人义"的基本前提。

从某种意义上讲，儒学就是关于社会人心教化的学说。按照《史记》中的说法，战国时期各家考虑的都是社会"治"的问题，儒家更是如此。在孔子看来，社会上人口繁衍、百姓富足之后，还一定要"教"，"教"是达至"治"的必要手段。除了"圣人"教导百姓，从而"淑世道，正人心"外，更重要的在于社会上每一个人自觉的修行。孔子认为，在三代盛世，"奸谋闭而不兴""盗窃乱贼不作"，人们天下为公，讲信修睦，长幼有序，外户不闭。达到这样的"大同"境界，需要人人修身，个个仁爱，教化大行，需要人们按照自己的社会角色尽己尽责。"尽己""修己"使得人具有"礼义"，这是人区别于其他动物的根本特征，所以《礼记》说："凡人之所以为人者，礼义也。"人之为人，在于懂得礼义，否则就难以被称为"人"。

将"人"与"禽兽"并言，似有不雅。然而，人、禽之别恰恰是早期儒家思索"人"与社会问题的逻辑起点。孔子谈"孝"，就是从这样的角度着眼。比如，有人认为能够养活父母就是做到"孝"了，孔子认为不然，因为自己家里的狗、马也能够被养活，如果不能够对父母做到"敬"，那么供养父母就与养活狗、马没有区别。孟子说："人之所以异于禽兽者几希。"在他看来，人区别于禽兽的只有很少一点，这一点便是人能够保持自身的"仁义"。无论"诚敬"，还是"仁义"，都是人所独有而禽兽所不具备的。

儒家对人的认识是深刻的，孔子首先将"天道"与"人道"联系起来进行思考。人有天命之性，人生而具有喜怒哀乐，具有七情六欲，古代先王正是上承"天道"以治"人情"的。在先王基础上，孔子不仅思考由"天道"而"人道"的关系，还进而思考由"人情"而"人义"的逻辑关系，孔子所谓"人义"就是为人之"道"。例如，天道"如日月东西相从而不已"，社会也不断发展，人应顺应社会不断积极进取；天地不合，万物不生，男女相婚，万世之嗣，婚姻之礼由此便值得重视。又如，"子生三年，然后免于父母之怀"，那么，父母去世后，子女行三年之丧就合乎情理。

实际上，儒家所说的"礼"就是人应遵循的法则，因此，孟子将"礼"看成是"门"，将"义"看成是"路"，他说："夫义，路也；礼，门也。

惟君子能由是路，出入是门也。"孔子看到礼崩乐坏的社会现实，看到许许多多的违礼之举，他甚至感到无奈，他说："谁能出不由户？何莫由斯道也？"显然，人不能出不由户，但现实竟然是许多人都不由"道"而行。试想：一个人出外不经过门户，行走不在路上，此等人，何人哉？

由于所处的时代不同，由于认识的着眼点不同，早期儒家对人性的理解也有差别。孟子认为人性本善，具有先验的善性，所以，人应当加强自身修养，以保持善端，健全道德人格。而荀子则认为人之性恶，既然如此，人就应当从师而学，效法古圣先贤，所以，他特别强调"明礼义以化之"，主张通过礼义的教化，诱导人们"化性起伪"，去"恶"从"善"。

教化天下，关键在于教化人心，而人心教化，其对象或重点应在青少年，这便是儒家适时而教的思想。那时，人们十分清楚这样的道理："少成若天性，习惯之为常"；"时过然后学，则勤苦而难成"。教育的最佳时机是青少年世界观、价值观正在形成的时期，如果错过了这样的最佳时机，将会事倍功半。

社会人心的教化方式有多种，但教化的目标却是一致的，那就是使得人们知修身、敢担当、讲仁爱、重和谐。至迟到周代，中国就已经形成了自己的教化传统，周代的司徒之官，便负责掌管"邦教"，《礼记·王制》说："司徒修六礼以节民性，明七教以兴民德，齐八政以防淫。"所谓六礼，是指冠、昏、丧、祭、乡、相见，司徒用这些礼仪来节制人民的情性。所谓七教，是指父子、兄弟、夫妇、君臣、长幼、朋友、宾客，关心体察并认真处理好这些方面的社会关系，依次来提高人们的德行；所谓八政，是指饮食、衣服、技艺、器物品类、长度单位、容量单位、计数方法、物品规格等方面的制度和规定，用来防止淫邪现象的出现。另外，还采取种种措施加强对民众的教化，例如"一道德以同俗，养耆老以致孝，恤孤独以逮不足，上贤以崇德，简不肖以绌恶"，如此等等，都是社会人心教化的具体内容。

面对春秋末年以来的社会乱象，早期儒家更加注重社会秩序的整合，他们向往夏商周三代盛世。在他们心目中，尧、舜、禹、汤、文、武、周公等都是具有仁德的圣王，因此，孔子儒家都"祖述尧舜，宪章文武"，以这些"圣王"为道德楷模，以他们的思想与行为感染世人。在后人的心目中，文、武、周公成就周人的"文德"，结束了"争道之不塞，臣下之危上"的乱局，周公以后，成王从政，以周公之道移风易俗。《淮南子·要略》说："孔子修成、康之道，述周公之训，以教七十子，使服其衣冠，修其篇籍，故儒者之学生焉。"孔子不仅收徒授学，弘扬先王之道，而且整理古代典籍，将载有"圣王之道"的"六经"加以整理，使之更有利于社会教化。

在周代，《诗》《书》《礼》《乐》本来就是社会教化的工具，据《礼记·王制》，那时期培养人才有所谓"造士"的说法。在作为教化之官的司徒之下有"乐正"，"乐正崇四术，立四教，顺先王《诗》《书》《礼》《乐》以造士。春秋教以《礼》《乐》，冬夏教以《诗》《书》"，这里所说的"四术""四教"都是指的《诗》《书》《礼》《乐》。到孔子之时，他"作《春秋》""赞《易》"，于是，在孔子的心目中，《诗》《书》《礼》《乐》《易》《春秋》六经作为"载道"之书，便成为"邦国之教"的最佳工具。

六经是重要的文化资源，孔子删订《诗》《书》，修订《礼》《乐》，赞《易》，作《春秋》，他整理"六经"，实际是对古代传承下来的文化资源进行整理。这些资源是深厚而多元的，司马迁曾说："《易》著天地阴阳四时五行，故长于变；《礼》经纪人伦，故长于行；《书》记先王之事，故长于政；《诗》记山川溪谷禽兽草木牝牡雌雄，故长于风；《乐》乐所以立，故长于和；《春秋》辨是非，故长于治人。是故《礼》以节人，《乐》以发和，《书》以道事，《诗》以达意，《易》以道化，《春秋》以道义。"以现在的视野来看，《诗》所代表的人是感情的动物，《书》所代表的人是政治的动物，《礼》所代表的人是社会的动物，《乐》所代表的人是具有艺术性的动物，《春秋》所代表的人是历史的动物，《易》所代表的人是具有终极关怀的动物。孔子看重经书之教，在他看来，六经是社会人心很好的教化工具，六经功能不同，但都可以敦化民风，化成民俗，所以，进入一个国家就可以从民风、民性上了解这个国家的教化，从老百姓的温、良、恭、俭、让等不同方面感知这里的政教。

早期儒家提倡以"六经"教化社会，绝不意味着他们像后世的章句之儒那样拘泥于经书文本。事实上，不论孔子之时还是以后各代，都有不少人停留在经书的表面上，固执章句，拘守经文，这样，即使"口不绝吟于六艺之文"，也未必真正领会经书大义，历史上，这样的例子不胜枚举。孔子就十分清楚地认识到，只有真正"深"于六经，从精神实质上进行领会，才能使之发挥应有的作用，否则就是只见其表不睹其里，只窥其门而不入其室。孔子谈论"六经之教"，同时也注意到如果把握不当，就容易出现"六经教化"之"失"。正是因为如此，战国时期的荀子提倡"隆礼义而杀《诗》《书》"，他很重视从经书中理解先王之道的真正意蕴，而看不惯那种只注意"禹行而舜趋""正其衣冠，齐其颜色"之类细枝末节的人，称这样的人是"俗人""俗儒"或"贱儒"。

关于世道人心的教化，儒家有一套完整的理论，说起来，儒家教化学说"博大精深"，然而，就像孔子所说，"道不远人，人之为道而远人，不可以为道"，事实上，儒家的教化学说又距离人们很近。儒家追求社会的"至善"，要求从社会上的每一个人做起，上自天子，下至庶人，都要自觉修身。此即《大学》中所说的"为人君，止于仁；为人臣，止于敬；为人子，止于孝；为人父，止于慈；与国人交，止于信"。人之为人，"亲亲为大"，人必须懂得孝悌之道，孔子说："立爱自亲始，教民睦也；立敬自长始，教民顺也。"只有这样，才能推己及人，做到"不独亲其亲，不独子其子"，做到"泛爱众"。

儒家特别强调为政在位者在社会人心教化中的作用，认为教化之要在于身教。孔子说："政者，正也。子帅以正，孰敢不正？"孔子又说："其身正，不令而行；其身不正，虽令不从。"很显然，榜样的力量是无穷的，人君为"民之表"应当先"立仁"于己，老百姓往往更重视君上"做"了什么而不是"说"了什么，从这样的意义上说，君子可以"不出家而成教于国民"。孔子曾说："民可使，由之；不可使，知之。"这句话是说君上要随顺民众，应知民之性，达民之情，这与人们曾经长期误解的所谓"愚民"没有任何关系。

儒家强调教化，但绝对不是不要法制，恰恰相反，儒家认为社会人心的教化必须有法制的保障。不难理解，教化功能具有"硬"与"软"的两面性，敦风化俗，人心教化，往往能够显示出强大的力量，但有时候，教化也会表现出它一定的局限性，这时候，法制的功能便显现出来。孔子认为，三代时期的"圣人之治"都是"刑政相参"的，如有"邪民"不"从化"，就需要"待之以刑"。在孔子看来，"以德教民，而以礼齐之"是政治的最高境界，其次则是"以政焉导民，以刑禁之"。如果"化之弗变，导之弗从，伤义以败俗"，刑罚就派上了用场。在这里，刑之用乃以德为前提，刑只适用于愚顽不化、不守法度的人。

（原载于贾磊磊，孔祥林主编：《第一届世界儒学大会学术论文集》，文化艺术出版社 2009 年版）

儒学专家谈忠孝

　　中国是一个重视"孝"的国度，自古就有许多"以孝治天下"的帝王。宗圣曾子有"忠孝合一"的观点，他说如果一个人做到了孝顺父母，并且认为这是天经地义的，那他对国家、对君王、对朋友也会这样做，这就是忠孝合一。从这个基点出发，曾子认为国家选求忠臣良将，必须以孝为第一原则。

　　2月12日，本刊记者专程来到山东曲阜，采访了曲阜师范大学孔子文化学院院长杨朝明博士。

　　记者：杨院长，您好。请简单描述一下忠孝的现实情况。

　　杨朝明：长期以来，尤其近代以来，随着民族危机的日益加深，学术上的疑古思潮也逐渐兴盛，于是，中国逐渐形成了一个"反传统的传统"。在这样的大背景下，作为历代中国人传统价值观的忠孝长期受到批判，传统的忠孝价值体系受到了很大冲击。

　　应当说，20世纪80年代以来，随着对传统文化的重新认识、认真反思，传统的伦理逐渐得到了重视，社会风气出现了明显的好转，但总体上讲，现在仍有必要在重新认识传统忠孝理论的前提下，对青少年加强忠孝观的教育。

　　记者：请您谈谈孔子儒家的忠孝内涵，以及其对当今社会的指导意义。

　　杨朝明：孔子儒家倡言忠孝，乃是基于对人性、人伦与社会的深刻思考。要延续好新时期的忠孝情结，我认为最为重要的是应当对孔子儒家的忠孝观有一个正确的理解。

　　首先，人们往往将忠孝与三纲五常、与所谓"主张等级制度"等同，这影响到了人们对忠孝情结的良好延续。其实，孔子和早期儒家都倡导修己，强调"为政以德"，尤其注重君上的道德典范作用。孔子认为，人在不同的位置上有着不同的社会责任，人们身份不同，社会责任和义务也不同，故君、臣、父、子都应当"做好本职工作"，使个人行为符合自己的身份。孔子所谓的"君君、臣臣、父父、子子"，正是在道德面前人人平等的意思。若每个人都能以道德自律，各安其位，各司其职，方可实现国之大治。

从儒学的理论上看，早期儒家都非常重视"礼"，"礼"居于十分重要的地位。认真研究孔子"礼"的思想，不难发现其内涵非常丰富，其实质在于社会的和谐与秩序。但后人似乎对于孔子"礼"的思想缺乏全面准确的把握，尤其"五四"以来，很多人往往将孔子"礼"的思想等同于"封建的礼教"，认为孔子维护封建宗法等级制度，从而对其持坚决的否定态度，这也是一个很大的偏颇。

孔子时代，"天下无道"，他希望恢复西周初年的礼治秩序。为此，他强调人人遵守礼的规范，希望人们要有仁德。孔子强调"仁"显然是为了"礼"，所以他说："人而不仁，如礼何？人而不仁，如乐何？"人具有了仁德，才能真正使社会归于有礼和有序。于是，孔子要求当政者做到"为政以德"，他说："政者，正也。子帅以正，孰敢不正？"又说："其身正，不令而行；其身不正，虽令不从。"他所说的都是有位在上者应发挥表率作用。

孔子所强调的主要是将礼作为君臣之间，以及父子、兄弟、朋友之间的社会政治关系的准则。如君臣之间要以礼相待，"君使臣以礼，臣事君以忠"。君臣如此，父子、夫妇同样如此。郭店楚简中有《六德》篇，谈的正是夫妇、父子、君臣的关系以及各自应有的德行，不同于后人所附会的"君为臣纲，父为子纲，夫为妻纲"的不对等关系。

儒家对不同的社会政治伦理关系提出不同的道德要求和规范，如《大学》所言："为人君，止于仁；为人臣，止于敬；为人子，止于孝；为人父，止于慈；与国人交，止于信。"《中庸》还特别标举五种关系为"天下之达道也"。这里对于君、臣、父、子的要求，几乎可以作为孔子所言"君君，臣臣，父父，子子"的注解了。显然，与所谓强化君权、父权根本扯不上边。

总之，在新时期做好延续忠孝情结的工作需要一个过程，需要对传统文化有正确态度与认识，需要加大宣传与普及孔子儒学与传统文化的力度。

记者：忠与孝之间有怎样的联系？

杨朝明：关于这一点，孔子等早期儒家论述得十分清楚。

《论语》中有很多孔子论"孝"的言论，结合孔子与早期儒家们的相关论述，不难看出其论证的逻辑是非常严密、合理的：

第一，社会要发展、要和谐运行，就需要人们遵守一定的秩序规则（"礼"），人人都尊重他人，自己也就得到了尊重；

第二，人只有具有了尊重社会秩序的自觉（"仁"），恪尽职守（"尽己"），社会的秩序才能得到保障；

第三，人遵守社会秩序与规则的自觉力取决于个人的修养，人只有自觉修身（"敦于反己""三省吾身"），才具备了关心他人、社会、天下（"推己"）的基础；

第四，人自觉修身是人的基本属性，是人之所以为人的基本要素（《孟子》说："人之异于禽兽者几希。"），人修身最最起码的就是孝亲（"亲亲"）。用孔子的话说，就是："仁者，人也，亲亲为大。"孟子也说："仁也者，人也。"孔子又说："君子不可以不修身，思修身，不可以不事亲。"

第五，做到了孝亲，才有可能做好一切。孔子说："弟子，入则孝，出则悌，谨而信，泛爱众，而亲仁。"这一认识包括互为联系的两个方面：一是由"己"不断向外施爱，由"孝悌"到"泛爱众"，实现仁爱的普遍化。孝的泛化，便产生了"忠"，所以《孝经》说："资于事父以事母，而爱同；资于事父以事君，而敬同。故母取其爱，而君取其敬，兼之者父也。故以孝事君则忠，以敬事长则顺。忠顺不失，以事其上，然后能保其禄位，而守其祭祀。"人们通常所说的"移孝作忠"正是此意。

现在，社会上流行着这样的交友观：不与不孝的人交朋友。道理与之相同。

记者：现在一些地方"求忠臣于孝子之门"，有人认为是作秀，有人认为是举贤，您怎么看？

杨朝明：我认为，这样的做法一般应当给予正面的评价，这对于净化社会风气、优化或者改善社会风俗十分有益。历史上人才的举荐与选拔中曾经出现过以"孝"作为标准的时期（比如汉代的"举孝廉"），也起到过很好的作用。但对于"孝"与"忠"之间的关系，理解起来不可固执和拘泥。一般地说，"孝"与"忠"是一致的，不"孝"之子很难做到"忠"，但也不能将二者等同起来。要选拔优秀人才，必须对道德与能力进行综合评定，历史上的"官人"之法值得借鉴的很多，现在的人才选拔也有比较完备的程序。一个人只有仁智统一、德才兼备，才算是真正的人才。

记者：面对"80后""90后"的年轻人，您有什么告诫或寄语吗？

杨朝明：提到"80后""90后"的忠孝观，我的心情非常复杂。近些年来，社会与学校提倡人文素质教育，取得了一些成效，但也存在明显的不足。我衷心希望这些孩子们能够生活得幸福、快乐，如此，他们也更应自觉培养"成人"意识和社会责任感，不能漠视乃至鄙视"忠""孝"等传统伦理。有人提倡以"己所不欲，勿施于人"作为为人处事的"黄金法则"，那么，年轻人也可以按照这样的方式思考"忠""孝"一类的问题。

孝顺不一定非是物质上的不可，在力所能及的范围内，时时想着，就足够了。饭后给老人端上一杯热茶，阳光好的日子里扶老人到外面走走，常给老人谈谈外面的事，去外地的时候想着给老人带一包可口的点心，这是"80后""90后"忠孝观的最好表达。

（原载于《记者观察》2008年第5期）

在仁爱的历史长河中

　　儒家的仁爱思想是儒家思想最为重要的内容。孔子之时，仁的思想得到了充分的论述。孔子在许多具体场合都谈论过"仁"，学者们的研究也证明"仁"是一个内涵十分丰富的概念，在孔子思想中占有很重要的位置，并且对中国社会产生了十分重要的影响。

一

　　按照孔子"仁者爱人"的说法，"仁"的基本含义应该落实到对他人的尊重和友爱上面，具体地说，应该承认人的存在，尊重人的人格，具有明确的人化意识和行为。孔子"仁"的思想强调人伦义务，希望人人尽伦尽职。这样，在为人处世方面就应该努力做到"己欲立而立人，己欲达而达人""己所不欲，勿施于人"。孔子以"爱人"解释"仁"。作为仁德的根本标志，他不仅希望以仁爱精神处理人与人之间的关系，更希望以仁爱原则来治国安邦。如果社会中的每个人都能做到仁且具有仁爱之心，上下、长幼、尊卑有序的礼治社会便不难实现了。

　　作为一种社会意识形态，孔子思想自然是基于对那时社会问题的深入思考，他的仁爱思想也是如此。孔子所思考的是社会如何安定，是怎样使政治清明，因而在政治的层面上，孔子的仁爱思想便十分自然地推衍出了仁政德治的思想，从而建立了以"仁"为核心的道德理论体系，以"仁"来统摄诸德，强调"仁"在智、仁、勇等重要德行之中的中心地位，把恭敬、慈惠、诚信、宽厚、敏捷等德行作为实现仁德的标志。

　　孔子以后的几位思想家孟子、墨子和荀子都对仁学有重要发展，尤其是孟子将孔子的仁爱思想发展为"仁政"学说，对后世影响极大。孟子把"恻隐之心"看成"仁之端"。孟子看到了人生具有的良知、良能，看到了人所共有的怜悯、同情之心，进而把仁看成人之所以为人的根本依据，因而孟子说"无恻隐之心，非人也"。有道德的人就是保存了先天的仁德的人，具备了仁德，才能以仁爱之心处世待人。

在将仁爱思想建立成人性论的依据之后，孟子又将仁爱精神推而及于政治，从而产生了他的仁政学说。孟子认为"人皆有不忍人之心"，"以不忍人之心，行不忍人之政"，这便是孟子的仁政论。在他看来，仁与不仁应当作为施政的根本。行仁政者得天下，失仁政者失天下，这是历史经验已经反复证明了的。不仁者而得邦国尚有可能，"不仁而得天下者，未之有也"，要统一天下，得到天下人民的拥护，不施仁政是绝对做不到的。

二

秦汉以后，孔、孟的仁学思想不仅产生了积极影响，而且还在后世的实践和阐发下继续得到发展。

秦暴政而亡的教训给汉初统治者带来太多的思考。当战争的烟尘散尽后，汉初政治家和思想家不能不认真总结秦朝灭亡的教训，陆贾因此撰成《新语》，认为秦"用刑太急"，不知教化，是导致强秦速灭的重要原因。贾谊在《过秦论》中的话更是切中了要害，这便是"仁义不施而攻守之势异也"，这对汉初的政治产生了一定的影响。

面对极度凋敝、百业俱废的严峻现实，汉初的统治者不得不采用"清静无为"的黄老思想，他们看到了儒学"难与进取，可与守成""序君臣父子之礼，列夫妇长幼之别"的特征，于是，当经济获得了一定的发展之后，他们还是选择了儒家思想，以巩固封建统治秩序，维护社会伦理纲常。

汉统治者取用儒学却不是专用儒学，他们也离不开其他各家的一些主张，如法家的"尊君抑臣"思想就备受汉武帝的欢迎。汉朝学术是一种综合学术，那时的思想家都不同程度地儒、法杂糅，仁义与法刑并列。这表现在汉朝的施政方针上，则是法治与德治相结合，"刑德并用"。西汉的"中兴之主"宣帝就表白说："汉家自有制度，本以霸、王道杂之。"汉武帝便是"内多欲而外施仁义",虽然他们内里多欲,但为了江山的长治久安,仍然要压抑自己,行王道,主德治,施仁义。

儒家的仁义主张总是在与政治上的强力抗争着。秦汉时期,现实政治生活中民本思想的提倡以及政治批评的活跃,总是生动地体现着仁学的精神。汉代,从贾谊的政论,董仲舒的抑兼并、废奴婢、除专杀之威、不与民争利的政治主张,到夏侯胜、贡禹、鲍宣对暴政的揭露与抨击,无不贯穿着仁学精神。

东汉后期,社会危机不断加深,在意识形态领域里,玄学产生,佛教、道教流行。玄学盛行之际,"名教"被批判,周公、孔子遭轻薄。例如,东汉末年的曹操曾因"后生者不见有仁义礼让之风"而伤神,但他却认为"承平尚德治,乱世赏功能",故下《举贤勿拘品行令》,宣称可以任用"不仁不孝而有治国用兵之术"的人才。玄学家也有人认为儒家的伦常合乎人性自然而加以肯定,说"夫仁义者,人之性也",这不是对儒家"名教"的调和,便是用道家的理论为儒家思想做论证。魏晋隋唐长期的儒、佛、道"三教"争斗时期,儒家的仁学甚至沦落到了名存实亡的地步。

宋明时期,理学兴起,仁学终于走出了危机。孔孟道统取得了独尊地位,以"仁"为核心与实质的伦理本体建立起来。理学家集从前仁学之大成并有重大发展,他们以"仁"为理、为太极,将"仁"的实质归结为"天地生物之心",使"仁"的思想更加丰富,恢复了仁学的目的论精神,仁学也真正成为一种时代精神。在此背景下,王安石乐做"亲民之官",立志改革;范仲淹"先天下之忧而忧,后天下之乐而乐",倡导革新;张载立志"为天地立心,为往圣继绝学,为万世开太平"。更多的人在反对权奸或者挽救民族危亡的关头表现出高风亮节,视死如归,谱写了一曲又一曲的"正气歌"。明末清初的黄宗羲、顾炎武、王夫之等人更心系"万民之忧乐",在社会政治思想方面为理学时代的仁学做了极好的总结。

近代以来,内忧外患、民族危机空前严重,谭嗣同的《仁学》、康有为的《大同书》是批判继承发展仁学的代表,体现了仁学在近代的新变化、新面貌。前者以"仁"作为冲决罗网的动力,他提出"民本君末""君权民授",提倡仁说,谓"仁以通为第一义";后者以"仁"为未来理想社会的价值基础,看起来它吸收了民主、自由、人权等资产阶级思想,与孔孟仁学有"实质"区别，但其深层核心处却依然体现了孔孟仁学的价值标准。

三

孔子仁学思想内涵丰富，并为后世历代继承和发扬。考察这样的历程，我们不难得出一些具有启发性的认识。

第一，后世学者认为孔子思想中包含仁礼矛盾的看法是不全面的。我们研究孔子的思想，认为它有一个发展的过程。最初，孔子所关注较多的是礼，他所念念于怀的是如何以周代礼乐重整社会。但事与愿违，孔子到处碰壁，他不得不进一步思考"礼"之不行的深层原因，便开始越来越多地谈论"仁"，议论仁与礼的关系，孔子的仁学思想得到了充分的拓展和完善。全面地看，不难发现孔子的仁学是为其"礼"的思想服务的。礼的思想有其秩序性的内核，体现了他对社会稳定的关注。那种将"礼"与后世所谓"礼教"简单等同起来的做法是不可取的。至于后世的"名教""名分"乃至"三纲五常"，则是后儒片面强调礼，将礼绝对化的产物，与孔子礼的主张已经有所区别。孔子的仁学服务于礼，却代表了人道精神、道德精神、群体精神等，今天仍然值得大力提倡。

第二，在长期的封建时代，孔子的仁学对政治的清明起了重要的积极作用。仁学反映着时代，离不开特定的历史条件。长期以来，在仁学精神的培育下，中华民族逐渐形成了许许多多的优良传统，如修养完善自身道德，持守"为政以德"；为政顺应民心，与民同忧共乐；爱惜民力，轻徭薄赋以养民。事实证明，仁风昌行时期，总是政治相对清明、官吏相对清廉；暴行大作之时，往往贪敛之风盛行、社会动荡不安。

第三，孔子的仁学思想造就了中国人民注重亲情伦理的特性，使人与人之间的关系富有了浓厚的感情色彩。在新出土的竹简中，"仁"字从身从心。《孟子》记告子之言曰："仁，内也，非外也；义，外也，非内也。"孟子也说："仁，人心也；义，人路也。"可见，"仁"突出了人的内在因素即思想观念的特征，是人的真善美道德属性的表达。有仁的思想品质，才会有义的行为，故曰"仁者，义之本也"，正义的行为准则是与仁相伴的。中国古代重孝，孔子曾说："孝悌也者，其为仁之本也。"一个人对自己的父母都不尽孝道，更不会有什么良心善行。有了孝行，才有人与人之间的谦让与诚信，才会有当政者的"养民也惠，使民也义"。所以，汉代倡导"以孝治天下"；北魏孝文帝说"《孝经》一卷，人行之本"；隋文帝说"《孝经》一卷，足以立身治国"。上行下效，孝是一切伦理的根本，由此推广开来，便是"老者安之，朋友信之，少者怀之"，便是"老吾老以及人之老，幼吾幼以及人之幼"。

（原载于《走向世界》2001 年第 5 期）

修齐治平：千年的家国情怀

党的十八大以来，习近平总书记在多次讲话中谈及中国知识分子"修身、齐家、治国、平天下"的家国情怀。《人民日报》微信公众号"学习小组"刊发的《习近平的文学情缘》一文披露了习近平总书记在文艺工作座谈会上脱稿讲述的 15 个故事，他深情地说道："修身、齐家、治国、平天下，我们这代人自小就受这种思想的影响。"

"修身、齐家、治国、平天下"，出自《大学》。《大学》讲"大学之道"，论述如何成就崇高德行和人格，怎样成为经国济世的人才。

"修身"为"修齐治平"之始。《大学》特别强调修身："古之欲明明德于天下者，先治其国；欲治其国者，先齐其家；欲齐其家者，先修其身；欲修其身者，先正其心……心正而后身修，身修而后家齐，家齐而后国治，国治而后天下平。""修身、齐家、治国、平天下"概括了修身与社会和谐之间的关系，它包含两层含义。

其一，儒家主张"天下为公"，人们应该共担社会责任。既然社会成员都不是孤立的存在，就必须考虑自己的社会性内涵，讲求公共意识和公共道德，不论身处社会基层的民众，还是属于贵族阶层的大夫，乃至国君、天子，都要自觉修身。

其二，由个人而家、国、天下，由身修到家齐、国治、天下平，这是一个具有内在逻辑联系的过程。社会要取得大同与和顺，人们就必须自觉修身，由"明德"而"新民"，进而实现社会的"至善"。这与孔子所说"修己以安人"一致，突出了"修己"或"修身"的价值与意义。

怎样修身？《大学》给出的方式是：格物、致知、诚意、正心。"格物"要求"即物穷理"，在具体行为中增长见识；"致知"是在实际行动中探明本心，求得真知；"诚意"是在推知事物之理的基础上诚实意念；"正心"是去除各种"未安"的情绪，保持心灵的宁静。修"身"落脚于修"心"，由此提高品德修养，整齐家族家庭，实行仁政德治，最终求得天下太平。

"修身、齐家、治国、平天下"可以视为对"大学之道"的概括，也是儒家学说的精髓所在。儒家"修齐治平"之道也是自尧舜以来古圣先贤智慧的凝结与总结，因此它才能够在历代士人的心中深深扎根。无数的志士仁人都胸怀天下，心系苍生，他们有崇高的价值信念和高尚的理想追求，如北宋儒学家张载的"为天地立心，为生民立命，为往圣继绝学，为万世开太平"。

历史上，不少人把《大学》看成中国的"圣经"，显示出"修身、齐家、治国、平天下"在儒家思想体系中的核心地位。儒学教人"成人"，具备人的社会性内涵；更教人成为"君子"，成为社会管理人才。"君子"一词本义是为政者和贵族男子的统称，引申义则是道德上的高尚者。孔子说"君子之德风"，既然责任大，就该要求高；既然是尊贵的人，就应是高尚的人。"大学之道"强调人的全面成长，培养"大人""君子"。

近代以来，中国落后挨打，中国人的文化自信严重受挫，在反思传统时出现了很大偏差。孙中山先生说，"修齐治平"之道"本属于道德之范围"，有时却不得不"把它放在智识范围内来讲"。事实上，"我们祖宗对于这些道德上的功夫，从前虽然是做过了的，但是自民族精神失去了之后，这些智识的精神，当然也失去了。所以普通人读书，虽然常用那一段话做口头禅，但是，那是习而不察，莫名其妙的"。直到今日，虽然人们常讲"修身、齐家、治国、平天下"，但应该更加清楚它作为中国传统政治哲学的丰富内涵，了解它对于中华民族数千年和睦和平的巨大意义。

中国传统文化，就是由历代读书人对经典不断地背诵、吟咏、贯通而发展传承下来的。

过去读书人都有记诵经典的"童子功"。人的记忆有一个规律：年龄越小，记得越快，忘记得越慢；年龄越大，记得越慢，忘得越快。综观中国的大师级人物，几乎没有一个不是小时候就大量背诵经典者。曹雪芹对各种诗词典故的运用信手拈来；苏东坡晚年依然能背诵《汉书》；苏步青能背《左传》；陈寅恪更是可以全文背诵《十三经》。有这样"童子功"的人，学习能力特别强，并因此受用终生。

其实，记诵、创作古典诗词是一项陶冶性情的审美活动，并不只是为了"用"。复旦大学张新颖教授在《无能文学的力量》一书中写道："某种意义上，文学、文学研究是'无能'的，又是有'力量'的，而这种'力量'又正与这种'无能'紧密相连……"可见，文学的作用就在于它的"无能"的力量，在于它的"无用之用"。

今天，我们学习古诗文的意义，在于文化素养的提升。虽说几首诗歌改变不了生活中的缺失，学习《论语》治不了国，学《老子》更不可能解决当下存在的各种问题，但是它给了我们思路上的启发、文学上的享受、想象上的惊奇。

经典古诗文的魅力与作用，不仅存在于过去，而且指向现今与未来。中国古典诗词的活力还在与时俱进、不断展现，永远感染着读者，给人启迪。

（原载于《新湘评论·半月》2017 年第 1 期）

成人之"道"与为政之"德"

　　九十多年前，著名文化史学者柳诒徵在反思"近世之病源"时深刻指出："今日社会国家的重要问题，不在于信不信孔子，而在于成人不成人。那些破坏社会国家者，皆不成人者之所为也。"这些人不具备成人之内涵，或者说他们的作为"非人"，要改变这种情况，建设新社会、新国家，就"必须先使人人知所以为人"。值得注意的是，柳诒徵先生接着说："而讲明为人之道，莫孔子之教若矣。"①"为人之道"或曰"成人之道"，实际是孔子及后儒论述的一个核心问题。至迟自周代以来，中国即已形成了对于社会民众的教化系统。从根本上讲，中国源远流长的教化系统，其中心则又不离"讲明为人之道"。按照儒家所讲，人道应该效法天、地之道，从而自强不息、厚德载物。在人道之中，为政者的德行又处在最为关键的位置，这便是我们常常说到的"为政之德"。《孔子家语·大婚解》载孔子语："人道，政为大。夫政者，正也。君为正，则百姓从而正矣。"因此，当今时代要发掘孔子儒学的精义，发挥孔子思想与儒家学说对于社会的作用，最为紧要的就是进一步"讲明"和申说成人之"道"与为政之"德"。

所谓 "道" "德" 与 "人道"

　　道德问题是儒学的核心问题，是儒家文化最根本的问题。学术界把儒学称为"人学"，是因为儒学关注现实世界，关注"人间秩序"。说到底，儒学就是"人学"。

---

　　① 柳诒徵：《论中国近世之病源》，《学衡》，1922 年第 3 期。

所有的人都具有两重属性：自然性、社会性。作为一个自然的人，人人都有自己的喜怒哀乐，都有自己的七情六欲。但人又是社会的人，在社会上有不同身份，那么如何处理好自己与他人的关系？如何处理好个人与集体的关系？如何处理好自身与社会的关系？这就是儒家思想的中心问题所在。

孔子在谈到道德问题时说过这么一句话："夫道者，所以明德也；德者，所以尊道也。是以非德，道不尊；非道，德不明。""道"很抽象，《老子》第一章开篇即说："道可道，非常道。"这个"道"，有时候说不明白，但又无处不在，每个人的德行实际上都被"道"所衡量、所鉴别。如《礼记·大学》说："大学之道，在明明德。"大人之学在于"明德"，"道"就是来观察每个人德行的。如果按照"道"去行事，德行可能就会好，否则就差。"道"可以"明德"，"德"用于"尊道"。德"所以尊道"，是说如果社会的德不行，就成了"天下无道"，该做的不做，该做好的没做好——这就是"道"和"德"的关系。

每个人的行为是每个人德行的外在表现。德行好不好，符不符合社会规范，总有一个无形的东西在管控着，如孔子说："虽有国之良马，不以其道服乘之，不可以道里；虽有博地众民，不以其道治之，不可以致霸王。"一匹马非常好，如果制服不了它，它就不听你的，它也不会载着你走多远；一个国家，即使地大人多，但不以其道来进行管理，这个国家也强大不起来。国家治理之"道"，就是我们通常所说的"为政之道"。

国家有国家治理之道，为人有为人之道，"道"要求人们提高德行。要提高德行，就要敬畏"道"。在庄子看来，在每个人的日行坐卧之间都有"道"存在。我们对日常的行为都可以提出这样的问题：这样做符不符合社会规范，符不符合为人处世之道。从大事到小事，都有具体要求。正因为有这个"道"存在，每个人德行的好坏就可以得到检验。

儒家对人进行了研究和思考。比如，《礼记·中庸》有言："天命之为性，率性之为道。"每个人都有自己的天命之性，遵循这种天性就合于"道"。就像我们渴了喝水，饿了吃饭，如果渴了不让喝水，饿了不让吃饭，就违背了人道，所以"率性之谓道"，就要遵从人性和人道。《中庸》接着说"修道之为教"，这是因为还需要"教"。每个人都"趋利"，追逐利益，向往富贵。孔子说："富与贵，是人之所欲也，不以其道得之，不处也。"人产生了好恶之类的情感，要好好处理、正确面对，使之符合道义；每个人都要循道而行，都需要修道之"教"。

关于"人道"，《中庸》说"天下之达道五"。"达道"就是"大道"。达者，大也。天下的"大道"无非有五个方面：君臣之道、父子之道、夫妇之道、兄弟之道、朋友之道。父子、兄弟、夫妇之道属于家庭伦理，朋友之道属于社会关系，君臣之道则是工作关系。社会组成后，便形成了君臣关系、上下级关系。在不同的岗位上和不同的单位里，上下级关系有不同的要求，只有自觉遵从这种要求，这个单位的事情才能做好，这也是为人之道的要求，是为人之"大道"的重要体现。而遵从这些"道"，就需要"德"。儒家认为，为人之"德"有三个方面最重要，这便是"三达德"。"三达德"就是"三大德"，即"智""仁""勇"。"智"是智慧，一个人没有智慧，这个人便是愚昧的、愚笨的；一个民族缺乏智慧，这个民族就没有希望，就前景堪忧。但仅有智慧也不行，仅有智慧没有仁德更可怕。一个人如果只有"高级的灵性"，但缺乏"高尚的人性"，缺乏最起码的"仁德"，那就非常危险。除了这些，还要有"勇"。人没有"勇"，就是没有担当，一个民族只有勇于担当的人越来越多，这个民族才更有希望。

人的成长与 "成人"

如何加强人自身的修养？中国传统文化给了今人很深刻的启迪。比如说，教育有"小子之学"，有"大人之学"。"小子之学"是教小孩子的，而"大人之学"就是"成人"教育。那么，"小子之学"学什么呢？"小子之学"学习洒扫、应对、进退之节，礼、乐、射、御、书、数之文。孩子怎样才能更好地成长呢？要学习打扫卫生、收拾内务，学习待人接物、与人交流，学习如何和别人相处。现在听说有个别的孩子花钱雇人值日，也有的是家长代劳，这对孩子的教育非常不利。

"小子"到了一定年龄，一般是15岁左右，开始进行"大人之学"的教育。"大人之学"教什么呢？教穷理正心、修己安人之道。穷理就是了解社会、了解人生，包括天地自然的道理。现在的物理、化学、生物其实也在"理"的范畴中，学习这些知识其实都是穷理。然后是"正心"，即端正人心。"修、齐、治、平"以修身为基础，首先就是如何做人的问题。

周代的学制，小学从 8 岁开始学习，学习"小艺"或称为"小节"。小学结束后，"束发"而就大学，年龄在 15 岁左右，学习"大艺"或称"大节"。以前，孩子到了这个年龄，就要举行"束脩礼"，此后，他成了大孩子，懂事了，可以学习天地自然、社会人生的道理了，所以孔子说："自行束脩以上，吾未尝无诲也。"孔子是说 15 岁以上的孩子来学习，我没有不加以教诲的，这正是他的"有教无类"。为什么要强调这个 15 岁呢？这是因为孔子所进行的是穷理正心、修己安人的教育，是修身做人、"人之所以为人"的成人教育。15 岁之后束发而就大学，可以"学大艺""履大节"了。

《礼记·大学》开篇便说："大学之道，在明明德，在新民，在止于至善。"什么叫"明明德"？这里涉及传统的"人性"问题。孟子说人性善，其表述是"道性善""言性善"。孟子是用善的眼光来观察世界，用善的眼光看人。孟子举例说：一个孩子在那里爬，当他爬到井边突然掉到井里后，每个人都会主动去救他。人们为什么救他呢？孟子说，人们救他，不是为了与他的父母交朋友，也不是想让周围的人赞美自己，而是因为人有"恻隐之心"。孟子认为，恻隐之心就是"仁之端"，就是人人具有的"善端"。人不仅有恻隐之心，还有羞恶之心、辞让之心、是非之心，这是仁、义、礼、智之"端"。人既然有善性，为什么不放大善性呢？人都有好的一面，为什么不让好的一面来主导？孟子和荀子的着眼点不一样，但目标却是一样的。在荀子看来，如果人性是恶的，为什么不加强教育使人性变善呢？孟子的逻辑是，人性既然是善的，为什么不放大善性呢？孟子和荀子的追求是一致的，他们追求的是人成为更完善的人，使人格更加完备起来。

这里又涉及一个重要概念，就是"成人"。儒家教育就是关于"成人"的教育。礼有表面的仪式，也有深层的内涵；表层的仪式固然重要，内在的礼义更加根本。表面仪式服务于内在的礼义。比如冠礼，一个人举行了成人礼就一定"成人"了吗？当然不是！这一仪式是一个标志，提醒人要按照"人的要求"去做。所以《礼记·冠义》说："人之所以为人者，礼义也。"冠礼的礼义在于提示人具备人的内涵，所以，"礼义之始，在于正容体，齐颜色，顺辞令"。"正容体"就是"正衣冠"。冠礼对人的教育就是从最基本的做起，按照在这个社会上的角色、身份来定位，看看是否尽职尽责，《孔子家语·礼运》中说"父慈子孝，兄良弟悌，夫义妇听，长惠幼顺，君仁臣忠""十者谓之人义"，即为人之"义"。

在周代的时候，一个孩子长到18岁或20岁，就要举行冠礼，举行冠礼后，就可以进入成人社会，承担应有的家庭责任和社会义务。冠礼对于青少年的教育很重要，因为这是在人生关键时期培养世界观、是非观、荣辱观的教育，是关于价值观的教育。成人礼最大的功能就是"戒"，所以《国语·晋语》说："戒之，此谓成人。"还说："成人在始与善。始与善，善进善，不善蔑由至矣；始与不善，不善进不善，善亦蔑由至矣。"如果孩子长期与好的东西接触，坏的东西就进不来了；反过来，如果接触不好的东西，就容易出问题。他在哪个环境中生活，他就是哪个环境中的人。《国语·晋语》还说："人之有冠，犹宫室之有墙屋也，粪除而已，又何加焉？"人举行了冠礼，就像我们盖了房子，这个房子会变脏，但是变脏没关系，可以打扫，它毕竟可以遮挡风雨。同理，孩子成人后也不免会犯错误，犯错误没关系，可以及时纠正，也容易纠正。在人生关键之时进行教育，这是中国古代教育哲学的重要理念，叫"适时而教"，"时过而后教，则勤苦而难成"。实际上，我们强调成人礼的重要意义，根本的原因也就在这里。

《左传·昭公二十五年》中说："人之能自曲直以赴礼者，谓之成人。"这里说到了人之"成人"的标志，就是"能自曲直以赴礼"。所谓"自曲直"，就是知道自己啥时候路走弯了，知道怎么修正自己的行为。这就说明他有了正确的价值观、是非观、荣辱观。成人不只是一个年龄概念。如果"成人"只是一个年龄概念，到了一定的年龄就"成人"了，那么孔子弟子就不会与孔子讨论"成人"的问题了。

按照孔子的理解，一个人可以有智慧，可以"不欲"，可以有"勇"，可以多才多艺，但仅仅具备这些还不够，还必须"文之以礼乐"。礼乐，其实就是人的素养。一个人智、仁、勇有机结合，才能达到一定的境界；只有"文之以礼乐"，才叫"成人"，其行为才算是真正的"成人之行"。柳诒徵先生当年的文章《论中国近世之病源》，今天读起来仍感到很有意义。他说要讲明"人之为人"的问题，离开孔子之教，离开传统文化，是不可以做到的。

孔子儒家 "君子" 论之意涵

在中国传统文化中，"成人"与"君子"这两个概念有着非常密切的联系。"君子"最初是对统治者和贵族男子的统称，后来变成了对"高尚的人"的称呼。与"君子"相对的概念是"小人"，从本义上讲，"君子"是为政者，"小人"是地位低的人，指平民。后来，"小人"的含义发生了变化，专指"不好的人"。了解"君子"与"小人"的本义与引申义，对理解传统文化大有好处。"君子"的本义和引申义是怎样的关联？为什么地位高的人应该是高尚的人？道理很简单，因为责任大，所以要求高；既然是尊贵的人，就应是高尚的人。我们内心对自己有个高尚的要求，这就是君子的"自律"。早期儒家就是在这样的理论基础上，形成了他们的管理学说。

孔子曾说："君子之德风，小人之德草，草上之风，必偃。"君子为政，他的道德表率作用十分关键。君子的影响力像风一样，老百姓就像草，风往哪面吹，草就往哪面倒。故"小人"又被称为"草民"。之所以对"君子"要求很高，是因为"政者，正也"，为政者必须行得正，因为"其身正，不令而行；其身不正，虽令不从"。孔子又言："苟正其身矣，于从政乎何有？不能正其身，如正人何？"这个"正"，显然是对为政者的要求。以前，封建统治者在县级政权以下设有乡和里，百户为里，五里为乡，乡有乡长，里有里正，这个"正"就是"表率"的意思。这是"君子"的本义。

在道德意义上，"君子"处在什么位置呢？孔子有一番话很能说明问题。《孔子家语·五仪》记载，鲁国国君向孔子请教，希望能够选拔人才帮助治理国家。孔子说，人可以分为五等，你清楚这些，治理国家的问题就解决了。哪五等呢？孔子说："有庸人，有士人，有君子，有贤人，有圣人。"所谓"君子"，这种人出言一定忠诚守信而心里无怨咎，自己施行仁义而面无夸耀之色，思虑通达明智而言辞并不自以为是；笃厚地施行所信守的道义，自强不息，态度舒缓，好像很快就能被超过而最终却无法企及一样。在孔子看来，选拔人才就要注重选拔君子和贤人。梁漱溟先生曾手书一副对联："不为圣贤，便为禽兽；莫问收获，但问耕耘。"这副对联的意思是说人要加强自身修养，踏踏实实做人，一个人能够"成人"，就距离"圣贤"不远了。使自己区别于禽兽，才可以称为"人"；加强修养，有一颗圣心，就有可能成为"圣贤"。

儒家有一个理论基点，这就是"人禽之辨"，我们可以由"人禽之别"来谈"人之为人"的问题。人要修行为"君子"，最为基础的就是使自己脱离"禽兽"。孔子弟子子游向孔子请教"孝"，孔子说："今之孝者，是谓能养。至于犬马，皆能有养。不敬，何以别乎？"有人说自己做到了孝，因为自己能够养活父母，饿不着父母。这就是"孝"吗？孔子认为未必，因为家里养了马、养了狗，也能养活它们。对待父母不仅要养，还要"敬"，这要求人要使自己与其他动物有别。

孔子论为政之 "德"

说到为政之"德"，内容十分广泛，其中至少应该包含信念、明礼、诚敬、知民、爱民以及心态等几个方面。

（一）信念：士志于学，士志于道

信念是为政的基础。一个有追求的人，必须将自己的努力目标确定下来。试想，如果一个人整天专注于生活的细节、小节，此人一定没有什么崇高追求。所以孔子说："士志于道，而耻恶衣恶食者，未足与议也。"一个人应当追求"道"，如果穿衣不如人、吃饭不如人就觉得没有面子，我们不宜与这样的人多交流。孔子主张人应当"志于学"，应当"志于道，据于德，依于仁，游于艺"，这样才能使自己的人生更有意义。儒家有自己的政治追求，孔子有自己的社会理想。《孔子家语·礼运》记载说："大道之行，天下为公，选贤与能，讲信修睦。故人不独亲其亲，不独子其子，老有所终，壮有所用，矜寡孤疾皆有所养。货恶其弃于地，不必藏于己；力恶其不出于身，不必为人。是以奸谋闭而不兴，盗窃乱贼不作，故外户而不闭，谓之大同。"这是孔子的社会理想。

有友人曾问我：孔子自己最想找一个什么样的工作？这个问题很有意思。我觉得孔子与他的弟子"农山言志"的故事很能说明问题。孔子到鲁国北部游览，登上农山山顶，弟子子路、子贡、颜渊同往。孔子四下远望，很感叹地说：在这个地方静心深入思考，什么都可以想到。你们可以谈谈自己的志向，我将从中作出选择。颜回说："回愿得明王圣主辅相之，敷其五教，导之以礼乐，使民城郭不修，沟池不越，铸剑戟以为农器，放牛马于原薮，室家无离旷之思，千岁无战斗之患。"他是希望自己能够辅佐贤明的君主，布施父义、母慈、兄友、弟恭、子孝这五种教化，用礼乐教导民众，让百姓不用去修建城墙，无须越过护城河去打仗，将刀枪剑戟熔铸成农具，在原野湖畔放牧牛马，夫妇没有分别的思念苦痛，天下永远没有战争的灾难。颜回的陈述孔子十分赞同，看来孔子心目中最理想的工作是辅佐明王圣主。

孔子希望在社会上"敷其五教"。儒家的理想是追求社会的"大同"，那么具体到我们每一个人，就应该有自己的"道"的追求。有了理想和信念，就好像播下了人生的种子。有了理想，才会有人生的支点，才可以使自己的人生更有价值和意义。

（二）明礼：明理知耻，好恶有节

提到"礼"，很多人习惯想到"封建的"或"吃人的"礼教。需要说明的是，"礼"与"礼教"有联系又有区别。封建时代将"礼"扭曲化，以至于现当代一提到"礼"，人们就十分反感。

在孔子儒家那里，"礼"就是人应遵循的法则，所谓"礼也者，理也"。"礼"乃"合于天时，设于地财，顺于鬼神，合于人心，理万物者也"。孔子有言："谁能出不由户？何莫由斯道也？"孟子则说："夫义，路也；礼，门也。惟君子能由是路，出入是门也。"人出门从门里走，走路从路上走，自然而然，天经地义，循礼的道理亦是如此。

早期儒家关于"礼"的论述很多，无非都是论说"礼"的天然合理性。《礼记·丧服四制》说："凡礼之大体，体天地，法四时，则阴阳，顺人情，故谓之礼。訾之者，是不知礼之所由生也。"后来之所以有人诋毁礼，不自觉遵守礼，是因为他不懂得礼是怎样产生的。孔子认为，礼达天道、顺人情，只有境界高的人才知道社会上无论如何也不能没有礼。

每一个人刚出生时，都天真无邪。随着年龄的增长，人对外部世界产生了一种认知。在外物的诱导下，"好"与"恶"的情感产生了。人被外物所"化"往往是无休无止的，如果是这样，"好"与"恶"的情感就应该有所节制，不然就会滑向危险的边缘。这个用来处理人的好恶与天理之间的平衡，以防止"人化于物"、防止"灭天理而穷人欲"，避免产生人间罪恶的东西，就是"礼"。

孔子当年从事教学，据说开始时就施行"诗书之教"。《孔子家语·弟子行》记载说："孔子之施教也，先之以《诗》《书》，而道之以孝悌，说之以仁义，观之以礼乐，然后成之以文德。"孔子弟子众多，那些"入室升堂者"，所受的教育正是如此。社会上那些作奸犯科的人，都是不知理、不守礼者。人如果知礼明理，自觉遵守法度，社会便安宁有序了。《孔子家语·五刑解》说："凡民之为奸邪、窃盗、靡法、妄行者，生于不足，不足生于无度。无度则小者偷盗，大者侈靡，各不知节。是以上有制度，则民知所止，民知所止则不犯。故虽有奸邪、贼盗、靡法、妄行之狱，而无陷刑之民。"礼的制定，正是为了保证、维护社会的正常运行。

社会治理可以分成三种境界：一是以德教民；二是以政导民；三是以刑禁民。从治国效果上，最高的境界是"有耻且格"。孔子说："道之以政，齐之以刑，民免而无耻；道之以德，齐之以礼，有耻且格。"一个人如果明理，知其所止，懂得修养的境界，社会就有希望了。而知其所止，就意味着他有了明确的是非观，懂得了哪些可以做哪些不能做，这便是"有耻且格"了。显然，"有耻且格"是"以德教民"的结果。不难理解，如果仅以政策来管理老百姓，老百姓往往会"免而无耻"，就是力求不违背规则，但没有是非、荣辱观念。"有耻且格"则不同，它建立在民众知荣辱、明是非的基础之上。可以说，"有耻且格"这四个字是儒家的向往，是孔子的追求，是孔子儒家心目中政治管理的最高境界。没有民众的"明理"，这种境界是无法达到的。

（三）诚敬：至诚无息，诚外无物

一个人要想实现自己的追求，就必须有一个内心的"诚敬"。大学之道在"明明德""新民""止于至善""三纲领"之下还有"八条目"，"八条目"中有致知、格物、正心、诚意。所谓"诚意"，就是真心真意地坚守。认为是正确的事，就坚持去做而且长期不懈，这就叫"诚"。只有做到了"诚"，修养、行为才能真正做到位、做到家。舍此无他，这叫"诚外无物"。

当然，"诚"这种人生境界并不是我们想达到就能够达到的。达到这种境界必须有修养、有知识、有能力，必须有认识的高度、宽度和深度，也就是我们常常说到的"格局"。要做到"至诚"，认识到"诚外无物"，就要加强学习，提高能力和修养。

一个人只要做到"至诚"，就能"无息"，所以《礼记·中庸》说："至诚无息。不息则久，久则征，征则悠远，悠远则博厚，博厚则高明。"只要不停息，那么它就会长久，至诚长久了就会有显示，有显示就更表现出它的由来已久，越是由来已久越能够显出它的广博深厚，越是广博深厚就越显出它的高大光明。显然，既然"至诚"，就不会今天诚，明天就不诚了，而做到了"至诚"，其实也就是做到了"敬"。

《孔子家语·大婚解》记载，孔子和鲁国国君在一起谈话，鲁君问孔子："人道孰为大？"意思是为人之道最重要的是什么。孔子听到，马上脸色都变得严肃了，他认为国君问这样的话简直就是老百姓的福气，于是进行了细致的阐述，其中关键的有这样几层意思：第一，人道，政为大；第二，古之政，爱人为大；第三，爱人，礼为大；第四，礼，敬为大。在孔子看来，在"人道"中，管理最为重要；在管理中，则要提倡"爱人"；而在管理中的"爱人"或"爱民"，又必须符合"礼"，既不能无原则地亲近，也不能随意地疏远、忽略、忽视，爱民也有个"度"，那就是"礼"，礼则以"敬"为大。说到底，人之道以"敬"最为重要。

人道中的这个"敬"不仅是生活细节，更是人生态度，所以才说"人道，敬为大"。古代圣王就十分重视"敬"。比如《逸周书·和寤解》记载，周武王灭商前，召来众臣，对他们说："呜呼，敬之哉！无竞惟人，人允忠。惟事惟敬，小人难保。"要求大家一定要做到"敬"。怎么做到"敬"呢？就是要"无竞惟人"，即不要与老百姓争利。他要求大家必须爱护老百姓，不能与民争利。

对老百姓用"敬"，才能得到老百姓的支持，这是周武王说的。武王以后，周公在分封诸侯的时候也告诫弟弟康叔："呜呼！小子封，恫瘝乃身，敬哉！天畏棐忱，民情大可见，小人难保。往尽乃心，无康好逸豫，乃其乂民。"周公说，这个"敬"非常重要，你如果不敬的话，上天都看着呢，你做得好坏，在民情中一定会显现出来，所以下面接着说了句“小人难保”，“小人”就是指老百姓。这就是周代的敬天保民、敬德保民思想。

《六韬·明传》记载，周文王曾向姜太公请教“至道之言”。所谓“至道之言”，就是最具有真理性的言论。姜太公怎么说的呢？他说：“见善而怠，时至而疑，知非而处，此三者，道之所止也。”“见善而怠”就是看到好的东西懒得去学；“时至而疑”就是机会来了还在那里犹豫；“知非而处”就是知道明显是错误的还不能改正。这样的话，就只能是越来越差。无论是为人，还是治理国家，都是如此。这是“道之所止”。他下面接着讲了“道之所起”：“柔而静，恭而敬，强而弱，忍而刚，此四者，道之所起也。”其中说到了“恭而敬”。最后，太公特别告诫说：“义胜欲则昌”“敬胜怠则吉”。“义”指事物的道理，事情应当这样做叫“义”；“欲”就是人之欲求，一个人对“天理”的遵从超过了自己的欲望，会控制自己，能管理自己，那他一定会越来越好，这就是所说的“义胜欲则昌”“敬胜怠则吉”中的“敬”就是前面说的至诚，就是踏踏实实，“怠”就是懒惰、偷懒。如果一个人的“敬”超过了“怠”，这个人就一定“吉”，就会越来越好。

姜太公所说的“义胜欲则昌”“敬胜怠则吉”，实际上强调的还是“敬”。这个“敬”就是“慎终如始”。每个人，尤其是年轻的时候，都有一番志向，将来要干什么，都有一番规划。结果呢，往往干了一段时间就不再坚持了。老子也许是因为看到人很多都是如此，所以他说：“民之从事，常于几成而败之。慎终如始，则无败事。”人们做事即将成功时最容易失败，如果能做到“慎终如始”，就不会有失败的事情发生。

总之，“至诚”就是敬，敬就是“慎终如始”。

（四）知民：知民之性，达民之情

所谓“知民”，无非就是了解管理对象。为政者要了解管理对象，只有了解管理对象，治国理政才能成功。孔子说：“君子莅民，不可以不知民之性而达诸民之情。既知其性，又习其情，然后民乃从其命矣。”这个道理比较简单，历史上这样的例子也很多。在近年发现的战国竹简《保训》中，载有周文王的临终遗言。文王告诫儿子，古代的圣王之所以能够做得好，就是因为他们出身于民间，了解民间的疾苦和所思所想。具体说到舜，舜长期在民间，“久作小人，亲耕于历丘，恐求中，自稽厥志，不违于庶万姓之多欲"，意思是说，舜长期生活在民间，亲自耕作，这种经历使他能够达民之情，从而掌握了临民理政的"中"，并注意自我省察，不与老百姓的欲求相违背。既知民性，又达民情，因而舜就做到了"知民"。

孔子儒家的观点是一以贯之的。以往人们对孔子有误解，经过"文革"的很多人都知道，那时批判孔子，因为孔子有一句话，叫"民可使由之，不可使知之"。直到现在，很多人对这句话依然是习惯性误读。传统上怎么理解呢？"老百姓，可以使他们照着我们的道路走去，不可以使他们知道那是为什么。"如果是这样，那显然属于愚民政策。其实，郭店楚简发现后，人们才恍然大悟，原来这句话存在断句错误，正确的读法应该是"民可使，由之；不可使，知之"，意思是说，老百姓可使，你就不要过多干预他；不可使，你要了解到底是为什么。所以这不仅不是愚民，反而是重民。为政切不可不知民！

（五）爱民：恺悌君子，民之父母

"爱民"，就是爱护百姓。这个概念很好理解，但是怎样才能做好，却不是一个简单的问题。《孔子家语·论礼》记载，有一天，子夏侍坐于孔子。子夏对《诗经》很有研究，《诗经》里面有一句话："恺悌君子，民之父母。"子夏就问孔子：恺悌，意思是平易近人、性情随和，然而"何如斯可谓民之父母"？我们以往说基层领导是"父母官"，我觉得"父母官"这个概念还是有它的深意的。现在人们觉得"父母官"有封建色彩，新版的《现代汉语词典》甚至干脆把这个词都抹去了，这样理解和处理过于简单化。其实，作为一个历史概念，这个"民之父母"还是非常重要的。

在传统中国，基层官吏被称为"父母官"，这是家庭伦理与政治伦理的贯通。我们都知道，父母对子女的爱是天然的，是无可取代的。作为管理者，爱护自己的管理对象就像关心子女一样，那么，做"父母官"有何不可？

孔子对子夏的问话作出了正面的回答，他先是说："夫民之父母，必达于礼乐之源，以致五至而行三无，以横于天下。"然后又说："四方有败，必先知之。此之谓民之父母。"如果哪个地方有问题，有灾殃，他第一个先知道，这才是民之父母。孔子还引《诗》说道："凡民有丧，匍匐救之"，意思是说，老百姓有事，他就不顾一切地施救、帮助，就像父母对待他的子女。爱民是"王道之始"，要使"天下有道"，就要从管理者开始。试想：在了解老百姓的前提之下，管理者爱护百姓就像爱护自己的子女一样，效果会如何？

关于"爱民"，孔子的论述很多。《礼记·哀公问》记有孔子针对鲁哀公询问如何为政所作的回答："古之为政，爱人为大。所以治爱人，礼为大。"意思是说，爱民是为政的第一要务，而要做好爱民这个第一要务，最根本的是要贯彻落实礼的规定。这就把爱民与无原则的迁就、溺爱区分了开来。孔子还曾说："政均则民无怨。"这句话很关键。"政均"自然不是说绝对平均，乃是指公平公正。多劳多得就是"均"，就是公平公正，做到了公平公正，就是对民众最大的爱。

（六）心态：自汝之仕，何得何亡

为政的心态也很重要，为政者尤其要注重自己的心态。现在很多人心态失衡甚至扭曲，出了很大的问题。心态不平衡就容易出问题。

《孔子家语·子路初见》记载了这样一个故事：孔子的侄子孔篾，与孔子弟子宓子贱一起做官。孔子到孔篾那里去，问他说：自从你做官以来，有何得失啊？孔篾回答说：没得到什么，但在三个方面有所失。公事一件接一件，自己的理想怎么能够实现呢；获得的俸禄太少，连稀饭都不能分给父母兄弟，因此骨肉之亲日益疏远；公务大多急迫重要，不能吊唁死者、探望病人，因此朋友之情渐渐缺失。我说的在三个方面有所失，就是指这些。孔子听了很不高兴。他又到宓子贱那里去，问了与孔篾同样的问题。宓子贱的回答与之完全不同，他说：自从做官以来，没失去什么，而在三个方面有所得。以前树立的理想，现在能够在实践中努力实现，自己的方向和追求更加明白清楚；所得到的俸禄，分给父母兄弟，因此骨肉之情更加亲密；虽然公务缠身，但仍兼顾到吊唁死者、探望病人，因此朋友之情更加深厚。孔子感叹地称赞他说：这人真是个君子啊！如果说鲁国没有君子，那么宓子贱又是从哪里学来的这种品德呢？

实际上，一个人的地位越高，你的亲人、朋友就越关注你。很多人升官以后更忙了，别人也许就认为你变得"大"了，其实未必。情况或许是人们对你的要求变了，是别人的感觉变了。不在其位，不谋其政。你也许真的很忙，但在这时，作为当政者，你如何端正心态就很重要了。如果比较孔篾和宓子贱，孔篾显然是有一种焦虑情绪、一种悲观态度。宓子贱不这样，他很乐观，很踏实，很平和。他有一种满足感，在自己的工作中，他一定会越来越好。举这个例子，是想说明人应如何恰当对待自己的现状，因为人们往往会遇到这样的情况。

孔子周游列国的时候，有时十分落魄，有的学生不理解他。孔子说，真正有学问的人不一定遇到非常好的时机，这样的人多了，不仅仅是我一个人。弟子颜回理解孔子，他说："夫子之道至大，天下莫能容，虽然，夫子推而行之，世不我用，有国者之丑也。夫子何病焉？不容，然后见君子。"为政之人常常会遇到升迁进退之类的不同情况，尤其在逆境中，越是在不容于世的时候，越能考验人的胸怀，越能见出人的境界。这正如颜回所说："不容，然后见君子。"

翻开《论语》，开篇第一章就是："学而时习之，不亦说乎。有朋自远方来，不亦乐乎。人不知而不愠，不亦君子乎。"我个人的理解与传统有点差别。我认为，"学"是名词，就是前面我们说的"道"。所谓"志于道""志于学"，都是说一个人立志向学，追求道术。"而"是假设连词，"时"是时代、世道，"说"，通"悦"，是通假字。"学而时习之，不亦说乎"，就是说假如我的主张（或者我的学说）被这个时代所理解、所认同，不是太令人感到喜悦吗？"有朋自远方来，不亦乐乎"，是说从远方来了朋友，赞同我的学说，认可我的理念或主张，我也感到很快乐。"朋友"应该是指志同道合的人，所以《易传》说"君子以朋友讲习"。"不亦乐乎"当然不如"不亦说（悦）乎"，但毕竟得到人的理解了。至于"人不知而不愠，不亦君子乎"，意思则是说所有人都不了解我，我也坚定自己的信念，坚持自己的主张，不也是一位君子吗？

总之，一个人只要埋下理想的种子，耐心去培育它，不断去施肥、浇灌，那么它就一定会生根、开花、结果，即使遇到暂时的不顺，没人理解，也不轻易改变自己的志向，仍然坚定自己的修为，做一个对社会有用的人。当晚年回头想起来的时候，一定会感到欣慰，因为自己不愧为对社会有用的人。

（原载于《理论学刊》2013 年 11 月）

儒学是关于爱与敬的学问

习近平同志在中共十九大报告中有一句话让我们过目不忘，印象深刻，那就是："没有坚定的文化自信，没有文化的繁荣兴盛，就没有中华民族的伟大复兴。"民族复兴与文化自信之间的这种关系，引人深思，发人深省！

我们缺少文化自信的原因何在？怎样才能坚定我们的文化自信？找到原因才能解决问题，所以，这是一个问题的两个方面。不难理解，我们缺少文化自信，原因当然是多方面的，比如说近代以来中国社会历史的巨大动荡，宋代以来形成的疑古思潮，这些都严重挫伤了我们的文化自信心。

然而，尽管造成我们文化自信丧失的原因很多，但这些原因造成的结果，都是使我们缺少了对自己民族文化的基本了解。近代以来的政治衰败、军事落后，使我们没有心思去了解自己的文化；疑古思潮又从"学术文化"的角度釜底抽薪，这使得我们距离自己的民族文化越来越远，感情越来越淡，对自己历史文化的"温情和敬意"也就无从谈起。于是人们开始文化自虐，斗争的矛头指向自己的文化。显而易见的是，没有文化自知，没有对自己民族文化的基本了解，当然也就谈不上文化自信。因此我们要了解文化，走近孔子儒学，走近我们博大精深的传统文化。

道德文化是文化的深层

文化是什么？文化就是"人文化成"。"文化"这个概念很大，内容很丰富。文化有不同的层级，有不同的层面。它有表层的物质文化，有中层的制度文化，有深层的哲学文化。深层的文化也可以理解成观念形态的文化，是精神的、道德的、价值的、信念的层面。

习近平同志在视察孔子研究院的时候，表达了党中央重视传统文化的明确态度，传递了大力弘扬传统文化的重要信息。习近平同志的"曲阜讲话"意义重大，这在中国近代以来的文化史上，毫无疑问是一个具有标志性意义的重大事件。在视察山东期间，习近平同志指出："国无德不兴，人无德不立。"这句话十分重要，有人甚至提议这应该作为习近平同志给全国人民提出的"国训"。

"国无德不兴，人无德不立"，这句话极其重要！看起来只是说到了国家和个人，但其实包含着很多内容。我认为，如果把习近平同志关于传统文化的一系列重要讲话看成是一篇大文章的话，那么这应该是这篇大文章的标题。不是吗？这句话实际包含了从国家到个人的很多层面。其中可以加进去很多内容，例如"企无德不盛""家无德不旺"等。任何一个企业要想成为百年企业、百年老字号，要想长期兴盛，那么它的企业文化底色就一定是德行的；一个家族也是这样，历史上许多世代繁荣兴盛的家族，他们人才辈出，长期兴盛不衰，不随着政治的变化而变化，不随着政权的更迭而更迭，那么这个家族一定有一个好的族训和家规，他们家风的底色一定是德行的。

我们还可以将我们前面提到的两句话联系起来：第一句话就是"没有坚定的文化自信""就没有中华民族的伟大复兴"，第二句话就是"国无德不兴"，国家要兴盛，民族要兴旺，都离不开文化，这就是作为文化核心内容的"道德"。所以，道德文化是文化的深层，是文化的核心内容，这一点非常重要。

道德是儒家文化的核心

我认为，儒学就是讲爱与敬的学问。儒家文化虽然内容丰富，但主要是讲道德的，或者说，道德是它最核心的东西。道德最重要的就是爱与敬的问题。关于这一点，我们读《孔子家语》感觉非常明显。

在《孔子家语》中，记载了鲁哀公与孔子的对话，孔子说："爱与敬，其政之本与。"说为政者要引导天下的正，就要在社会上树立爱与敬。孔子又说"立爱自亲始""立敬自长始"，就是说爱与敬的培养要从孝悌入手。

这恐怕就是孔子思想、儒家学说、中国文化的特点了。中国人讲孝悌，孔子儒家特别强调孝悌，原来它的密码就在这里。怪不得我们打开《论语》，扑面而来的就是"孝悌"二字，留下印象最深的也是"孝悌"二字，孔子的弟子有子则称它为"为人之本"。孝悌当然很重要，因为它关系着爱与敬。

我们把视野放大一些，从东西文化对比的角度去看。基督教有两个东西最重要：一是博爱精神，一是神圣观念。博爱精神，就是爱；神圣观念，就是敬。与之相应，儒家文化也有两个东西最重要：一是仁爱精神，一是敬畏观念。仁爱精神，就是爱；敬畏观念，就是敬。儒家讲的"仁爱"与基督教讲的"博爱"当然有所不同。仁爱，由亲亲开始，立爱自亲始，孔子儒家认为，只有"亲亲"，才能"不独亲其亲"，才能"老吾老以及人之老"，才能"泛爱众"，才能让世界充满爱。敬，要从尊长开始，立敬自长始。孔子说得好："君子有三畏：畏天命，畏大人，畏圣人之言。"一个人不能缺乏敬畏之心，没有敬畏，无以为君子。

与社会主义核心价值观相通

我们将传统文化与现实结合，会发现其中非常相通且非常重要的一点。社会主义核心价值观，在个人层面上首先讲"爱国""敬业"，首先讲的就是爱和敬。爱国的人当然有爱，一个人有了爱，才能爱国，进而才能爱企业、爱单位，有了爱心，才能爱家、爱人。敬业就是敬，一个人在工作中有敬业精神，那么这个人就不缺少对人对事的敬。社会主义核心价值观与中华文化传统血脉相连，因此，大力弘扬以孔子学说和儒家思想为代表的传统文化，会使得我们的社会主义核心价值观更"核心"起来。

爱与敬，是个人道德问题。我们常说的"四德"即社会公德、职业道德、家庭美德、个人道德，我认为，个人道德最为重要，它的重要性与"四个自信"中的"文化自信"有些类似。在"四个自信"中，文化自信是最基础、最深沉、最持久的自信；在"四德"中，个人道德也最为基本、最为基础。我们可以这样想，一个人有了道德，在社会上它就会自觉地遵守社会公德，在工作中会自觉地遵守职业道德，他的家庭也自然体现出家庭美德。现在我们进行各种各样的德行教育，但大家相信不相信，一个人如果有了个人的品德，那么他是男人他有"男德"，她是女人她有"女德"；他是官员他有"政德"，他是教师他有"师德"。

现在的问题是，这种爱与敬如何培养？我认为，在传统文化教育方面，干部是主导，学校是主场。干部的思想认识问题解决之后，就是探索传统文化教育问题，例如教材的编写、四书五经的比重以及如何看待"八德"作为教育重点、怎样理解孝悌等传统伦理。

总之，我们探讨传统化教材的意义和价值，实际上涉及的是很大很重要的问题，从本质上讲，是研究传统文化作为必修课的意义和价值。再往大处说，我们思考的是孔子儒学、四书五经进课堂，或者传统文化进入国民教育体系的意义与价值。这个问题关涉极大，它探讨的是我们如何为青少年的人格养成培根固元，怎样为青少年铺染生命的底色，如何使青少年自觉做一个具有中国气质的人。

（原载于《教育家》2018 年第 3 期）

恕道：修身成德的金律

在工作或生活中，你得到别人的关心帮助，就会觉得开心温暖。别人得到你的关心帮助，也会感到开心温暖。别人影响你，给你造成困扰，你会觉得不舒适。你影响别人，给别人造成困扰，别人同样也会觉得不舒适。不是吗？人能换位思考、将心比心太重要了，人能做到推己及人，就是一个有修养的人，就做到了"恕"。

可别小看这个"恕"，它受到了孔子格外的重视。换句话说，它就是孔子思想的核心所在。孔子思考社会和谐、人心和顺问题，孔子教人修文德、立忠信……对于这些，弟子们都希望能精准理解，把握要点。子贡是头脑清晰、干净利落的人。有一天，他请教孔子："老师，有没有这样一个字，可以终身实践和奉行呢？"孔子说："如果要一个字的话，那大概就是'恕'吧。"

恕，可以说是放之四海而皆准的修养方式。据说，世界著名哲学家、神学家孔汉思在起草《走向全球伦理宣言》时说，全球伦理最基本的两个伦理框架，是中国传统文化中最基本的两点：一个是人道，即孔子说的"仁"；第二个是孔子在人文规则历史中设立的第一个黄金法则——"己所不欲，勿施于人"。作为一个外国人，他不了解"仁"包含"恕"，或者说"仁"的思想核心就是"恕"。孔子曾明确解释，他所说的"恕"，就是"己所不欲，勿施于人"。

这个"恕"字，值得一生遵行！那么，这个字何以如此重要？说起来，"恕"字还真的非常奇妙！它可以说就是孔子修身学说的精髓与根本所在。这个"恕"常与"忠"连在一起说，孔子学说可用"忠恕"来概括。一天，孔子与曾参等人在一起。孔子说："曾参呀，我的所有学问可以用

'一'贯通起来。"曾子很理解,顺口应承"是"。孔子说完话出去了,其他弟子不解,问曾子:"夫子所言何意?"曾子说:"夫子的学问,只不过'忠恕'罢了。"

孔子儒家重视恕道,正体现了中国文化的人文特点。孔子思考人性与人的价值,有深层的追问,有本体论的思考。孔子说"一",这个思维十分重要。孔子说用"一"贯通,曾子概括为"忠恕",二者当然相通!孔子学说博大精深,他说的"一"也的确很不简单!他认为世界原初状态是"太一",现实世界由"太一"化生而来,孔子说它"分而为天地,转而为阴阳,变而为四时,列而为鬼神",《易传》则说有"天地然后有万物",有万物然后又有男女、夫妇、父子、君臣、上下,然后"礼仪有所错"。处理现实世界一对又一对的关系,必须有"一"的思维。

孔子说"一",又说"太一",其实他是在谈论天下之"达道"的根源。"达道"就是"大道",按照《中庸》所说,天下的"达道"无非就是君臣、父子、夫妻、兄弟、朋友之道,就是天下最基本的人伦关系。按曾子的提示,处理这些两两相对的关系时,就要尽力做到"忠恕",就是把每一对关系都进行"一体"的思考,作为"整体"进行考虑,不偏不倚,不过也不及。做人做到"忠恕",就能处理好各种关系,这便是那个贯通孔子之道的"一"了。

说到这里,我们很容易想到老子为什么说"道生一",他为什么格外强调"得一""载营魄抱一"之类。他所说的"反者,道之动;弱者,道之用",应该与孔子说的一样,也是为人处世的方式。想想《老子》中的话,就能发现它们的相同之处,例如,"天得一以清,地得一以宁,神得一以灵,谷得一以颖,侯王得一以为天下正"。侯王得一以正,就是为政治国者的修身问题。

曾子不愧是孔子的优秀弟子,他理解孔子学说很准确。因为孔子所倡导的就是在"修己"基础上"推己"。孔子之道无非就是"忠恕之道"。南宋思想家朱熹解释说,"尽己"就是"忠","推己"就是"恕"。"忠"是修养自身,"恕"是推己及人。"忠"是人们修养的基础与根本,"恕"是为人处世的境界和要点。

子贡曾说:"我不愿别人把不义的事情强加于我,我也不想把不义的事情强加到别人身上。"子贡与孔子朝夕相处，感情很深。孔子直截了当地说子贡："这不是你所能做到的。"是的，"恕"真是说起来容易做起来难。孔子这样说，是因为做到"恕"不容易。他对子路说：修己以使自己恭敬，修己以能安人，修己以安百姓。要"修己以安百姓"，恐怕连尧舜这样的圣人也会担心做不到！难怪儒家"四书"等都从不同角度、用不同方式去论说那个"恕"。《中庸》讲"君子之道"："所求乎子，以事父；所求乎臣，以事君；所求乎弟，以事兄；所求乎朋友，先施之。"《大学》则讲"絜矩之道"："所恶于上，毋以使下；所恶于下，毋以事上；所恶于前，毋以先后；所恶于后，毋以从前；所恶于右，毋以交于左；所恶于左，毋以交于右。"修身明于此道，治国使用此理，就一定天下大治。《大学》又说："治其国者，上老老，而民兴孝；上长长，而民兴弟；上恤孤，而民不倍。"道理不正是如此吗？

儒学是修己安人之学，"大学之道"希望人人以修身为本，就需要把握精义，推己及人，明于恕道。儒家的经典都贯穿了"恕"的红线。在孔子心目中，人做到了"忠恕"，距离"道"就很近了。"己所不欲，勿施于人"是孔子对"恕"的解释，可就是这样一个看起来很简单的道理，看起来人人可为的事情，恰恰需要极大的努力才能做好。比如，我们人人都容易做到"亲亲"，不难做到孝敬自己的父母，但未必真的能将这种爱心推衍开来。正因如此，才要弘扬孝道，一个简单的逻辑，就是人只有"亲亲"，才能"不独亲其亲"，才能"老吾老以及人之老"，才能"泛爱众"，才能让世界充满爱！

于是，我们理解了，为什么《孔子家语》里有一篇《三恕》，为什么孔子把"恕"道称为"君子之道"。因为"恕"是作为修身的方式而出现的，孔子才一再特别加以强调。原来"恕"就是成德之路、成人之道，就是在生活中、工作上、社会里遇事换换位，多替他人想一想，不要唯我独尊，过于自我。我们做到"恕"，就会勉力而行，言行一致，认识到自己的岗位就是自己的道场，就可能出现神奇的效果，人也就不难修养成敦厚的君子。

（原载于《中国组织人事报》2018 年 10 月 24 日）

孔庙祭祀"很中国"

　　每当你走近孔庙，或者你参观孔庙，你会想到什么？如果你去参加孔庙祭祀，你会有怎样的感受？

　　就像对孔子的态度存在分歧那样，人们对孔庙的情感也有很大不同。至今，世界上还找不出第二个像孔子那样受到亿万人关注的人，但这样的关注因人而异，有人尊崇、膜拜，有人评论、指责，还有人谩骂、揶揄。之所以如此，说到底是对孔子学说的理解不同造成的。

　　按照前人的理解，所谓"庙"就是"貌"。古人立庙是为了表示尊其先祖，从而"事死如事生"，就像先祖还在人间。最早只是表示尊重祖先，并不为"天神"立庙，为神立庙始于夏商周三代以后。西周以来，人们看到"人"的因素更加关键，于是更重尊祖敬宗，宗庙里被供奉的人都有血缘关系。而从孔子祭祀开始，这种情况发生了重大变化。

　　孔子逝世后的第二年，鲁哀公下令将孔子原来居住的三间房屋改为祀庙，专门收藏孔子生前用过的衣、冠、琴、车、书，孔子子孙每年按时令祭祀，这三间房屋就是现在孔庙的雏形。西汉初年，汉高祖刘邦在这里祭祀孔子。东汉桓帝时，鲁相韩敕以官钱修饰孔庙，孔庙具有了官设庙堂的性质。唐太宗下令京城和全国皆为孔子立庙，并专门下令修建阙里孔子庙，曲阜孔庙被赋予了"孔庙表率"和"祭祀孔子中心地"的意义。

　　人们习称的"孔庙"，其实是中国的"文庙"。文庙主祭孔子，而以"四配""十二哲""先贤""先儒"等配享从祀。自唐代以来，谁来配享和从祀，都由官方确定。配祀孔子的人之所以有资格从祀文庙，是因为他们与孔子的"学缘"而不是"血缘"关系，这样，孔子祭祀也就不仅是孔氏族人祭祀祖先的"家事"，更是中国人在文化上慎终追远的"国事"。

孔庙祭祀的礼仪称为"释奠礼"。在传统中国社会,孔庙释奠礼仪是"国之要典""乾坤第一大事"。孔子弟子后学以及孔子后裔对孔子的祭祀,开启了祭祀史上的一大变革。对老师的祭祀,具有"血缘性"与"非血缘性"并行的特征,可以称为"拟血缘性"。在这一祭祀过程中,文化传承与亲情延续的意味同时存在,并行不悖。将"师"纳入祭祀对象,成为中国文化"尊师重教"的重要标志,显示了中国文化的特性。

不难理解,孔庙的从祀历史,就是"政统"与"道统"相互结合、有机统一的历史,也是官方意识形态的发展史,是正统思想文化学说的演变史。最早在孔庙配享的是孔子弟子颜回等人,唐代贞观年间,左丘明、公羊高等人被纳入孔庙祀典。到了宋代,孟子、子思在孔庙祀典中的地位逐渐上升,颜、曾、思、孟的四配模式开始定型,同时周敦颐、程颐、程颢、张载、邵雍、朱熹等六人被尊为"先贤",在孔庙祀典中的地位高于汉唐诸儒。唐初崇尚汉代经学,唐代选择的儒生大多研究经典注疏,属于"传经之儒";宋代"明道之儒"地位的上升,体现了理学道统观成为主流社会思潮。到了清代,各种矛盾交织,尤其清代下半叶,内忧外患,国势危急,人们越发看重治世之业,企望治世名臣力挽狂澜,于是,诸葛亮、李纲、方孝孺、顾炎武等"行道之儒"被纳入孔庙祀典,配享孔庙。

看得出,孔庙祀典的发展历史可以说是一部官修儒学史,体现了儒学与社会的密切结合。因此,从儒家道统的角度来看,只要是对于孔子思想和儒家经典有所发明,有所维护,只要能够"扶纲常,淑人心",教化社会,就可纳入孔庙祀典,配享孔子。当然,"孔庙从祀,非寻常事",孔庙祀典中,诸儒的选择和晋升,均需受最高统治者认可与节制,而历代皇朝也通过这一方式来展示其政权的合法性。

孔庙的重要意义决定了历代对孔庙建设的重视。历史上,从祀孔子的人物不断增加,在两庑配享的人物,唐朝有 20 余人,经过历代增添更换,到民国时多达 156 人。这些配享的人原为画像,金代改为塑像,明成化年间一律改为写有名字的木制牌位,供奉在一座座神龛中。与之同时,孔庙建筑也越来越大。曲阜孔庙经过了许多次的修建,规模最大的一次重修从雍正二年开始,历时 6 年,耗银 15.7 万两,孔庙面貌可谓焕然一新。经过不断增建与修葺,到明清时期形成了今天的规模。

以前有"天下名山僧占尽"的说法，与之形成明显对比的是，孔庙始建时都在学校或政府所在地。孔子思想是入世的，孔子讲和谐、讲和顺，关注世道人心，孔庙的建立与祭祀也与社会息息相关。以前，各府州县都设有孔庙，随着孔子儒学影响的扩大，朝鲜、日本、越南、印度尼西亚、马来西亚、新加坡、美国等也都有数量不等的孔庙。目前，世界上分布着2000多座孔庙，我国国内有1600多座。国内保存较好的有300余座，列入国家重点文物保护单位的也有21座。

从深层理解，我们读懂了孔庙，才能读懂中国。中国历来重视祭祀，有所谓"礼有五经，莫重于祭"的说法，把祭祀看成"国之大事""国之大节"，主张"以祀礼教敬"。西方人重视"法堂和教堂"，法堂代表政权、纲纪和法纪，教堂则是心灵栖息地。中国的孔庙实际扮演了"教堂"的角色，它与西方的教堂有所不同，但它也是历代中国士人的精神家园。孔子和配享者都是现实中存在的人物，孔子阐述了中国人的价值观念，确立了中华民族的文化立足点，历代从祀孔子的人"宗师仲尼"，传达和弘扬孔子的学说，给中国带来了几千年的和谐与发展。

可以说，孔庙是中国的"名人堂""先贤祠"，是中国知识分子的精神家园，是传统士人最重要的"道场"。它集中展示了中国传统思想之精粹，是弘扬传统道德与价值观的重要载体。孔庙的黄瓦重檐、雕梁画栋寓意深远，有特定内涵，礼敬孔子与孔庙，就是尊重中国传统的价值体系与道德观念。

（原载于《联合日报》2018 年 7 月 16 日）

中国礼乐文明的本质与文化自信

——杨朝明先生访谈录

《孔子学刊》（以下简称《学刊》）：杨院长您好！中国礼乐文明一直是您研究的重要领域，近几年，您的文章与讲座多涉及礼乐文明问题，2016年，曲阜礼乐文明研究与传播中心也在孔子研究院成立，这都有力地推动了中国礼乐文明的研究与普及。然而，受中国儒学"威权化"和近代社会变动的影响，今天提起礼乐文明，人们存在一些误解和偏失，比如一提起"礼教"，人们就联想到所谓"吃人的礼教"之类的说法。那么，中华礼乐是怎样产生的？它在中国文化中的地位如何？请您谈一谈。

杨朝明先生（以下简称"杨先生"）：中华礼乐文明形成与发展的历史可谓极其漫长。早在考古学中的龙山时代，中国已经形成了"礼"。三代时期，礼的特性有所不同，《礼记·表记》有"夏道尊命""殷到尊神""周道尊礼"的说法，因此有历史学家分别称三代的文化为"尊命""尊神""尊礼"。实际上，这表达的是三代文化的基本性质。三代的文化从某种意义上来说都是礼文化的不同阶段，用孔子的话说，夏、商、周三代之礼一脉相承，只是一种"损益"的关系。也就是说，礼的形式随着时代的变化而变化，但礼的内涵却大致不变，礼之"决嫌疑""济变""弭争"的功能不会变化。

礼乐文化，仿佛离大家很远，其实它距离大家很近，是一个学术问题，也是一个现实问题。中国的礼乐文化产生很早，可以说，人类在跨入文明的门槛时，礼乐文化便已发轫和形成。考古发现在距今八千多年以前的文化遗址中有三十多支骨柄笛、考古学家研究出龙山时代有了完备的礼制，都说明了中华礼乐文明渊源之深。

到了周初，随着人文理念的升腾，礼乐逐渐形成为一个具有人文性的文明体系。范文澜先生曾依据《礼记·表记》的记述，将夏、商、周三代的文化分别称为"尊命文化""尊神文化""尊礼文化"。可见，周代的礼乐文化是在"损益"前代基础上形成的，是一种完备的、水平极高的人文文化。西周初年，周公"制礼作乐"，形成了中国独具特色的文化体系，后经孔子和孟子承前启后，聚合前人的思想精髓，创建了以礼乐仁义为核心的儒学文化系统，从而传承发展至今，这是中国传统文明的重要组成部分。礼乐文化，具有规范人的行为和调整人际关系的功能，从而深刻影响了中国文化的每个历史时期。从某种意义上说，中国文化的特质表现在礼乐文化方面。正是中华民族博大精深的礼乐文化，使中国成为"礼乐之邦"或"礼义之邦"。

然而，随着时代的变迁，传统的礼乐文明渐趋式微，加之反传统的传统之下，礼乐被新文化人士当作首当其冲的革命对象。礼乐从此被污名化，中国人渐渐远离了礼乐生活，背离了礼乐精神。幸运的是，随着传统文化的复兴，礼乐文明再次走进国人的视野。一个新的时代，必须有制礼作乐的工作相适应。一个新的时代，必须有礼乐教化与经济发展相协调。这是时代的呼唤，更是由礼乐文化的本质所决定的。

《学刊》：那么，我们中华礼乐文明的本质是什么呢？请您详细阐释一下。

杨先生：礼乐文化，其核心当然就是"礼"。礼即立人、立家、立国的根本之道。孔子曰："不学礼，无以立。"《礼记·曲礼》也讲："是故圣人作，为礼以教人，使人以有礼，知自别于禽兽。"何以立人，自然意味着何以立家、何以立国、何以自立于世界民族之林。千百年来，礼就是中国社会、人生的基本准则，礼就是中国文化的大根大本。故中华者，礼乐之邦也。国学大师钱穆先生明确提出：礼是中国文化之心，中国文化的核心思想就是礼。礼乐文明既是孔子学说、儒家文化的精神要义，亦为整个中国古代文明、传统文化的荦荦大端。因此，礼乐文明的本质，实际上也是礼的本质。

对于此，我们可以通过与孔子有关的三个故事来归纳为三点。

其一，礼者，理也。《孔子家语·相鲁》记载孔子初仕，为中都宰。"制为养生送死之节：长幼异食，强弱异任，男女别涂，路无拾遗，器不雕伪。为四寸之棺，五寸之椁，以木为椁，因丘陵为坟，不封不树。行之一年，而西方之诸侯则焉。"面对孔子治理的成功，鲁定公对孔子说："学子此法以治鲁国，何如？"孔子回答说："虽天下可乎，何但鲁国而已哉！"后来，孔子出任鲁相，同样将鲁国治理得非常好："初，鲁之贩羊有沈犹氏者，常朝饮其羊以诈市人；有公慎氏者，妻淫不制；有慎溃氏，奢侈逾法；鲁之鬻六畜者，饰之以储价。及孔子之为政也，则沈犹氏不敢朝饮其羊，公慎氏出其妻，慎溃氏越境而徙，三月，则鬻牛马者不储价，卖羊豚者不加饰。男女行者别其涂，道不拾遗，男尚忠信，女尚贞顺。四方客至于邑，不求有司，皆如归焉。"由此来看，孔子初仕，就取得了成功，在鲁国的中都建成了最早的"文化示范区"。他的成功示范，体现出这种治理方式不仅适用于中都，还可以适用于鲁国，适用于天下。这印证了《孔子家语·论礼》中孔子的话："礼者，理也。"

孔子初仕的成功，其深层次的原因在哪里？从上面的记载可以看出，孔子关注的是人与人之间的互相关心、互相爱护，他思考的是人的社会性存在问题。这样的管理必须顺乎天理与人心。孔子所说"礼者，理也"，其实，"礼义"的"礼"就是"道理"的"理"，这个"理"就是天理好人心。《礼记·礼器》说得好："礼也者，合于天时，设于地财，顺于鬼神，合于人心，理万物者也。"《礼记·丧服四制》说："凡礼之大体，体天地，法四时，则阴阳，顺人情，故谓之礼。訾之者，是不知礼之所由生也。"《孔子家语·礼运》说："礼……所以达天道、顺人情之大窦。唯圣人为知礼之不可以已也。"这些论述，都是至理名言。人们组成了社会，应当讲信修睦，不独亲其亲，不独子其子。老有所终，壮有所用，矜寡孤独，皆有所养。奸谋闭而不兴，盗窃乱贼不作。这就是孔子的大同理想，这就是"大道之行，天下为公"。孔子相信自己的为政方略有广泛的适用性。

其二，礼，时为大。随着时代的变化，礼的形式要因革损益，但礼的内涵、本源与本质却不会变。有人问孔子："十代以后的礼还能不能知道？"在孔子看来，别说十世，即使百世也不会变。孔子的自信，孔子说的"不变"，指的是礼的内在精神。不难看出，《礼记·礼器》说"礼，时为大"，又说"礼也者，合于天时"，说的都是礼的形式问题。显然，孔子的自信，源自他对礼乐本质的把握，源自他对人性和人的价值的思考。人组成社会，成为社会的人，就必须明于礼义。社会治理的根本，无非就是人心的端正，就是在人们心中筑起道德的堤防。

孔子回答子张所问关于治国的礼仪制度的问题。他认为，每个朝代都有继承与创新的问题，世事变迁，礼法自有损益。但是，只要人类社会存在，只要人们生活在一起，就需要人与人之间的尊重、关怀与和谐，就离不开君臣上下等等的礼法纲常。这就是说，在遵守礼法原则的基础上，形式上的创新性转化、创造性提高十分必要。《中庸》说得很明确："愚而好自用，贱而好自专，生乎今之世，反古之道：如此者，灾及其身者也。"

其三，礼，毋不敬。《礼记》开篇就说"毋不敬"。"敬"是礼的基本属性所在。在中国传统文化中，恐怕最紧要的两个字就是"爱"与"敬"。孔子曾说："爱与敬，其政之本。"他认为，为政者要正人，要使社会"归于正"，让人心"思无邪"，就不能没有"爱"和"敬"，二者相辅相成，相互为用，有机统一。儒家思想中的"仁爱精神"与"敬畏观念"、基督教的"博爱精神"与"神圣观念"，不都正是"爱"与"敬"的体现吗？儒家极重"孝悌"，孔子说"立爱自亲始""立敬自长始"。中国历来重视孝敬，"以爱为至德""以敬为要道"，三国时期的《人物志》说"人道之极，莫过爱敬"，这是把握了儒家学说的精髓。

《论语·卫灵公》记载子张向孔子请教"行"，问如何才能使自己到哪里都能通达。孔子说应当"言忠信，行笃敬"，说话忠诚守信，行事庄重严肃。用今天的话来说，就是有话好好说、有事认真做。人如果时刻将"忠信""笃敬"装在心中，用之指导自己的行动，不论走到哪里，即使走到和自己文化不一样的地区，也一样能够顺畅通达。所以，孔子儒家特别讲忠信和诚敬，处处不离的是发自内心深处的那份"敬"，这让我们想起了《六韬》记载的姜太公的"至道之言"："敬胜怠则吉""义胜欲则昌"。为人处事，无非就是在正确的是非选择之后对于善的坚守，择善固执，至诚无息。忠信和诚敬，是人的品德、学问、修养的基础，也是行道畅通的保证，是人立身处世的基石，应当时时牢记、处处实行。

《学刊》：孔子治理的自信，源于他对礼的本质的把握，源于他对自古以来的礼乐文化的深入研习。

杨先生：是的，由此我们能看到孔子思维的时空维度。由"中都"而"鲁国"而"天下"，这是空间的放大；由"三代"而"十世"而"百世"，则是时间的绵延。这是孔子的自信，这是孔子思想的"时空维度"。他的高度与宏阔可见一斑。他倡言"内圣外王之道"，主张推己及人、修己安人、明德新民。他思考立身处世的问题，往往从根本上着眼，从简单处着手。这其实就像董仲舒所说："道之大原出于天，天不变，道亦不变。"只要人们还生活在一起，就必须思考相处的基本法则。那么，首先要解决的就是"人心"与"道心"、"天理"和"人欲"的关系问题。这是我们中华礼乐文明的魅力所在，是我们树立文化自信所必需，也是我们今天讨论礼乐文明的意义所在！

《学刊》：从礼乐文明的本质来看，即使在今天的社会，礼乐文化仍然有着超越时空的价值。不仅如此，作为中国古代文明、中华文化之荦荦大端，礼乐文明更是今天中华民族的伟大复兴的重点所在。

杨先生：的确如此。现在，我们国家倡导中华民族的伟大复兴，然而，没有坚定的文化自信，没有文化的繁荣兴盛，就没有中华民族的伟大复兴。文化"自信"需要文化"自知"，"搞明白"才能"讲清楚"。中国人树立文化自信，不理解礼乐文明就难以做到；外国人要理解中国，不了解礼乐文明则不可想象。可以说，如果未来人类要寻找共同的"世界精神"，就必须瞩目东方，寻找"孔子智慧"，而孔子智慧的中心或关键点，则在于"决嫌疑"的礼乐文化，在于具有"济变"与"弭争"功能的中华礼制。

现代工商业科技文明过分重视物质利益，使传统的礼乐文化受到世俗文化的冲击，失去了古典而纯朴的内在精神气质。但抉取的传统礼乐文化的精华，它在今天依然能够提升人类道德，使人们自我提升，自我完善。也就是说，建立在道德伦理基础上的礼乐教化，仍然可以"经国家，定社稷，序民人，利后嗣"，维护社会秩序，具有强大的生命力。

《学刊》：是不是正是基于您对礼乐文化重要性的这一认识，您才一方面在学理上致力于对礼乐文明进行深入研究，另一方面还通过发表文章或者提交提案，来积极推动一些传统礼仪活动在当今社会的规范与开展？我们知道，您曾在山东省政协会议上提交了关于在省级层面上规范文庙释奠礼乐的建议，也曾撰文梳理古代"成人礼"以资当今借鉴。请您谈谈当今这些传统礼仪的现状以及您的建议。

杨先生：是的，礼仪（礼的仪式）是礼义（礼的内涵）的载体，是礼乐文化最直接的体现。现在，我们提倡这些礼仪活动，一方面，可以保存我们古代的传统礼仪；另一方面，就是要通过这些礼仪活动，来传递礼乐文明中所蕴含的思想与价值。然而，由于时间久远以及时代转化中的破坏，现在许多的传统礼仪已经保存得很不完整，甚至"名不副实"，存在许多错误。

首先，现在习称的"孔庙祭祀大典"，实际应称为"文庙释奠礼乐"。孔庙祭祀孔子，以四配、十二哲、历代先贤先儒配享、从祀，孔庙应正式称为"文庙"。汉代以来，"释奠"已成为孔子祭祀的专名，孔子与"释奠礼"之间形成了一种近乎天然的关系，这个绵延数千年的文化大典，不应该连祭名都无法传承下去。

其次，关于"文庙祭祀礼仪"的举行时间。"孔子诞辰日"本有不同说法，现有多位学者研究孔子诞辰，认为不应是现在通行的"9 月 28 日"。实际上，即使孔子诞辰是这一天，祭典日期也"既不合礼，又不合理"，因为按照传统，生者生日祝寿，死者忌日祭祀。诞日祭孔，始于 1913 年孔教会的提倡，后成为常态。显然，不宜用民国以来几十年的传统替代两千余年的传统。

中国人祭祀孔子应有共同认定的祭祀日期，但这并不统一。2011 年孔子祭祀时，台北的主题是"纪念孔子 2561 周年诞辰"，而曲阜则是"纪念孔子诞辰 2562 周年"。此外，是否恢复春、秋仲月上丁日释奠传统，各地各级文庙举行释奠礼是否在日期上宜有所别等问题，也值得研究。

最重要的是关于"文庙祭祀礼仪"的具体仪程。文庙释奠礼应该充分尊重传统，处理好"变"与"不变"的关系。但在服饰方面，参与祭祀的人员还缺乏系统规划或要求。在礼仪细节上，对传统礼仪也应充分重视。现在的祭祀礼仪只有祭祀孔子的"正献礼"，而缺少祭祀配享者的"分献礼"，也不应该。

还有"祭文"问题。曲阜自"公祭"孔子开始，每年都专门邀请学者撰写"祭文"，但古代释奠礼有时祭文基本固定，仅将岁月干支依时变更。今天，可否考虑沿用惯例，撰定蓝本以推行开来，或者考虑既不追求"花样翻新"，也不年年固定一成不变。

鉴于以上问题，我认为应当努力制订出适合时代要求、具有时代气息与鲜明特征的礼仪。所以，在《关于在我省制订文庙释奠礼乐的建议》中，我提出了几条建议。第一，加强宣传，提高对孔子释奠礼仪重要意义的认识。第二，组织专门的研究力量研讨释奠礼仪。说到这一点，就比较感叹。在春秋时期，鲁国的礼乐已令人叹为观止；一百多年前，曲阜还是全国孔子释奠的中心。然而近代以来，孔子释奠礼仪破坏严重，到民国时期就已经没有可以遵循的统一礼仪了。而中国的台湾地区和韩国，在这方面却做得很好。1968 年，中国台湾地区聘请学者、专家组成"祭孔礼乐工作委员会"，成立礼仪、服装、乐舞、祭器四个研究组，订定"大成至圣先师孔子释奠礼仪节"。在韩国，释奠礼仪很受重视，每年春、秋两季都要举行祭祀活动；还有专门的释奠礼仪"传承人""释奠学会"和"佾舞研究会"，经常举行"释奠学研究"方面的国际会议。中国台湾也常举行相关的研讨。可喜的是，近年来，在中国大陆，地方政府与有识之士对文庙释奠礼乐进行了开拓性的发掘、整理与研究，取得了很大成绩。曲阜阙里文庙地位特殊，备受关注，应当尽快制订规划，所以我提议要在山东省省级层面上组织各地（包括有关海外）专家，强力进行研究，以保证释奠礼乐的权威性、影响力。当然，孔子祭祀既然是"公祭"，是今人举行"释奠礼"，就应与时俱进，由今人制礼作乐，制订出一套规范的、既接续传统又反映时代特色的典礼。此外，我还提到重点整饬作为释奠礼仪核心的祭祀乐舞，改进与释奠礼有关的活动环节等建议。希望借此能推动孔子释奠礼仪的完备，进而发挥其社会影响力。

《学刊》：我们知道，为了发挥曲阜在礼乐文明研究与传播中的作用，恢复曲阜作为古代礼乐文化中心的地位，曲阜礼乐文明研究与传播中心成立，并设在孔子研究院。那么，在这两年的时间，在您的带领下，中心也做了一系列的努力，请您对此谈一谈。

杨先生：是的，曲阜礼乐文明研究与传播中心于 2016 年"孔子文化节"之际成立，至此已有两年的时间。

成立礼乐文明研究与传播中心，是我们多年以来的愿望。"千年礼乐归东鲁，万古衣冠拜素王。"孔子祖述尧舜，宪章文武，而时时梦萦周公。由孔子而文武周公而尧舜，实际代表着中国古代文明尤其是礼乐文明的正源正脉。故我们礼乐文明研究与传播中心以曲阜冠名，并非自小或狭隘，而是基于我们立足周公封国、孔子故里曲阜的底气和文化自信，以及冀望凭借周情孔思而达礼乐文明正源的抱负和文化自觉。

曲阜礼乐文明研究与传播中心，立足曲阜，设于中国孔子研究院，以中国孔子研究院与曲阜师范大学、济宁学院等研究机构为载体，密切联合各礼乐文明研究与传播相关单位、团体、学人，同心同德、团结协作，共同开展礼学研究与礼乐文明的现代转化等工作。在成立大会的发言中，我曾说："力争在 5～10 年内，将曲阜礼乐文明研究与传播中心建设成代表圣域特色，富有时代精神，服务当代礼乐文化建设，国内领先、国际上有重要影响的中国礼乐文明研究与传播机构。"这是我们的愿望。这两年来，我们也一直为此而努力。

2017 年 9 月 27 日，在孔子 2568 年诞辰之际，孔子研究院承办了第八届世界儒学大会青年博士论坛，当时我们设定的会议主题为"儒家信仰、礼乐文明与社会治理"，其中就突出了礼乐文明。这次会议主题紧贴时代脉搏，回应现实需求，彰显了儒学的当代精神和时代价值。这是一场共享儒学与中国礼乐文明的智慧盛宴，更是一次海内外青年博士致敬孔子、回向社会的礼乐文明研究成果集萃。此外，我们还筹划创办了礼乐文化研究与交流的学术平台——《新礼乐》，2018 年初，第一辑《新礼乐》出版，收录学者礼乐文化研究文章近 30 篇。总而言之，我们既注重对礼乐文明在学理上的深入研究，也与当下结合，参与像祭孔大典、成人礼等礼仪仪式的规范与推进，使得中国传统的礼乐文明在现代社会继续大放异彩。

（原载于《孔子学刊》2018 年年刊）

古代礼仪的阐释及其创造性转化

问（李文娟，以下省略）：杨院长，您好！您在《人民日报》上发表过一篇文章——《我国古代的"成人"礼仪及其现实意义》，提出古代成人礼在当今社会仍然具有重要的现实意义，是青少年的人格养成过程中不可缺少的一个环节。然而，古礼复杂烦琐、思想守旧，不容易被现代社会所接受和实践，所以急需创造性转化、创新性发展。关于这一点，您能展开谈谈吗？

答（杨朝明院长，以下省略）：好的。实际上所谓成人礼，是人成长过程中非常重要的礼仪，但是我们很多人就把它当成一个礼仪而已，其实可不是这样。所谓成人，它的概念非常丰富，儒学讲究的就是人之所以为人者，人既然是人，那当然就与禽兽有所区别。所以你看它实际上是整个儒学的一种观念所在，即人禽之辨。儒家就说思考人之所以为人，就是人的内涵，就是人的社会性内涵。人的社会性内涵，其实就是如何充实、如何饱满、如何使一个人成为具有完整社会健全人格的人。所以这才是真正的成人。

打个比方，如果一个人没有自己的社会性，不考虑自己的社会性存在，那么这个人与禽兽无异。儒家最了不起的一点，在于它恰恰就是思考人性问题，考虑人应当具备什么样的人性，即人之初的性到底是善是恶。人性如果是恶的，那么就要解决恶的问题，就要预防一个人变得更坏，使一个人成为一个好人。人性如果是善的，那么就要放大善性，放大善性社会才能达到自善。

一个人，从懵懵懂懂来到这个世界上，到一步步慢慢长大，然后成年，也就到了举行成年礼的年龄。举行成人礼的年龄，古代是 20 岁，现在是 18

岁。到这个年龄，你就得明白你是一个社会人。如果是一个社会的人，那应该怎么样？如果是个社会人，你就得明白你自己身上承担的家庭责任和社会义务；你必须明白和其他人如何相处的问题，和社会、国家、民族，甚至和周围的环境，应该是一种什么样的关系。当每个人思考自己社会性存在的时候，这个做人的问题就解决了。成人礼作为一种仪式、一种礼仪，表达的是一种深层的内涵，表达的是非常丰富的东西。所以可以说整个儒家所要解决的，就是使一个人成为一个社会人的问题，就是一个"成人"的问题。

问：也就是说，礼仪有塑造人性的功能。

答：对，我们所说的大学之道，实际上就是大人之学。大学就是大人之学，小学是小子之学。小子之学那是小孩要学的东西，小孩首先要学技能，要学怎么做，虽懵懵懂懂地知道了为什么这么做，但是深层的内涵他未必知道。古代15岁是一个特殊的年龄，故孔子说："吾十有五而志于学。"孔子还说："吾自行束脩以上，未尝无悔焉。"这个"束脩"我们通常对它有误解，认为它是一束干肉。其实"束脩"指束发修饰，人到了15岁就束发修饰。一个孩子，15岁了，就不能穿拖鞋上学去了，就不能穿着背心乱跑了，得整理仪容了，这就叫束发修饰。在古代，身体发肤受之父母，所以古人不会轻易毁伤头发，如果剃光头，那时候是一种刑罚。把头发盘起来——束脩，这是个年龄概念。古代的时候，8岁入小学，15岁入大学，15岁入大学学什么？明理正心、修己安人。小学学的六艺是礼乐射御书数，那是基本的技能；到了大学里面，学的六艺是诗书礼乐易春秋，注重教化人心。所谓大学，就是大人之学。一个被称为大人的人，他有管理职能，他对于社会是有责任的，对社会他是有关切的。

传统的科举制度，就是社会管理制度。为什么有些人通过科举制度取得了功名以后就可以放官，就可以补缺，就可以从事管理了？是因为他学的就是管理。所谓管理，首先以修己为前提，只有修己才能知人，只有修己才能安人。所以孔子说"修己以敬，修己以安人，修己以安百姓"，"修己以安百姓，尧舜其犹病诸"。连尧舜这样的圣人最想要解决的难题，也是修己以安百姓的问题。做好了，老百姓安了，天下就安了。所以大学实际上还是要成人，只不过在成人这个问题上，它做得更好而已。

问：孔子说不能披发左衽，觉得那是一种很不礼貌的行为。

答：披发左衽是古代少数民族的习惯，它不合乎中土文化。中国是衣冠之国，古代的头发、冠饰、衣服都是很有讲究的。孔子为什么在《乡党篇》里面强调"居不容，寝不尸"？居不容，在家里就不用打扮了，就可以放松了。但是如果要出去，成为一个社会人，成为一个在某个工作岗位上工作的人，就不能无视自己的社会性存在，它是有要求的。如果上班的时候，还像在家里那样随意，就不合适了。

问：行冠礼的时候，每一次加的冠都是不一样的，它有着不同的寓意。

答：第一道冠是缁布冠。它表示一个孩子从小走到今天，一个阶段结束了，从现在开始和以前不一样了，要有一个明确的成人意识。现在法律规定，孩子到了18岁，就具有完全民事行为能力，是完全民事行为能力人。那么18岁和17岁有什么区别？古代的成人礼就告诉你区别在哪里，即从今天开始必须承担自己的责任了。

第二道冠是皮弁。皮弁表达的就是你自己得努力、得打拼，你得明白幸福的生活不会从天上掉下来，至少你不能啃老了。古代的时候成年人要承担责任，国之大事在祀与戎，祀就是祭祀，戎就是打仗。那个时候皮弁就是武士的帽子，孔子他们从小进行的教育，其中就有军事教育。礼乐射御中，射是射箭，御是驾车；御不仅指一般生活中的驾车，更指御战车。古代的时候，祭祀和战争是很重要的。皮弁就是你到了18岁了，你就是个成人了，以后不光要为生活奔波，还要保家卫国，包括服兵役。

第三道冠是爵弁，那是更高的一个境界。爵弁实际上就是官帽，所谓官帽就是代表你要承担社会义务，承担社会责任。

问：这还是有"学而优则仕"的含义吧？

答：传统中国所谓"成人"，就是我们之所以去学，叫学成大人，叫大人之学。既然学成大人，我们就得承担社会责任，就得管理，所以它强调的是一个人的社会管理职能。我们这个社会上需要有人来担当，那么谁来担当？从周代开始它就要造士，士就是士人。《礼记·王制》言："顺先王诗书礼乐以造士。春、秋教以礼乐，冬、夏教以诗书。"教诗书礼乐实际上就是培养士人的，士人将来就是从事社会管理，是未来社会的管理者和担当者，或者社会的精英分子。孔子教人，其实也是让人从事管理，学生最好是要为政的。不为政的话，那学生干什么？现在我们主要是学知识，知识爆炸的年代，学科分裂。那个时候的学习，基本上就是学习德行、学习道德，孔子的教学，实际上就是学而优则仕，仕而优则学。

有人问孔子：你教我们为政，你怎么不为政？孔子就说了，"孝乎惟孝，友于兄弟，施于有政"，他说这也叫为政。他的意思就是孝悌之道在社会上推广开来，这也算是为政了。实际上如果为政的话，就是让社会上充满爱和敬。孝就是立爱之亲始，悌就是立敬之长始，有爱有敬，人学会了做人，这时候为政的问题就解决了。所以，孔子的教学在很大程度上实际是教人成长，不仅自己成长为一个社会人，还得成为一个完善的、有社会管理能力或者是有担当的这么一个人。我们讲"勇于担当""义不容辞"这些概念，其实都是培养君子的。孔子把人分成五类：庸人、士人、君子、贤人、圣人。比士人高的就是君子，君子的本义是为政者，你看"君"字是怎么写的？这是手，手里拿着个东西，下边是"口"，口是发号施令的。君就是当官，当官的人叫君子。为什么道德高尚的人称为君子？这很明显，既然是当官的，就应该道德高尚。也就是说地位越高，责任就越大。因为是尊贵的人，所以应该是高尚的人。这就是为政。孔子强调"为政以德，譬如北辰。居其所而众星拱之"，接下来的是"其身不正，虽令不从"。从这里来看，孔子之学在很大程度上就是为政之学，爵弁其实就是让人成为一个完善的社会人。

问：那么成人礼的三次加冠，这样加起来是不是告诉人要先读书学习，然后再担负起保家卫国的责任，有了那种能力后再学文，最终达到文武双全，实现人的全面发展？

答：我倒觉得不是这样，你可能觉得加皮弁在前，爵弁在后，皮弁是武，爵弁是文。但是这个文武之道其实是可以一起学习的。以前的士人不是后来的那种文弱书生，孔子的身体就很好，是一个文武兼修的人。

问：从冠礼再往前走就是婚礼了，婚礼的社会价值也是不容小觑的。

答：从人生礼来讲，人出生了以后有出生礼，后来有命名礼，然后是束脩礼，然后是冠礼。行完冠礼你就成为一个大人，成为一个成人了，可以结婚了，举行婚礼就意味着开始组建家庭了。任何一个社会的基本单元都是家庭，这个家庭就是社会的基本单位，如果家和了就万事兴了。婚姻作为一种男女的结合，实际上是一种家庭伦理。家庭伦理是基本的伦理，由家而国，由家庭伦理到社会伦理，由家庭伦理到国家伦理。家庭伦理，就是一个人在组建家庭的时候，就得明确和担负起家的责任、家庭中的义务。比如丈夫的"夫"，加个"扌"，那就是"扶"，夫者扶也。既然男女结合了，这就意味着男性有更多的责任，就要扶持妻子，扶持整个家庭。妻者，齐也，嫁给对方，男的不能嫌贫爱富，女的也不能嫌贫爱富。嫁给一个国君，那就和国君的地位是一样的。哪怕你是一个大家族家的女儿，嫁给一个平民男子，婚礼后你就是他的妻子，你就不能傲慢霸气。

问：儒家所讲的夫妻关系是从属关系还是平等关系？

答：它是平等关系，不是从属关系。由于性别特征的差异，男女担负的责任不一样。实际上，它是符合人的自然性和社会性特点的。男女结合，就像古代探讨的本体性思考一样，它是阴阳结合的那种和谐，这种和谐就是说，有些事情适合男人干，那么家里有男人；有些事情适合女人干，那么家里有女人。男女之间就要刚柔相济、阴阳和谐。所以，它不是一种从属关系，而是一种很平等的关系。古代的时候有"七出"，"出"的是不顺父母者、无子者、淫辟者、嫉妒者、恶疾者、多口舌者、窃盗者。但是还有"五不取"：逆家子者、乱家子者、世有刑人者、有恶疾者、丧父长子者。另外，还有"三不去"：有所取无所归者、与共更三年之丧者、先贫贱后富贵者。《孔子家语》里说得很清楚，如果夫妻同更三年之丧，就不能再出妻。还有一些有所取而无所归的，那就不能随便出。这实际上是建立在一种尊重的基础之上的。甚至一些关于男性和女性平等的理念，在丧礼里边体现得较多。我在《齐鲁学刊》上发表过一篇文章——《孔子"出妻"说及其相关问题》。有人说孔子三世出妻，即孔子上下三代都离了婚，其实不是这样的。

婚礼是非常重要的，中国传统社会特别重视婚礼，婚礼绝不是儿戏。现在婚礼出现了各种乱象，其实就是对婚礼意义的偏离。

问：现在之所以古代的那些婚礼沿袭不下来，或者贯彻不下去，是不是因为古代礼仪需要进行一些修改或者转化？

答：它不是贯彻不下去，现在我们有些礼仪，就是社会风俗、表层礼仪，是最容易变动的。深层的最不容易动，比如丧礼，相对来说保存得就比较完好，但是婚礼就弄得比较差，因为大家还是觉得婚礼追求热闹就行。其实婚丧嫁娶这些礼仪都是很重要的，在近代以前，这些还保存得非常完好，很多的典籍里边都能看得到。

问：现在为什么就保存不下去，或者说就消失了？

答：我个人感觉，可能因为婚礼比较烦琐，但它的烦琐恰恰显示了它的重要。它和所谓的西方文化和现代思潮、女性解放、快节奏的生活密切相关。实际上两千多年来，历史上很多的永恒的话题，就是两性之间的问题。很多人觉得受到了约束，受到了拘束，所以所谓的个性解放，首先就打破了这些方面。

问：《仪礼》说婚礼是合两姓之好，现在哪有两姓之好之说？

答：对，两姓之好。

问：现在已经没有两家的概念了，婚礼中的一些仪节，比如"合卺而饮"都已经变味儿了，那些礼仪都被破坏了。

答：对。所以它是一个大的环境，需要国家提倡。不过婚礼值得好好思考，现代的婚礼中乱象丛生。现在越来越多的人开始举办中式婚礼，我觉得现在的年轻人也慢慢开始思考这些问题了。如果这样慢慢推广开来，对于扭转社会风气会非常有用。当一些问题走到了极端，做得不到位、做得不好的时候，大家就会慢慢有一定的改变。因为这一百多年来，传统的东西丢得太多。许多人曾认为只要是传统的东西，好像都应该抛弃，现在又觉得不是这样。大家意识到了传统的婚礼对家庭的稳定、对两姓之好的关系所起到的作用，现在开始慢慢去寻找这种意义。当然了，时代发生了变化，因为人们的家族意识不强了，基本上不考虑两姓的问题了。古代的婚礼在那种确定的社会关系中，以家族式存在。两姓之好包括"同姓不婚"，这样的礼仪有很多。现在随着家族观念的淡化和社会形态的变化，人们也很自然地对婚礼中这种要求不那么迫切了。两姓结合的时候，要树立一种神圣感，一种庄严感，现在看来是非常必要的。

问：其实我觉得这就是一种社会稳固的基本的元素。

答：它是社会稳固的一种黏合剂，家族、祠堂、书院、孔庙、家谱，其实都是必不可少的。以前家里的"三宝"是祠堂、家谱、牌坊，这些东西都是宗族里不可少的。现在大家都不重视这些了。一个德国的学者告诉我，他对德国人说，中国人可以找自己的祖先找到一千年前。他们说这可能吗？这是怎么做到的？在中国，别说一千年，有的都能找到两千多年，孔子的情况最典型了。实际上这就是中国的家族制度的价值和意义。

问：家族稳固是民族稳固的基础。其实这些礼仪也不是那么随随便便就确定的。

答：对。其实礼表现在方方面面，中国社会就是礼乐社会，中国的社会文化就是礼文化。所谓礼，政治、军事、经济、文化，方方面面，每个礼无不有义，都有礼之义。中国的礼仪，吉凶宾军嘉，各个方面都是非常严格的。古代的王位继承制度、宰相制度、选官制度，也是如此。比如王位继承制度，其实最早的礼，它就是要"决嫌疑"。所谓"决嫌疑"，就是有些解决不了的问题，提早规定好，比如"三纲"，君为臣纲、父为子纲、夫为妻纲。它其实本来的意义，就是预防畸变、消弭纷争。

问：礼仪如何消除争端？

答：比如说一个单位里讨论问题的时候，如果有分歧，那谁来拍板？拍板的一定是上级，古代叫君，所以"君为臣纲"。家庭里也这样，叫"父为子纲"。夫妻之间也这样，夫妻之间你说应该谁纲？"夫为妻纲"那就是以夫为纲，但这丝毫不意味着男女不平等。比如说孩子的姓氏问题，一般都跟从父亲，那如果跟从母亲行不行？很多人还不认可。为什么不认可？男女都是平等的。孩子出生了，父母都希望姓自己的姓，姥姥家和奶奶家打起来了。如果男女是完全平等的，跟谁姓都可以。那孩子最后到底姓什么？如果有了解决不了的问题，再来看"夫为妻纲"，别争了，就听父亲的。所以礼仪就有了决嫌疑、消弭纷争的意义。

拿王位继承制度来说，国君有好几个孩子，如果都是平等的，那就没法立太子了。不立太子的话，那国君死了以后，他最不愿意看到的现象就可能会出现。所以中国很早就确定了嫡长继承制度。中国由继承制度派生出来宗庙制度、分配制度、昭穆制度、宗亲制度，以后又发展出来新的形式，中国整个的社会结构就这样形成了，家和国就这样出现了。因为有了孔子学说，伟大的中华民族比世界上别的民族更和睦、更和平地共同生活了几千年。为什么是这样？孔子他把以前的文化都集中起来，后来又影响了两千多年。这些东西不一定都是孔子创造的，但是孔子希望人们能够自觉遵守这种规范，因为这种规范在孔子以前的数千年前早已经慢慢形成了，周公制礼作乐就希望能够发扬这种礼乐精神。发扬这种礼乐精神，这个社会才能稳定、和谐。所以中国礼乐文化，非常了不起。

问：中国礼学有着一个庞大的理论体系。

答：研究礼就是研究中国文化，礼就是中国文化。我们信仰上帝、信仰神、信仰一种外在的力量很容易，但是中国文化要信仰自己，信仰人本身。中国文化就是研究人性和人的价值。人的价值就是人的社会性，人的社会性就是考虑人的社会性存在。人的社会性存在就是天下之大道。天下之大道有五个方面：君臣、父子、兄弟、夫妻、朋友。父慈子孝、君仁臣忠、兄友弟恭、夫义妇听、长惠幼顺、朋友讲信，这就是天下之大道，这就是人之义。人懂得礼的义，那就知道了做人的原则。既然懂得了礼的义，那么礼之仪呢？比如家里有客人来了，我们看到后却连站都不站，那这就不是礼仪，不是尊重。长幼有序、尊卑有别，这才是积淀出来的中国文化。

再说德。比如孝悌忠信、礼义廉耻，这也是德。为什么有这种德？这种德其实恰恰是为了礼更好地施行。所以孔子说，"礼者，理也"。礼仪的"礼"就是道理的"理"。因为道理如此，我就应该这样。如果我们连父母都不尊重，那我们当了父母以后，我们也不会被尊重，是不是这样？《礼记》里关于我们中国思想这方面的论述太丰富了。"礼合于天时，设于地财，顺于鬼神，合于人心，理万物者也。"为什么有人诋毁礼？是因为他不知道礼是怎么产生的。既然礼是那个"理"，我们为什么不循礼而动？为什么不好恶有节？为什么不明理知耻呢？如果一个人知耻，那就是知智，就知道应该做一个什么样的人。大学之道就是教人做这样的人。所以从某种意义上来讲，我们大学之道就是教人明礼（理）的。包括我们提到的那些人生礼仪，它们仅仅是礼的一部分，中国文化说到底就是一种礼乐文化。

问：礼对法有促进作用。

答：礼包括法，礼是德和法的有机统一。礼的内涵非常丰富，有时候违礼和违法是一样的效果，有些违礼就是违法的。但是这个礼它又不仅包含法，不仅是法。法是冷冰冰的，中国的礼是合于天时、设于地财、顺乎鬼神、合于人心的，你必须高度自觉地遵守它。

问：的确是这样，没有哪种法律能保障法律的执行。

答：对。孔子说："人而不仁如礼何，人而不仁如乐何？""国皆有法，而无使法必行之法。"没有使法必行之法，没有哪部法律能够保证法律得到执行。

问：礼可以照顾到法律照顾不到的那一面，比如天人关系、人心关系。

问：实际上礼是凝结出来的。天人关系、人心关系、父子关系、男女关系、强弱关系，规定了礼。这些法律照顾不到。比如宴请老人，吃完饭的时候，大家都走，走是平等的；乘坐公交车时，坐是平等的，每个人都可以坐。但是我们为什么让老人先走？为什么给老人让座？孔子举行完饮酒礼之后，说"杖者出，斯出矣"。拄拐杖的老人出去以后自己才出去，这就是礼。但是它不是法，如果我抢着先出去，也不违法，但是有人会说你没教养、没礼貌，你就慢慢在社会上无法立足。在公交车上，给老人让座也许是一种道德层面上的东西，但是当它成为法律规定，这是老弱病残专席，老人上来你就得让着他。但是还有另一种情况，有些年轻人坐那里之后，年轻人不让座，老人就骂他。这种老人该不该给他让座？礼在哪里？礼是老人慈爱，只有慈爱的老人才应该得到照顾。所以说父慈子孝，君仁臣忠，它是不可分离的。我们常说"君让臣死，臣不得不死"，如果君动不动就让人死，那这个君就快不是君了。我们如果拘泥于礼节，也许到处是漏洞，但是这正如任何一个好的规定，任何一种好的制度，到了没有教养的人那里，就会漏洞百出。如果人没有教养了，什么法律也不管用。

问：您能否谈谈中国古代的外交礼仪？

答：士相见礼、聘礼、会盟礼等，都是一种外交礼仪。古代的外交礼仪其实是在周代分封制下的礼仪，"普天之下，莫非王土"。对于外交礼仪，孔子在思考什么问题？孔子在思考我们走在哪里能行得通，比如子张问行，他说"言忠信，行笃敬"。对于任何人，有些东西是不变的，有些形式的东西可能不一样，但是内涵的东西还是一样的。比如说山东人到了外地去，我们不适应其他的礼仪，外地人到山东来，也觉得山东人很烦琐，但是当他理解你想表达的内涵的时候，他就很理解你。但是我们山东人以让对方喝醉为目的的时候，他们就讨厌你了。所以礼仪也随着时代的变化而变化。以前的时候，因为家里穷，来了客人以后，好酒要让给客人喝，那个时候是尊重。现在是我先把你灌醉，我不喝，那你就不能被人接受。所以"礼，时为大"。礼随着空间和时间的变化，它的形式也要变化。不论是外交礼仪还是其他礼仪，其实都有一个共同的原则不会变。

问：那么，祭礼有哪些现代价值和意义？

答：其实我觉得祭祀之礼是礼中最重要的礼。"礼有五经，莫重于祭。"国之大事在祀与戎，我祭祀谁我就信仰谁。西方人也祭祀，做礼拜实际上就是一种祭祀，他到教堂里边就是祭祀，这种祭祀就是心灵的归宿。我们之所以祭孔子，是因为我们尊重孔子；我们之所以祭祀孔庙，是因为孔庙里边有孔子所确立的价值观念，他旁边的那些从祀都是承载者和弘扬者。我们尊重的是价值观。

中国的祭礼不光针对孔子，包括天地君亲师。如果我们的亲人不在了，我们要祭祀。到了清明节的时候，只要是尊重的人，我们都要祭祀。很多人说跪拜礼过分，很多礼仪是不应该的，鞠躬就可以。但是有人也认为，跪孔子、跪父母是很幸福的一件事，因为我尊重他们。祭祀之礼，其实就是关照心灵的。为什么古代国之大事在祀与戎，祀甚至比打仗还重要？《孙子兵法》中说："兵者，国之大事，死生之地，存亡之道，不可不察也。"战争是国之大事，而祭祀摆在战争之前，你说重要不重要。

问：您刚才说到下跪，我就想到以前的恩人，尤其是救命恩人，或者对家族有恩的人，祖祖辈辈都对人家感恩戴德。可是现在有些人救了人，而被救者及其家人竟然不敢站出来，这是一种可悲的现象。

答：对，人家凭什么冒着生命危险救你家里的人？这种人就失去了做人的原则，做人的底线。做人最重要的是什么？得懂得感恩。心中没有感动，心中没有感恩，这样的人实际上就是做人已经出现了严重的问题。爱和敬从哪儿来？感恩就是爱，我们孝敬父母就是感恩父母，离开了父母你就不能长大成人。

所有的文化实际上说到底是一样的，比如基督教有两样东西最重要，一个是博爱精神，一个是神圣观念。博爱讲究人与人之间要爱。神圣，就是我自己要敬畏自己的使命，比如我是医生，我的使命是治病救人，是神圣的；我是教师，我的使命就是教书育人，是神圣的。那我要是个清洁工呢？我是清洁工也是神圣的。所以这就是神圣观念。我觉得儒学和它正好相应。

问： 礼也是一个感恩的载体。

答： 是这样，基督教讲博爱和神圣，儒学讲仁爱和敬畏。爱和敬，在孔子看来是最重要的。比如《孔子家语·大婚解》言，"人道孰为大"？孔子说，"人道政为大"。政是什么？"爱与敬，其政之本。"爱和敬是政之本。仁爱精神是讲爱的，敬畏是讲敬的。敬畏，即畏天命，畏大人，畏圣人之言。孔子说君子有"三畏"，"三畏"就是"三敬"，敬畏天命。什么叫天命？"天命之谓性，率性之谓道，修道之谓教。"比如说这辈子我当老师了，这是我的天命，那我当老师，就应该敬畏自己的职业。而当医生呢，我也敬畏自己的职业。我要是当清洁工，那我也应该敬畏。所以我常开玩笑说，猫的天命是什么？猫的天命就是抓老鼠，狗拿耗子就是多管闲事。所以儒家讲的"畏天命，畏大人，畏圣人之言"，实际上讲的就是一个"敬"。

古代的祭祀之礼就是培养敬的。我们敬谁？敬孔子，敬畏鬼神，敬畏天地，这都是敬。这种敬和爱，它是相辅相成的。我们的孝悌观念就是培养爱和敬的。一个人有了爱，有了敬，问题就解决了。你刚才说到感恩的问题，一个人如果心中没有感恩，他肯定不会是个孝悌之人。那样的人能和他交朋友吗？当然不能。

问： 这就是说礼仪在现在来看，还是有特别重要的意义。现在大力提倡礼仪、乡村儒学，从老百姓做起，就是因为咱们需要这个。

答： 对。现在我们进行传统文化教育，那什么叫传统文化？它深层的文化是道德，道德就是我们的信仰。我们怎么做？我们在国家，忠于国家；我们在单位，忠于集体、热爱集体；我们交朋友互相尊敬；在家里孝敬父母，其实这就是道德。弘扬传统文化不就是这样做吗？实际上说到底，还是礼之仪和礼之义的关系问题。我们弘扬传统文化，我们就爱自己的国家，爱自己的民族，爱自己的单位，爱自己该爱的所有的亲人，尊敬该尊敬的人，敬畏自己的使命。所以弘扬传统文化做到这些才可以。我们现在弘扬传统文化的时候，不能功利化，不能世俗化。我们还有一些礼仪，不能表面化，要有时代的荣辱性。

（原载于《国际儒学论丛》2017 年第 2 期）

我国古代的"成人"礼仪及其现实意义

我国古代非常重视"成人"礼仪,注重发挥其在人们世界观、人生观、价值观形成中的教化功能。我们今天开展青少年人格养成教育,可以认真研究传统"成人"礼仪,借鉴其合理成分,使之实现创造性转化、创新性发展。

孔子和早期儒家学者的 "成人" 观

孔子和早期儒家学者常常提到"成人"这一概念。孔子强调"仁"。在他看来,有仁德是做人的前提,是"成人"的基本要求。懵懵懂懂的孩子是自然人,不是具有社会义务和责任意识的成人。人要"成人",就应当"仁"。所以孔子说:"仁者,人也。亲亲为大。"同时孔子认为:"君子不可以不修身;思修身,不可以不事亲;思事亲,不可以不知人。"也就是说,人之为人在于有"仁"心,脱离纯粹的自然状态,懂得"修身""亲亲""事亲"。

在孔子和早期儒家学者看来,"成人"首先是"有知识的人",即对社会有基本认知。但"成人"与"成人之行"又有所不同。一个人有了知识,具备了"成人"的基本素质,然后再接受仁义礼乐教化,才能具备"成人"的德行。孔子认为,具备"知""不欲""勇""艺"等素质,也就是说具备了聪明有智、清心寡欲、勇敢无畏、多才多艺,还不可谓"成人"。只有见到财利想到道义,见到危难勇于担当,长期困顿却不忘平生之志,这样的人方可谓"成人"。

孔子和早期儒家学者特别强调礼乐对于"成人"的教化作用,认为仅仅具有某种技能或某方面的素质，并不等于解决了"做人"的问题；没有礼的约束、乐的熏陶，人们不仅不能"成人"，还可能丧失一些原本可贵的品质。

周代 "冠礼" 与 "成人"

孔子和早期儒家学者对"成人"的认识，有着深刻的文化背景。最晚自西周开始，我国就有了比较完备的"成人"礼仪：男子行冠礼，女子行笄礼。一般说来，士人二十而冠，天子、诸侯、大夫的冠礼则相对较早。女子一般十五许嫁，许嫁则笄；如尚未许嫁，则二十而笄。

西周时期的教育体制已经比较系统。当时人们一般在八岁入小学，开始学习洒扫、应对、进退之"节"，及礼、乐、射、御、书、数之"文"。这些都是基本的知识与技能。到十五岁时，贵族子弟、民之俊秀都要入大学，由老师教之以穷理、正心、修己、治人之"道"。一个人经过十几年的学习，才能由少年而成青年，由不谙世事的孩子变成能够承担社会义务的成年人。

男子行冠礼，标志着"成人"阶段的开始。冠礼的意义在于"弃尔幼志，顺尔成德"，即抛弃孩子气，形成和巩固"成人"的德行。行冠礼之后，人们开始享有成年人的权利，并对婚姻、家庭和社会尽自己的义务和责任。因此，冠礼是对人们"成年"的认可，是人们正式步入成年人行列的标志。

礼有"礼仪"与"礼义"的双重含义，有形式与内容的区分。成为"成人"，不仅要能够行"礼仪"，还要自觉以"礼义"约束自身。《礼记·冠义》指出："凡人之所以为人者，礼义也。礼义之始，在于正容体，齐颜色，顺辞令。"也就是说，人之为人在于懂得礼义，人在成人之后应当穿着得体、行为得当、言辞和顺，不应再像顽皮的孩童一样什么都不管不顾。《礼记·冠义》又说："成人之者，将责成人礼焉也。责成人礼焉者，将责为人子、为人弟、为人臣、为人少者之礼行焉。"我国古代社会的基本伦理关系是父子、兄弟、君臣、夫妇、朋友，一个长大成年的人，应当懂得"人义"，即做人的基本要求。何谓人义？《礼记·礼运》说："父慈子孝，兄良弟悌，夫义妇听，长惠幼顺，君仁臣忠。十者谓之人义。"人年满二十，行过冠礼之后，便应认同这些人伦、实践这些"人义"。

我国古代士人行过冠礼后要依次拜见国君、大夫，受拜见的人往往会有一番教导，这对于刚刚成年的人非常有益。比如，《国语·晋语六》就记载了这样一番意味深长的话："戒之，此谓成人。成人在始与善，始与善，善进善，不善蔑由至矣；始与不善，不善进不善，善亦蔑由至矣。如草木之产也，各以其物。人之有冠，犹宫室之有墙屋也，粪除而已，又何加焉？"也就是说，刚刚成年的人要谨慎戒惧，一开始就要学习美善之道，进而吸收、增长更多的才德和学识，摒弃不善的东西；如果开始时接触的是邪恶，则会滑向善的反面。善生善，恶生恶，就像草木繁殖，都是一类一类地滋生。人们行过冠礼后，就应树立正确的人生方向，形成是非判断能力。就像宫室有墙有屋，房屋可以遮挡风雨，但还需要随时清扫；人有了正确目标，还需要继续修为，随时纠正偏失。显然，冠礼所昭示的正确人生方向十分紧要。人要"成人"向善，就应当自觉遵守社会规范，按照礼的标准行事。因此，《左传·昭公二十五年》说："礼，上下之纪、天地之经纬也，民之所以生也，是以先王尚之。故人之能自曲直以赴礼者，谓之成人。"

推动传统 "成人" 礼仪创造性转化、 创新性发展

青少年时期是道德人格养成的关键阶段，也是人生观确立的重要时期。在任何时代，青少年的人格养成教育都十分重要。古人将"成人"礼仪看作青少年人格养成教育不可缺少的一环，其中的合理成分值得我们继承和发扬。

把握传统文化中"成人"观的精髓。例如，孔子之学在很大程度上说是"仁"学，是为人之学。孔子不但围绕"仁"提出了系统的"成人"观，而且他本人就是一位不断"学之、行之、礼约之"的行动者。他的教诲、他的行为，都值得认真研究学习。90 年前，历史学家柳诒徵在《论中国近世之病源》一文中说："今日社会国家重要问题，不在信孔子不信孔子，而在成人不成人，凡彼败坏社会国家者，皆不成人者之所为也。苟欲

一反其所为，而建设新社会新国家焉，则必须先使人人知所以为人，而讲明为人之道，莫孔子之教若矣。"柳诒徵从学术角度出发，认为当时社会出现的病象正是由于传统"成人"礼仪遗失、孔子之教不行。他的这一见解，从继承和弘扬中华传统美德的必要性、重要性上来说，无疑具有一定的合理性。

在借鉴和创新中加强青少年礼仪教育。我国有着久远而丰厚的礼治传统。礼仪作为礼的形式，体现的是礼的本质意义。世界各地都有形式不一的成人礼。近年来，国内不少地方也将成人礼作为青少年教育的重要内容。传统的"成人"教育注重礼的内涵，注重通过礼仪的形式使青少年理解做人的真谛。借鉴和创新传统"成人"礼仪，开展符合时代要求和当代青少年成长实际的礼仪教育，对青少年的道德人格养成及人生观形成具有重要意义。应采取具体措施，组织力量对关乎青少年成长的礼仪教育进行深入研究。在充分酝酿论证的基础上，制订具体的规范，使成人礼等相关礼仪成为青少年人格养成教育的有机组成部分。作为成人仪式的一个重要环节，成人礼不必孤立进行，可与相关礼仪（如入学礼、成童礼等）结合进行，与相关素质教育相结合。同时，在进行青少年"成人"教育时应特别注重师德教育，使教师不但能够"授业""解惑"，而且善于"传道"，真正做到"学为人师、行为世范"。

（原载于《人民日报》2014 年 5 月 30 日）

诗教的人文价值及其当代思考

按照现代的所谓学科分类，《诗经》应当属于文学的范畴，然而，在孔子以及早期儒家那里，《诗经》却是以社会教化工具的面目出现的。在孔子及其他儒家学者心目中，作为儒家"六经"之一的《诗经》在政治管理与社会教化中可以扮演十分重要的角色，这便是不断被历代学者津津乐道的诗教。我们的研究认为，诗教的人文价值很值得认真梳理与发掘，这对于当今的经典普及教育乃至整个文化建设都具有重要的意义。

一

历代儒家所称道的孔子的"六经之教"或"六艺之教"，往往以诗教为先，这与《诗经》的特点以及孔子对《诗经》的认识有关。材料显示，孔子"施教"，首重《诗经》，《孔子家语·弟子行》记载卫将军文子问子贡曰："吾闻孔子之施教也，先之以《诗》《书》，而道之以孝悌，说之以仁义，观之以礼乐，然后成之以文德。"《大戴礼记·卫将军文子》的记载则变成："吾闻夫子之施教也，先以诗。"《孔丛子·杂训》也说："夫子之教，必始于诗、书而终于礼、乐。"

孔子"施教"，授弟子以诗，绝不仅仅止于使弟子知诗而已，也就是说，孔子的着眼点绝不单纯在知识的层面。从前面的材料来看，孔子乃是以授诗、教诗为出发点，而继之以孝悌、仁义，最后归于礼乐、文德。所以司马迁在《史记·孔子世家》中说孔子删订《诗经》的标准即是"取可施于礼义"，由此"以备王道，成六艺"，作为儒家的教科书。这正道出了孔子重视诗教的根本原因。

孔子重视诗教有广阔的历史文化背景。《诗经》在经学时代以前被称为《诗》，它的产生和流传与上古礼乐传统密切相关，换言之，《诗经》是周代社会生活和礼乐制度的产物，是周代礼乐文明的集中体现。很显然，自《诗经》产生之始，它的社会教化的意义就大于其文学意义。

诗的特征决定了它在礼乐传统文化中所应有的功能。诗，本诸性情，"其为言既易知"，"其感人又易人"，"正得失，动天地，感鬼神，莫近于诗"①。因此，《诗经》拥有《易》与《春秋》诸经所没有的艺术特质，是很好的教化载体。可以说，在中国跨入文明的门槛之时，作为古老的中华传统文化重要组成部分的礼乐文化便已发轫和形成，其教化社会人心的功能也开始发挥出来。迨至周初，随着人文理念的升腾，礼逐渐成为一个人文性特征鲜明的文明体系，具备了规范人的行为和调整人际关系的功能，"化成"着每个历史时段。② 从某种意义上说中国文化的特质就表现在礼乐文化方面。

事实上从很早的时候起，诗就被纳入礼乐教化的体系，担负起了社会教化的重任。但诗教这一概念以及真正系统人文教化意义上的诗教思想却出自孔子。《孔子家语·问玉》与《礼记·经解》都记载孔子说的"入其国，其教可知也。其为人也，温柔敦厚，诗教也"③。显然，孔子的诗教思想根源于我国的礼乐教化传统。同时，孔子作为儒家学派创始人，其诗教思想又成为后世儒家诗教思想的源头，并对人格的养成以及社会风气的改变都产生了重大影响。因此孔子的诗教主张又具有开创意义。

二

《诗经》是周代礼乐制度的产物，是我国上古礼乐文明的集中体现。作为一部乐歌总集，《诗经》的产生、结集与流传与我国古老的礼乐传统密切相关。早期儒家学者认为："先王之制礼乐也，非以极口腹耳目之欲也，将

---

① 《十三经注疏·毛诗正义·序》。
② 杨朝明：《鲁国礼乐传统研究》，《历史研究》，1955 年第 3 期。
③ 此段论述传统观点认为首见于《礼记·经解》，但是随着出土文献的发现和研究的深入，《孔子家语》一书不伪的事实逐渐被人们所认识。本文所用《孔子家语》的资料均基于《孔子家语》不伪的认识。可参看杨朝明主编的《孔子家语通解》（台北：万卷楼图书股份有限公司，2005 年）中的相关论述。

以教民平好恶而反人道之正也。"① 社会教化被认为是那个时期礼乐文化的主要职能。在我国源远流长的礼乐文化的发展过程中，人们逐渐地不再仅仅注重诗乐的娱乐功能，而是越来越看重它的治世功能，看重它在社会改良和人心教化中的重要意义。

诗与乐相伴而生。早在《诗经》产生以前，广义的诗就已经被包含在乐之中。随着礼乐教化的产生，一般意义上的诗教也已出现。诗教的源头甚至可以追溯至帝舜时期。帝舜命夔典乐教胄子，《尚书·尧典》记载说："帝曰：'夔！命汝典乐，教胄子：直而温，宽而栗，刚而无虐，简而无傲。诗言志，歌永言，声依永，律和声。八音克谐，无相夺伦，神人以和。'"夔曰："於！予击石拊石，百兽率舞。"夏商时期，学校作为专门的教育机构已经出现②，包括诗在内的礼乐是教学的主要内容，《礼记·文王世子》记载："凡三王教世子，必以礼乐。"在学校教育下，诗乐教化观念逐渐萌芽并获得发展。然而西周以前的礼乐文化还具有一定的原始宗教意味，特别是夏商两代，虽然诗乐教化已有一定程度的自觉，但还没有在根本上有意识地用以进行社会政治以及道德等方面的教育。

西周时期，以诗作为教化工具的理念已经十分清晰。根据《周礼》《礼记》等文献记载，西周统治者非常注重教化在政治统治中的作用并"设官分职"专门负责礼乐教化的具体实施。《周礼》所记述的"地官司徒"与"春官宗伯"是执掌礼乐教化的两大系统，而当时的学校教育也主要由这两大系统所统摄。西周学校有乡学（地方学校）和国学（贵族学校）之分，一般认为，这两者均属小学教育，主要由地官司徒及其属下的师氏、保氏等负责；此外，还有"成均"，即西周大学，主要由春官系统中大司乐所掌管。

在上古时期，诗、乐、舞三位一体，密不可分。西周时期的诗教还主要体现为诗乐一体的教化形态。诗乐教育的根本目的在于"德"，正如《周礼·春官宗伯·大师》明言"六诗"以"六德为之本"；而大司乐所掌的"成均"之教，虽然是"乐德""乐语""乐舞"分别施教，但《周礼·春官宗伯·大司乐》首言"乐德"；此外，《周礼》又说，瞽蒙"掌《九德》《六

---

①《礼记·乐记》。
②《孟子·滕文公上》："夏曰校，殷曰序。"

诗》之歌"，同样将诗与德并言。而这些德，大都是被后世儒家所推崇的美好德行，如根据《周礼》，"六德"即知、仁、圣、义、忠、和；"乐德"即中、和、祗、庸、孝、友。因此，具有人文意义的德是周代诗乐教化的核心内容与根本目的，同时这也表明，诗乐教化观念在西周时期已经开始产生，而且随着诗乐的逐步分化，诗教也渐露独立之势。①

三

春秋时期是我国历史上的大变革时期，礼坏乐崩，社会失序，但政治上礼乐制度的崩溃，却在很大程度上促进了诗与乐的进一步分离。孔子以前，社会上已经有独立的、并与今本《诗经》比较类似的"诗"文本存在，而诗的教育、教化功能更为人们所重视。《国语·楚语上》记载楚庄王与申叔时讨论太子的教育问题时，申叔时就曾说："教之《诗》，而为之导广显德，以耀明其志。"可见，当时贵族子弟教育中已经有了独立的《诗》的教材，并且重在以其提升道德修养，启发心志。

在那时，是否研习过《诗经》甚至成为行军选将的重要依据。如《左传·僖公二十七年》载，楚与诸侯围宋，宋求救于晋，晋拟报施、救患、取威、定霸，作三军，谋元帅，赵衰力荐郤縠，谓其"说礼乐而敦诗、书。诗、书，义之府也。礼乐，德之则也。德义，利之本也"。文公用之，最终"一战而霸"。可见，在孔子以前，诗的教化功能已受到人们的重视，这为孔子诗教的产生提供了思想基础。

春秋末年，随着礼乐制度崩溃的加剧，礼乐文化也遭到很大破坏。孔子之时已经出现了"《诗》书缺"的情形，如《史记·孔子世家》记孔子说"吾自卫返鲁，然后乐正，《雅》《颂》各得其所"。从孔子整理诗、乐这一举动来看，当时社会上流传的诗已经有必要进行整理。孔子中年时期，春秋中期以来的赋诗传统已经终结。赋诗活动不仅对诗有重要的保存、推广之功，更为重要的是，在赋诗活动中，诗作为道的载体而存在，士人的文化关怀借

---

① 本文以上内容参见杨朝明《〈周礼〉"六诗"与周代的诗乐教化》，中国诗经学会：《诗经研究丛刊》第十二辑（《第七届诗经国际学术研讨会论文集》），北京：学苑出版社，2007 年。

此得以表达和发挥，上古的礼乐精神赖此得以呈现和传扬。因此，随着赋诗活动的终结，《诗经》中所蕴含的文化关怀和礼乐精神也湮没不闻。① 礼崩乐坏的现象以及礼乐文化的形式化、工具化，引发了人们对礼乐及其教化传统的批判。如与孔子同时期的老子，他对"礼"就持一种基本否定的态度，他说："夫礼者，忠信之薄，而乱之首也。"② 虽然当时还没有形成像战国时期墨、道、法诸家群起批判的现象，但不可否认，上古以来的礼乐及其教化传统濒临中断。

有鉴于此，作为一个有强烈的道德责任感和文化使命感的学者，孔子自觉地站在了维护"周礼"的立场上，肩负起保存并传承古代礼乐传统的重任，诗教就是其最好的体现。经过孔子的整理，《诗经》成为孔门教学的基本教材之一。

在孔门教学过程中，孔子根据自己的认识对《诗》进行了重新诠释与解读，赋予《诗经》以自己的道德理念和政治观点。在古代诗乐教化传统的基础上，孔子的诗教观于是渐渐形成。他说："入其国，其教可知也。其为人也，温柔敦厚，《诗》教也。"这时，诗教概念已经被明确提出，孔子大量地引《诗经》论《诗经》，他系统、完整的诗教思想逐渐形成。后世儒家进一步继承、发展孔子诗教观，从而使得儒家诗教思想学说成为延续并发展我国礼乐传统的一个重要载体。

就像中国的礼乐文化影响春秋时期既深且广那样，诗教传统在春秋末期以来的思想家那里自然会受到格外的重视。作为春秋时期最为博学的学者和思想家，孔子对周代的教化传统可谓"情有独钟"。孔子常常引《诗经》赋《诗经》，以《诗经》作为教学的教本。

在学术界关于孔子是否"删诗"还有不同看法，依我们看，司马迁《史记·孔子世家》的记载应该是没有问题的。他说："古者《诗》三千余篇，及至孔子，去其重，取可施于礼义，上采契、后稷，中述殷、周之盛，至幽、厉之缺，始于衽席，故曰《关雎》之乱以为《风》始，《鹿鸣》为《小雅》始，《文王》为《大雅》始，《清庙》为《颂》始。三百〇五篇，孔子皆弦

---

① 俞志慧：《君子儒与诗教》，北京：三联书店，2005 年，第 131 页。
②《老子》第三十八章。

歌之，以求合《韶》《武》《雅》《颂》之音。礼乐自此可得而述，以备王道成六艺。"在此，司马迁虽然没有用"删诗"二字，但明确指出"去其重"，"去"即有"删去"之意，因此王充《论衡·正说》说"孔子删去重复，正而存三百篇"。

司马迁之后，学者们对《史记》的记载信而不疑，如班固《汉书·艺文志》说"孔子纯取周诗上采殷，下取鲁，凡三百〇五篇，遭秦而全者，以其讽诵不独在竹帛故也"。而在《汉书·叙传》中，班固则明确提出了"删诗"二字，曰："虞夏商周，孔纂其业。纂《书》删诗，缀礼正乐。"后来的《隋书·经籍志》也承袭前说，曰"孔子删诗，上采商，下取鲁，凡三百篇"。经过认真研究，尤其结合新出土文献，孔子的确曾经对他以前的诗篇进行了"删削"。

四

自《诗经》开始出现，到春秋末年孔子对其删订、整理并最终结集，无论是内容还是功能，《诗经》都产生了很大变化，人们对它的认识也不断加深。孔子继承古代礼乐文化传统，将《诗经》作为孔门教学的首要教材，这与他对《诗经》的认识密不可分。孔子的诗教思想，正是在孔子对《诗经》的认识的基础上、在孔门教学的实践中形成的。

春秋时期，人们对诗有了比较深刻的认识。如前引《左传·僖公二十七年》记赵衰之言曰："《诗》《书》，义之府也"，所谓"义之府"，指的是道义所积聚的府库，可见，在人们的认识中，《诗经》原初从属于乐所具有的典礼性、仪式性的意味已经消退，到这时已经成为体现人们自身价值与意义的判断尺度、道德及行为规范，从某种意义上，它甚至是具有重要权威性的"法典"。在会盟燕享的过程中，人们大量引《诗经》、赋《诗经》，来表达自己的情志。同时，人们也认识到《诗经》的道德培养功能，如《国语·楚语上》就说道："教之《诗》，而为之导广显德以耀明其志。"

在前人关于《诗经》的认识的基础上，孔子予以更加全面、深刻的认识。据《论语·为政》载，子曰："《诗经》三百，一言以蔽之，曰'思无邪'"。这是孔子对《诗经》的总体评价。"思无邪"出自《诗·鲁·颂·驷》

篇，原诗是咏马，"思"为语辞。何晏《论语集解》注此句引包咸语曰："归于正也。"杨伯峻先生则认为是评价《诗经》所有诗篇"思想纯正"。综观《诗经》三百篇，所载内容不一，有盛世里的赞颂诗，也有衰世里的怨诉诗。而诗所表达的感情也不同，或庄严虔诚，或欢愉乐观，或愁苦忧郁。而孔子把这一切都归于"思无邪"，即包咸所说的"归于正"，就是说《诗经》总体的思想观念是纯正的。因为无论是颂美还是怨刺，无论是君臣之义还是男女之别，孔子认为其中都蕴含着"道"与"义"。如《孔子家语·好生》记载孔子曰："小辩害义，小言破道，《关雎》兴于鸟，而君子美之，取其雄雌之有别；《鹿鸣》兴于兽，而君子大之，取其得食而相呼。若以鸟兽之名嫌之，固不可行也。"《关雎》以鸟起兴，《鹿鸣》以兽起兴，而君子不以其名"嫌之"，且"美之""大之"，孔子认为这正是因为其中蕴含着"道"与"义"，因此，孔子说不可"小辩""小言"。鸟、兽之谓尚且如此，何况其他？

孔子这方面的论述很多，《孔丛子·记义》中有一段论述十分集中，说到孔子读《诗》及《小雅》，喟然而叹曰："吾于《周南》《召南》，见周道之所以盛也。于《柏舟》，见匹夫执志之不可易也。于《淇奥》，见学之可以为君子也。于《考槃》，见遁世之士而不闷也。于《木瓜》见苞苴之礼行也。于《缁衣》，见好贤之心至也。于《鸡鸣》，见古之君子不忘其敬也。于《伐檀》，见贤者之先事后食也。于《蟋蟀》，见陶唐俭德之大也。于《下泉》，见乱世之思明君也。于《七月》，见豳公之所以造周也。于《东山》，见周公之先公而后私也。于《狼跋》，见周公之远志所以为圣也。于《鹿鸣》，见君臣之有礼也。于《彤弓》，见有功之必报也。于《羔羊》，见善政之有应也。于《节南山》，见忠臣之忧世也。于《蓼莪》，见孝子之思养也。于《楚茨》，见孝子之思祭也。于《裳裳者华》，见古之贤者世保其禄也。于《采菽》，见古之明王所以敬诸侯也。"这是孔子由诗文出发然后超出诗文而思考其教化意义的典型言论。

在孔子的认识中，《诗经》的思想观念是纯正的。这一认识为先秦儒家论《诗经》确定了基调，他们在对《诗经》的诠释与解读中都遵循这一道德理念。孔子的这一认识也成为诗教实施的必要前提。孔子"述而不作，信

that好古"①，说"周监于二代，郁郁乎文哉！吾从周"②。孔子对古代文化特别是周文化表现出极大的热情。他开学授徒，所用教材就是经他整理的《诗》《书》《礼》《乐》等"先王之书"，他认为其中蕴含着"先王之道"。孔子"悯王路废而邪道生"，从而"论次诗书，修起礼乐"③，并以之为教。后人对孔子的这一举动有深刻体察，说"圣人之言，道之常也；诸子百家之言，道之变也。故圣人之言特谓之经焉，《诗》言其志，《书》言其事，《乐》言其情，《易》言其道，《礼》言其体，《春秋》言其法。六经之教，先王之所以载道也"④。作为宗周礼乐文明最集中体现的《诗经》更是"王道"的载体。司马迁对此有深刻体察，所以他在叙述孔子整理《诗经》的目的时说"以备王道，成六艺"⑤。史迁此言，正道出了孔子对《诗经》内涵的深刻认识。

春秋末期，献诗和赋诗都已淡出历史舞台。除了宴享祭祀之类的活动还用诗为仪式外，一般只将诗用在言语上。但在孔子那里，《诗经》的功能不仅没有减弱，相反还得以扩展、强化。《论语·子路》篇记孔子说："诵《诗》三百，授之以政，不达；使于四方，不能专对虽多，亦奚以为？"《季氏》篇记孔子说："不学《诗》无以言！"《泰伯》篇记孔子说："兴于《诗》，立于礼，成于乐。"孔子之时，他虽然还是强调《诗经》的"达政""专对""言语"等功能，然而，孔子对《诗经》功能的认识，就像朱自清在《诗言志辨》中所说的那样，孔门更将它用在修身、致知、教化上。⑥

《论语·阳货》篇记孔子说："小子何莫学夫诗？诗，可以兴，可以观，可以群，可以怨。迩之事父，远之事君。多识于鸟兽草木之名。"孔子还对自己的儿子说："女为《周南》《召南》矣乎？人而不为《周南》《召南》，其犹正墙面而立也与！"这两章可以说充分体现了孔子对于《诗经》的功能的理解。"兴、观、群、怨"是孔子对《诗经》社会功能的重要概括，包含

①《论语·述而》。
②《论语·八佾》。
③《史记·儒林列传》。
④朱彝尊：《经义考》卷二百三十三引"方悫曰"。
⑤《史记·孔子世家》。
⑥朱自清：《诗言志辨》，上海：华东师范大学出版社，1996年，第22页。

了"修身"与"致知"的重要方面。"兴",朱嘉解为"感发志意"①,也就是说《诗经》可以启发人的思想、情志,进而培养、完善习《诗经》者的德性、志向,而"诗本性情,有邪有正,其为言既易知,而吟咏之间,抑扬反复,其感人又易入。故学者之初所以兴起其好善恶恶之心,而不能自已者,必于是而得之"②。所以,《诗经》又是培养人的德性、塑造完善人格的基础,故孔子言"兴于《诗》"。"《诗》可以观",是说《诗经》有认识、审察的功能。《诗经》十五国风反映了各地的风土人情,可以据此来"观风俗之盛衰"③。而且,更重要的是,人们多引《诗经》、赋《诗经》来表达自己的思想意志,因此,《诗经》可以用来观个人之志。"群",《论语集解》引孔安国注:"群居相切磋。"刘宝楠《论语正义》引焦循补疏:"案《诗》之教,温柔敦厚,学之则轻薄妒忌之习消,故可以群居相切磋。"可见,孔子认为《诗经》能够培养人的性情,沟通人与人之间的思想感情,是人们参与社会活动的必备知识。"怨",《论语集解》引孔安国注"怨刺上政"。"诗可以怨",也就是说人们可以通过诗来表达对政治与社会中不良现象的不满,起到讽喻与批评作用。

孔子所言"迩之事父,远之事君",朱熹《论语集注》解为"人伦之道,《诗》无不备,二者举重而言也"。《诗经》三百多篇,多载咏唱贤臣、孝子以及男女、朋友之诗,诵读《诗经》,自然受其教化,人伦大备。此一功能更是从修身来说的。而"多识于鸟兽草木之名"则在于"致知"。朱子注曰:"其余绪又足以资多识。"朱自清则说:"'诗'字原有'记忆''记录'之义,所以可用在致知上。"④ 至于孔子重视《周南》《召南》,正如朱熹注所说:"《周南》《召南》,《诗》首篇名,所言皆修身齐家之事。正墙面而立,言即其至近地,而一物无所见,一步不可行。"孔子对其子的这一教诲既说明了"二南"之诗的重要性,同时也道出了《诗经》对人的教化功能。

① 朱熹:《四书章句集注·论语集注》。
② 朱熹:《四书章句集注·论语集注》。
③ 何晏:《论语集解》引郑玄注。
④ 朱自清:《诗言志辨》,上海:华东师范大学出版社,1996年,第22页。

五

从周代的诗教传统到孔子的诗教思想与实践，处处洋溢着人文主义的气息。认真总结这一悠久的文化传统，给我们以深刻的历史启示；透过这一重要的文化现象，我们可以进行许多相关现实问题的思考。

第一，诗教应当遵从教育规律，按照受教育者的年龄特征进行，不能违背孩子的成长规律，否则难以收到应有的效果。

在周代的国子教育中，诗的教育是教学的重要内容。《礼记·内则》记国子为学："十有三年，学乐诵诗，舞《勺》，成童《象》，学射、御。"《礼记·王制》又载："乐正崇四术，立四教，顺先王诗、书、礼、乐以造士。春、秋教以礼、乐，冬、夏教以诗、书。"在这一完整系统的礼乐教化体系内，《诗经》被自觉地用于教育、教化。按照周代的教育制度，学生教育有"小学""大学"之分，正如朱熹《大学章句·序》的说法："《大学》之书，古之大学所以教人之法也。……人生八岁，则自王公以下，至于庶人之子弟，皆入小学，而教之以洒扫、应对、进退之节，礼、乐、射、御、书、数之文。及其十有五年，则自天子之元子、众子，以至公、卿、大夫、元士之适子，与凡民之俊秀，皆入大学，而教之以穷理、正心、修己、治人之道。"又说："此伏羲、神农、黄帝、尧、舜，所以继天立极，而司徒之职、典乐之官所由设也。三代之隆，其法浸备，然后王宫、国都以及闾巷，莫不有学。此又学校之教、大小之节所以分也。"

朱夫子的说法与古代典籍的记载是一致的。《大戴礼记·保傅》篇说："古者年八岁而出就外舍，学小艺焉，履小节焉。束发而就大学，学大艺焉，履大节焉。"所谓"束发"即束发修饰，也就是孔子所说的"束脩"。孔子之所以强调"自行束脩以上"，是因为"大学"所学为"穷理、正心、修己、治人之道"。当然，"小学""大学"之间没有截然的界分，"小学"时期所学习的是知识层面的"有什么""是什么"，但"大学"阶段会慢慢了解其中的"为什么"。正因如此，"小学"的"六艺"中有"礼"有"乐"，孔子儒家的"六艺"（即"六经"）中同样有名为"礼""乐"的典籍，两者之间存在着密切关联是不言而喻的。

从这样的道理上进行理解，《礼记·内则》国子"十有三年，学乐诵诗"，显然是在"有什么""是什么"的层面上；而《礼记·王制》"乐正……顺先王诗、书、礼、乐以造士"，显然已经是在"为什么"的层面上了。由此，我们思考当今经典普及教育中的一些做法，可以得到相应的启示。例如，如何在国家教育体系中渗入更多传统经典、人文素养的内容，避免让孩子小小年纪在课业之余增加那么多的负担；分清孩子的年龄阶段，不要不分次序，很小（有的不到十岁）就背诵《易传》等，因为"杂施而不孙，则坏乱而不修"①。

第二，诗教是"诗""教"并重，"诗"是形式，"教"是目的，形式固然重要，但却不可只强调形式而忽视内容。

可以说，孔子对《诗经》功能的认识，重点或者落脚点在于"教化"，特别是他对《诗经》"可以兴"这一功能的认识，更是对《诗经》教化功能的深刻认识与把握。诗本于性情，言语优美，具有《易》《礼》诸经所没有的艺术特质，因此，"为言既易知，感人又易入"，是实施教化的理想载体。虽然前人诗乐教化也多凭借这一特点，但孔子以其睿智，发前人所未创，提出"《诗》可以兴"的诗学功能，可谓认识极为深刻。

经过孔子的删订、整理，《诗经》成为孔门教学的六种基本教材之一。孔门"六艺"各有不同，在教学的过程中，六种教材的地位、教学方式、教学功能也有所不同。孔子教学首重《诗经》。正如前引材料中所说，"夫子之施教也，先以《诗》《书》"，"夫子之教必始于《诗》《书》"，可见，在孔子那里，《诗经》是教学的首选教材。然而，孔子教《诗经》，并不是教弟子如何作诗，不在于《诗经》的知识层面。从上述孔子对《诗经》的认识中可以看出，孔子关注的是《诗经》的道德内涵与教化功能。因此，在孔门教学中，孔子注重《诗经》对人道德培养的功用。

然而当今不少人的文学教学过于强调"艺术性"，其片面性是显而易见的。孔子不是这样，他从"仁"的思想出发，强调文质相兼的文学观，注重"思无邪"的情感适度原则，追求文学的现实教育价值。孔子提出"思无邪"的情感适度原则，解决了如何教育学生学习诗歌，如何对诗歌进行艺术

_____

① 《礼记·学记》。

观照的问题。孔子诗学观的审美原则是以理节情，既要充分书写欢乐哀怨之情，又要符合外在的道德礼仪，防止"过"与"不及"，使自己的情感达到中和、和谐的状态。而对认为淫荡过度的"郑声"，孔子则加以排斥，他认为，如果诗歌音乐有失雅乐的和正，不符合礼仪的要求，应该加以排斥。

孔子追求"乐而不淫，哀而不伤"的情感快适，正如有学者所说："艺术表现的情感应该是一种有节制的审美情感，而不是无节制的动物性情感。"① 有学者看到在宋明以后尤其清代至民国时期，很多文学、史学、哲学学者试图否定儒家诠释《诗》《易》的传统。民国时期的古史辨派集此类思潮之大成，例如，在《古史辨》第三册之中，台湾中央研究院的陈槃先生认为《关雎》只是情诗，"玩味原诗，不过是一篇抒情写相思很深刻的情诗，不应该把腐败的'德、化'等等名词去冤枉他"。② 其实，《关雎》是情诗，《易》是卜筮之书，是一个基本的常识，古代的儒者当然也知道，孔子所言"绘事后素"就是诠释言情诗的一面，但儒者不能仅仅停留在这一常识层面，儒家从情诗、从卜筮案例中通过格物致知，探讨出君子进德修业的知识体系，并加以践行，这才是其高明之处，这也是儒家经学与乡土文学、术术之学的分野之处，许多近现代学者的诠释，实际上是向常识的倒退。

（原载于《诗经研究丛刊》第 23 辑）

---

① 童庆炳：《中国古代文论的现代意义》，北京：北京师范大学出版社，2001 年，第 79 页。
② 陈槃：《周召二南与文王之化》，《古史辨》第三册，上海：上海古籍出版社，1982 年，第 424 页。

儒学：从"洙泗之域"走来

众所周知，儒学产生之前，早已经有"儒"的存在。据学者研究，甲骨文中的"需"就是原始的"儒"，在商朝的甲骨文中已经有"儒"字存在。该字字形像以水冲洗沐浴濡身之形。（徐中舒：《甲骨文中所见的儒》）"需"通"濡"，它应该就是"儒"字的本义。在汉代，有时"儒"依然写成"濡"，如汉衡方碑"少以濡术"，即以"濡"（从水需声）作为"儒"的形声字，可见东汉时人还知道"儒"的本义为濡。

孔子所创立的儒家学派与所谓"儒"有内在的联系。在从事礼仪活动如祭祖宗、事上帝时，"儒"要斋戒沐浴，致其诚敬，故《礼记·祭义》说："宫室既备，墙屋既设，夫妇斋戒沐浴，盛服逢迎而进之，其孝敬之心至也与！"《孟子·离娄下》说："虽有恶人，斋戒沐浴则可以事上帝。"《礼记·儒行》也说："儒有澡身而浴德。"澡身就是沐浴，浴德就是斋戒，澡身的同时就要浴德，否则就不足以致其诚敬。"儒"与"儒家"都有改变、教化的意义。

但"儒"与"儒家"又有区别。"儒"的斋戒沐浴，其意义主要在致其诚敬，而儒家关心的却是世道人心，关心的是社会和谐，希望天下有道，人人讲信修睦。所以，孔子对弟子子夏说："女为君子儒，无为小人儒。"所谓"君子儒"，就是孔子儒家的追求，就是"以先王之道濡其身"。"儒"与"儒家"的区别，正如冯友兰所说："儒"为"儒家"所自出，儒家之人或亦仍操儒之职业，但二者并不是一回事。孔子不是儒之创立者，但乃是儒家之创立者。（冯友兰：《原儒墨》）

周代的教育有所谓"小学"与"大学"的区别。"小学"谓之"小子之学"，"大学"称为"大人之学"。"小子之学"是教小孩子的，而"大人之学"就是"成人"教育。"小子之学"学习"洒扫、应对、进退之节，礼、乐、射、御、书、数之文"。"大人之学"教穷理正心、修己安人之道，学习修身、齐家、治国、平天下。所以《大戴礼记·保傅》称"小学"是"小艺"或"小节"，"小学"结束后"束发"而就"大学"，年龄在十五岁左右，学习"大艺"或称"大节"。此时，孩子懂事了，可以学习天地自然、社会人生的道理了。所以孔子说："自行束脩以上，吾未尝无诲也。"（《论语·述而》）孔子所教，正是"穷理正心、修己安人"的"大学"，所以到了一定年龄的孩子来学习，他都加以教诲，这正是他的"有教无类"。

从这里看，孔子"私学"与周代"官学"具有直接联系。从内容看，孔子继承了周代以来的教育传统。《礼记·王制》说："乐正崇四术、立四教，顺先王诗、书、礼、乐以造士。春秋教以礼、乐，冬、夏教以诗、书。"乐正主管国子教育，即管理贵族教育，那时的士人必须学习的课程是诗、书、礼、乐，这也是周代"大学之教"的必修科目。孔子恰恰也正是如此，他说"兴于诗，立于礼，成于乐"。（《论语·泰伯》）有人曾对孔子的学生子贡说："吾闻孔子之施教也，先之以《诗》《书》，而道之以孝悌，说之以仁义，观之以礼乐，然后成之以文德。"《史记·孔子世家》有同样的说法："孔子以诗、书、礼、乐教，弟子盖三千焉，身通六艺者七十有二人。"

这样，从孔门教学的内容，我们已经看清楚儒学的特征了。《淮南子·要略》说："孔子修成、康之道，述周公之训，以教七十子，使服其衣冠，修其篇籍，故儒者之学生焉。"《汉书·艺文志》的说法与之基本相同："儒家者流，盖出于司徒之官。助人君、顺阴阳、明教化者也。游文于六经之中，留意于仁义之际。祖述尧舜，宪章文武，宗师仲尼，以其重言，于道为最高。"都明确道出了"儒者之学"与周代官学之间的直接关联。

孔子教授生徒，希望成就弟子的"文德"，这与《淮南子》所说儒家"修成、康之道，述周公之训"一致，也与《汉书》所说"明教化"一致，都是追求"道"的实现。因此，其中"于道为最高"的概括十分准确。孔子再三强调士人一定要"志于道"（《论语·述而》，又见于《论语·里仁》），孔子自称"吾十有五而志于学"（《论语·为政》），其中的"学"就是"道"。所以《礼记·学记》有"安其学而亲其师，乐其友而信其道"

的说法，说明"学"与"道"意义相同。孔子所追求的"道"，他一以贯之的"道"，在《论语》里有明确记载，这便是曾子所说的"忠恕"（《论语·里仁》），便是孔子自称的"修己以安人"。（《论语·宪问》）

孔子逝世后，他的众弟子"散游诸侯"，按照《史记·儒林列传》的说法，他们"大者为师傅卿相，小者友教士大夫"。在弟子们的共同努力下，孔子学说被发扬光大，传播到各地。不过，在当时"天下并争于"的时代，儒术的发展毕竟受到了一定的影响，但是，儒学还是得到了一定的传播，最近二十多年来南方地区出土了大批的战国儒简就很能说明问题。尤其在齐鲁之间，儒家之学一直得到了很好的传承，其中最为突出的是齐国威王、宣王之际，"孟子、荀卿之列，咸遵夫子之业而润色之，以学显于当世"，弘扬周孔之道。

作为地理概念，"邹鲁"本指邾国、鲁国这一地区。两周时期，邾国、鲁国相邻。邾国又称邾娄、邹、驺等，战国时期为孟子所在的国家，鲁国则是孔子故国。战国时代，邾国称邹，这里受到了儒家文化的濡染，孔子的孙子子思曾到邹地讲学，特别是孟子迁邹后，这里名声日隆，具有了浓重的儒学氛围，邹穆公也接受孟子的劝说施行仁政。这时期，孟子四处奔走，宣传自己的思想主张，例如孟子在齐国时，"后车数十乘，从者数百人，以传食于诸侯"（《孟子·滕文公下》），可谓浩浩荡荡，场面宏大。孟子以前，邹、鲁连称，一般仅是因土地相接。以后，因为孟子的巨大影响，在儒家学术文化的角度，人们不仅将"邹""鲁"相提并论，而且还把"邹"放在"鲁"的前面而称为"邹鲁"。（参见杨朝明：《邾鲁关系·邾国文化·邹鲁文化》）

从史籍看，人们将"邹""鲁"连称，都是从"明礼""好儒"的角度来说的。庄子如此，后人许多都是这样。庄子所说"邹鲁之士、缙绅先生"多能明白的"内圣外王之道"恰是"孔孟之道"的精髓。司马迁《史记·货殖列传》说："邹鲁滨洙泗，犹有周公遗风，俗好儒，备于礼，故其民龊龊。颇有桑麻之业，无林泽之饶。地小人众，俭啬，畏罪远邪。"他的描述大致概括了邹鲁文化的基本特征或品格。在儒家文化的熏染下，邹鲁之地好儒重礼，民风淳朴。在这里，百姓们安居乐业，恭谨礼让，简朴本分。

洙泗之域的邹鲁文化，在儒生的宣传之下，影响很远很大。据《史记·孔子世家》记载，西汉建立时，汉高祖刘邦围攻鲁国，他见到的情形就很能说明问题："及高皇帝诛项籍，举兵围鲁，鲁中诸儒尚讲诵习礼乐，弦歌之音不绝，岂非圣人之遗化，好礼乐之国哉?"西汉中期，太史公司马迁至鲁时，他观看孔子庙堂车服礼器，鲁地诸生依然"以时习礼其家"。后来，汉武帝"独尊儒术"，从"洙泗"之域走来的儒学成了中国传统社会的主流思想学说。

（原载于《文化大观》2016 年第 3 期）

"学以成人"与"学成大人"

哲学因追求真理和启发智慧而魅力无穷，中国儒学关于人性与人的价值的追问与探究，本质就是这样的哲学。世界哲学大会以"学以成人"作为主题，是让世界一起探究"元知识""元理学"的最佳选择。对这一主题"充满争议"，说明需要更好地思考它。

中国 "人学" 是大智慧

了解中国"人学"形成的过程，就不会以为"学以成人"的色彩仅属于儒家，也不会以为这是让世界哲学家"为儒家站台"。早期儒家的思考背景广阔、根基厚实。龙山时代中国礼制已经形成，以后才出现了尧、舜、禹，然后是"殷因于夏礼""周因于殷礼"，在因革损益中，"郁郁乎文哉"的周礼得以形成。

孔子和那时的人们明明白白地说"礼也者，理也"，"礼也者，合于天时，设于地财，顺于鬼神，合于人心，理万物者也"。人要遵道而行、循理而动，是因为"礼"涵摄了天、地、群、己不同的维度，在"人心"与"道心"之间"允执厥中"。人之为人，必须区别于禽兽，必须遵循礼的规则。

从 "小子" 到 "成人"

人有"人"的内涵才是"成人"。"成人"首先是年龄概念，人的学习与成长是社会道德内涵的不断扩充。儒家强调"人"与"禽兽"的区别，无非是讲人具有社会性，具有道德属性。

古代八岁而入小学，学习洒扫、应对、进退之节，学习礼、乐、射、御、书、数等知识。到十五岁，贵族子弟、民之俊秀，都要入大学，学习穷理、正心、修己、治人之道。经过学习，一个不谙世事的孩子，变成承担社会义务的成年人。行冠礼之后，开始享有成年人的权利，开始对婚姻、家庭和社会尽责任。

礼的形式与内容就是"礼仪"与"礼义"。人而成人，就应当认同社会伦理与行为准则，自觉以礼约束自身。中国社会的基本伦理在父子、兄弟、君臣、夫妇、朋友关系，孔子说："父慈子孝，兄良弟悌，夫义妇听，长惠幼顺，君仁臣忠。十者谓之人义。"人至成年，就应认同这些基本的人伦，在社会生活中具体践行。

"成人" 就是 "成德"

人的成长离不开成人之教，成人之教关键在于明礼、正心。人了解社会、人生，了解天地自然，才可以更好地端正人心。修、齐、治、平以修身为基础，首先是做人的问题。"小子之学"学"小艺""小节"，"大学"所学则是"大艺""大节"。

孔子之教乃"成德"之教。孔子说："自行束脩以上，吾未尝无诲也。"有人说"束脩"乃指学费，其实不然。孔子是说十五岁以上的孩子来学，则没有不加以教诲的。《孔子家语》记："孔子之施教也，先之以《诗》《书》，而道之以孝悌，说之以仁义，观之以礼乐，然后成之以文德。"孔子教学的顺序、重点、形式、手段、目标，说得清楚明白。孔子弟子"入室升堂"，所学都是如此。

成人在于成德。《左传》说："人之能自曲直以赴礼者，谓之成人。"成人能修正自身，分辨是非，随时纠正自己的行为。自觉遵守道德标准和行为规范，才是合格的社会成员。孔子的理想是"天下为公"，是说天下之人都具有公德意识、公共意识。儒家智慧聚焦教人"入德"，以"成德"作为中心。

一个 "学" 字学问大

中国儒家非常重视"学"。"学"可以指学习，也可以指道术、学术，"学以成人"可理解为"使人更好地为人"。正如举行成人礼只是让人成为"更健全的人"，不能以为谈"成人"就是预设了"人本非人"。

人文学术在于"化成天下"，人们追求真理、寻找智慧，目的肯定与之相近。古代"大学之教"开始于十五岁，孔子也说自己"十有五而志于学"。《学记》说"安其学而亲其师，乐其友而信其道"，"安其学"与"信其道"，"道"与"学"意义相通。《论语》等多有"志于道"的句子，与"志于学"完全相同。

"学而时习之"的"学"，应与《庄子·天下》篇"百家之学"的"学"相同；《论语》开篇孔子所说是"信念及其坚定"的问题，孔子渴望理想实现，说"朝闻道，夕死可也"，在他看来，如果学说被社会采用，不是令人喜悦吗？如果社会不理解，但有赞同的人来与自己交流，不也令人高兴吗？再退一步，所有的人都不理解自己，也不气馁恼怒，这不是信念坚定的君子吗？

当今社会最需要的，就是这样的学术、这样的君子！

社会需要 "大人" 引领

"君子"与"大人"内涵相近，指明是非、知荣辱、能引领、敢担当、有格局的人。"学以成人"就是"学以成德"，在更高的要求上，则是"学成大人"。

作为有境界的社会引领者，"君子"（或"大人"）在"尊贵者"与"高尚者"之间建立了连接。"君子"是地位高的人，是对统治者和贵族男子的通称，在道德意义上指人格高尚的人。因为责任大，所以要求高；既然地位尊贵，就该品格高尚。庶人平民要修身守礼，为政者更应严于律己。这是中国管理哲学的精髓。

在传统文化中，君子是人格养成的目标、政治品格的境界、为人处世的风范。"君子"是社会引领者、示范者，有时则成为"社会精英"的代名词，故有"君子之德风""君子喻于义""中人以上，可以语上也""恺悌君子，民之父母"等说法。内心充盈饱满，胸怀坦荡宽广，做事睿智机敏，待人谦虚有礼，言则忠信，行则笃敬，这就是理想的君子人格了。

"君子"内涵丰富，孔子说"君子怀德"和"君子怀刑"，二者相互呼应。"刑"与"型"相通，即法式、榜样、典范。中国古代注重"刑百官"，"刑百官"就是"正百官"，为百官树立标准、确立模范，对百官救偏补弊、端正行为。对一般民众，"君子怀刑"要求明理修身，循道而行。

总之，我相信将中国哲学思想贡献给世界，世界会更加和谐美好！

（原载于《人民政协报》2018 年 9 月 5 日）

你知道儒学的巨大内力吗？

最近在微信上看了刘亚洲先生的文章《美国的真正可怕之处在哪儿》，感慨良多，于是不由得想到许多问题，比如："中国的真正'可怕之处'在哪儿？""中国最让人忧虑的是什么？"

作为中国传统文化的重要组成部分，儒家思想曾经深刻地影响了中华民族几千年。随着封建制度的消亡，儒家的思想曾经被简单粗暴地认为是封建的残余、文化的糟粕，在当下，儒学依然被偏狭地、错误地理解着、认识着，许多人还浑然不知儒学与中国传统文化的"博大精深"。别看很多人对"修齐治平"夸夸其谈，其实他很可能是"习焉不察""莫名其妙"的。有人甚至厌恶、鄙视孔子与儒学，"外行人"是不会也不可能理解和明白的。于是，有人摸不着头脑地发出疑问：为啥竟然重视起孔子儒学来了？还有人以为：中国已无路可走，又回到封建时代。也许有这样的认识并不可怕，最可怕的恐怕是一些自认为"内行"的人，他们一般往往只见树木不见森林，只见皮相不见本质。借用他人的一句话：当今时代，儒学成了办公大楼，在名目繁多的科室里，只见伏案办公的职员，难得见到几个真正的儒学家。

因此，我们想到作为"中国传统文化主干"的孔子思想与儒学，想到儒学的内在气质与功用。

儒学与人才的培养和管理

儒学是什么？儒学是"修己安人"之学，儒学之道在于"忠恕"。不错，这都对。那么，作为治世之学，儒学怎样做到"治国平天下"呢？

第一，儒学是"大人之学"。儒学一开始就是致力于培养精英分子的，让这些精英分子作为社会的管理者，作为社会的中坚力量。"大学"教育是"成人"教育，"大人"之学是"成人"之学。"成人"不是成年，"大人"，不是年龄概念。"大人"，必须是士人与君子，是需要"劳心"的人。在中国传统社会里，被称为"大人"是一种尊重，与"小人"就有不同。境界更高的人则是"贤人"与"圣人"。古代教育，是"造士"，价值观是"先王诗、书、礼、乐"。因为"诗、书、礼、乐"是"义之府"，是"德之则"。

第二，孔子早就看到天下"有道"与"无道"决定于"干部队伍"，关键在于为政治国的人。孔子儒家极重视"干部"的管理。孔子说得明确，"冢宰之官以成道"，管理干部的机构或主管部门必须尽职尽责，出了问题，他们要负责，"官属不理，分职不明，法政不一，百事失纪曰乱，乱则饬冢宰"。社会风气是党风、政风的晴雨表，社会风俗出了问题，一定是官风出了问题，这时就要"饬冢宰"，整顿吏治。

第三，孔子所办的教育是培养为政者。他本人从事教育而不去为政，别人还质疑他，孔子认为，以孝悌之道"施于有政"也是"为政"，因为人懂得了孝悌，就不会犯上作乱。人才培养的目标、培养的途径，决定了"德"的重要性。他希望人们德位相配，"责任大"的人"要求高"，"尊贵的人"应该是"高尚的人"，他希望受尊重的人值得尊重。

第四，不是所有的人都能教育好，所以你要特别注意对"中人以上"的人"语上"，使那些"志于道"的人去影响与引领社会，让"君子怀刑（型）"。不是所有的人都需要"喻于义"。"富与贵"是人人都向往的，很多人天生就追求"利"。不是说"君子之德风"吗？

第五，与周代的"造士"类似，唐代以来实行科举制度，从而培养了一批又一批的社会精英分子，他们是有脑子、有思想的人，他们有位置、会决策，是他们维系了全社会的文化生态。这样的人会不犯错误、少犯错误，一般不会犯大的、致命的错误。

中国文化的大气与包容

中国文化有包容的气度。2013年11月26日，在孔子研究院举行座谈会时，习近平总书记曾经谈到，有的外国元首看长城时，觉得中国人是爱和平的，不进攻侵略，而是防守自己的家园。我认为长城还象征凝聚力。外来的东西，进来后也变成内生的东西；中华民族是融合的，一定要把外来的本土化。佛教也是外来的，变成我们本土的了。

说到文化的大气与包容，很容易让人联想到联合国教科文组织总部大楼前石碑上的那句话："战争起源于人之思想，故务需于人之思想中筑起保卫和平之屏障。"站在世界文明与国际关系的高度，习近平总书记多次讲到"思想"对世界和平与发展的意义，指出中国传统文化中爱好和平的思想一直是中国处理国际关系的基本理念，这完全符合中国文化的实际。

中华文明的包容性特征很早便形成了。春秋时期就有人说"和实生物，同则不继"，孔子儒家集古代文化之大成，形成了"和而不同"的优秀品质，虽不苟同，但相互尊重，和平共处。只要秉持平等、谦虚的态度，了解各种文明的真谛，就能具有包容精神，实现文明和谐，就能像习近平总书记所说，世界哪里还有什么"文明冲突"？

中国先人早就看到"人心惟危"，人不能"好恶无节"，而应明理修身，推衍亲情，放大善性，"允执厥中"。孔子便说："凡夫之为奸邪、窃盗、靡法、妄行者，生于不足，不足生于无度。"又说："人藏其心，不可测度，美、恶皆在其心，不见其色。"既然"有度"与"无度"全在"人之思想"，那么，中华文明"以礼制中"的意义便不言而喻。

刘亚洲先生说：健身是一种品质。健身代表一种蓬勃向上的文化。一个国家有没有朝气，看看它有多少人健身就知道了。我还要加上一句：这个健身的群体也很值得分析，年轻人都累，人人都喊"压力大"，许多人在唱"鸭梨大"，要等到退休后才有机会、有时间健身，就可怕了。

精神与道德的伟大力量

儒学培育的士大夫精神，是"士不可不弘毅"，"人能弘道，非道弘人"，"志士仁人，有杀身以成仁，无求生以害人"。这种精神是"中国的脊梁"。

刘亚洲先生用这样的故事说明美国人的力量：世贸大楼顶部被飞机撞

击之后，烈焰奔腾，形势千钧一发。楼上的人们通过"EXIT"向下逃生的时候，并不特别慌乱。人往下走，消防队员往上冲，互相让道，并不冲突。有妇女、小孩、盲人时，人们都自动地让出一条道来，让他们先走，甚至还给一条宠物小狗让道。一个民族的精神不强悍到一定的程度，断然做不出这种举动。面对死亡，冷静如斯，恐怕不是圣人也接近圣人了吧。

我想到培育了孔子思想与儒家之学的鲁国。鲁国以周礼为立国之本，受到根深蒂固的礼乐传统影响，上至贵族，下至平民，都要以礼为安身之本，以义为准则，连相邻的齐国也有这样的价值取向。

鲁国庆父之乱时，齐欲伐鲁，有人看到鲁国"犹秉周礼"，认为"鲁不弃周礼，未可动也"。还有一次，齐人伐鲁，见一妇人带着两个孩子，开始时抱小而挈大，大军将要到跟前时，反而抱大而挈小。当问及时，妇人说："大者，妾夫兄之子；小者，妾之子。夫兄子，公义也；妾之子，私爱也。宁济公而废私耶。"齐国从而罢军，他们认为："鲁未可攻也，匹夫之义尚如此，何况朝廷之臣乎？"

西汉前期的许多人可能都不会忘记他们最初征服鲁地时的情形。司马迁在《史记·儒林列传》中有明确记录："及高皇帝诛项籍，举兵围鲁，鲁中诸儒尚讲诵、习礼乐，弦歌之音不绝。"他十分感慨："岂非圣人之遗化，好礼乐之国哉？"司马迁意味深长地继续说："夫齐鲁之间于文学，自古以来，其天性也。故汉兴，然后诸儒始得修其经艺，讲习大射乡饮之礼。"儒学"经艺"之本质意义可见一斑。

刘亚洲先生还讲了一个故事，由此慨叹美国的"民主"，称赞"民主的理念已经深入到美国人的生命中、血液里、骨髓中"。他讲到，在美国宾夕法尼亚坠毁的那架767客机，本来是要撞向白宫的，后来由于机上乘客与恐怖分子的搏斗，才使飞机坠毁。因为当时他们已经知道世贸大楼、五角大楼被撞的消息，所以决定要和恐怖分子进行殊死斗争。即便是在这种情况下，他们还做了一件事：决定投票通过是不是要和恐怖分子做斗争。后来经全体同意，才去与劫机者搏斗。

我想象不出，在这危急的时候，他们经历了怎样的程序，最终进行投票的。但是，我们应该知道中国礼文化本来是因为"弭争"与"济变"而产生，《礼记》说得很明确："礼所以决嫌疑，定犹豫，别同异，明是非也。"或者说，礼天生就是为消弭纷争而来。

中国有一个词语叫"礼义"。"礼"与"义"相亲相爱，密不可分。古人都知道：礼者，理也；义者，宜也。当是非明确、大义当前时，中国讲的是"义以为上""舍生取义"，勇于担当。例如，不论孩子掉到井里，还是嫂子掉到水里，救与不救这样的问题孟子时代早就讨论清楚了，用不着什么时候都要投票。连英国人都知道，"伟大的中华民族比世界上别的民族更和睦、更和平地共同生活了几千年"，这不是投票投出来的。

可惜的是，我们对美国以及西方的一举一动都密切关注、表示惊艳，却不知道或者忘却了自己几千年前、几千年来的美德！有西方学者感慨：当今一个昌盛、成功的社会，在很大程度上仍然立足于孔子所确立和阐述的很多价值观念。

关于近代以来民族精神的丧失，有学者早已经警告过我们。例如，梁漱溟先生说："中国人对于西方化的输入，态度逐渐变迁，东方化对于西方化步步的退让，西方化对于东方化的节节斩伐！到了最后的问题是已将枝叶去掉，要向咽喉去着刀，而将中国化根本打倒！"牟宗三先生说："打败我们文化的是我们自己代人行事，自己起来否定的。这就叫作自失信心，自丧灵魂，此之谓'自败'，这种败才算是一败涂地。"

当一个民族丧失文化自信时，那才是这个民族真正的悲哀。习近平总书记强调"文化自信"，其深意正在于此！他说："中国特色社会主义道路自信、理论自信、制度自信，说到底是要坚定文化自信。文化自信是更基本、更深沉、更持久的力量。历史和现实都表明，一个抛弃了或者背叛了自己历史文化的民族，不仅不可能发展起来，而且很可能上演一场历史悲剧。"这话不是危言耸听！

习近平总书记还说"要讲好中国的故事"，这与"坚定文化自信"一样，都不是一句空话！我们最想说，我们思考中华民族怎样兴盛、如何崛起，是不是该更多地讲好我泱泱华夏自己的美好故事，找回我中华民族曾有的美好记忆？

（原载于《文化大观》2016 年第 7 期）

儒学的包容特征与世界文明的和谐

2014 年 3 月 27 日，习近平主席在巴黎联合国教科文组织总部发表演讲，提出了世界"文明和谐论"，这是中国关于世界文明关系的最新表达。习主席的演讲高瞻远瞩、气势恢宏、掷地有声，它明显高于"文明冲突论"，也包含了既有的"文明对话论"，业已引起国际社会的广泛关注和一致好评。

文明是包容的

在演讲中，习主席提出文明交流互鉴的态度和原则：第一，文明是多彩的；第二，文明是平等的；第三，文明是包容的。文明多彩是认识前提，文明平等是基本态度，文明包容使人类文明不断发展和进步。只有承认并充分尊重文明的多样性，看到不同文明之间的多姿多彩，才有可能尊重其他文明，从而平等对话，互相交流；才有可能参透其他文明的奥妙，消除独尊、歧视、排它心理，避免无知、傲慢和偏见，进而求同存异，互相涵摄，和谐相处，共同前行。

习近平主席的论述基于中国文化发展的历史经验，体现了中国传统文化的伟大智慧。习近平主席 2013 年 11 月 26 日视察孔子研究院时谈到：有的外国元首看长城，就能联想到中国文化的特点在于热爱和平，不进攻侵略，而是防守自己的家园。习主席说，长城还象征包容与凝聚力，外来的东西，进来后也变成内生的东西。中华民族就是不少民族共同融合形成的，中国常把外来文化本土化。这样的例证不胜枚举，佛教中国化就是如此。

"和实生物，同则不继"

中华文明的包容性特征很早便形成了。春秋时期就有人说"和实生物，同则不继"（《国语·郑语》），孔子儒家集古代文化之大成，形成了"和而不同"的优秀品质，虽不苟同，但相互尊重，和平共处。只要秉持平等、谦虚的态度，了解各种文明的真谛，就能具有包容精神，实现文明和谐，就能像习主席所说，哪里还有什么"文明冲突"？

在教科文组织总部大楼前的石碑上，用多种文字镌刻着这样一句话："战争起源于人之思想，故务需于人之思想中筑起保卫和平之屏障。"当今世界充斥着野性的制裁与报复，法西斯阴影和战争幽灵挥之不去。在这种国际背景下，习近平主席的演讲更加具有现实意义，更加能够振聋发聩，引起正义人士共鸣。中国先人早就看到"人心惟危"，人不能"好恶无节"，而应明理修身，推衍亲情，放大善性，"允执厥中"。孔子便说："凡夫之为奸邪、窃盗、靡法、妄行者，生于不足，不足生于无度。"又说："人藏其心，不可测度，美、恶皆在其心，不见其色。"既然"有度"与"无度"全在"人之思想"，那么，中华文明"以礼制中"的意义便不言而喻。

孔子是世界公认的与苏格拉底、柏拉图、释迦牟尼等齐名的伟大思想家，主张"文明冲突论"的美国学者亨廷顿也把孔子所创立的儒家文明作为与基督教文明、伊斯兰文明等相对应的基本人类文明。儒家文明的特质决定了世界应更多理解和认识儒家文明。英国作家贡布里希说：在孔子学说的影响下，"中华民族比世界上别的民族更和睦、更和平地共同生活了几千年"。孔子提出的方法是简单的，不管你是否喜欢它，但"其中却蕴含着比人们第一眼所看到的更多的智慧"。1989 年，联合国教科文卫生组织干事泰勒博士说："如果人们思索一下孔子的思想对当今世界的意义，人们很快就会发现……当今一个昌盛、成功的社会，在很大程度上仍然立足于孔子所确立和阐述的很多价值观念。"

天人合一，民胞物与

　　儒家主张天人合一，民胞物与，它启示我们与自然和谐相处，呵护珍惜、合理利用有限的资源。儒家提倡以人为本，仁者爱人，这种宝贵理念可以应对科学主义、消费主义带来的人的异化，纾解现代人的焦虑与困惑。儒学关注人的生命价值，提升人的道德境界，当我们把内心深处的爱从自己的亲人向外扩展、推广，使爱心弥漫开来时，爱将充满世界，人类将会减少很多的对抗和冲突！

　　儒家文明倡导和谐，强调包容。世界本来就丰富多彩，人类的文化也多元共存。单一音符奏不出悦耳动听的音乐，单一色彩绘不成赏心悦目的图画，单一文化和宗教也将使世界变得单调乏味。经济的全球化绝不意味着文化的一体化、同质化。因此，学会尊重，学会对话，拒绝冲突，放弃对抗，不同宗教信仰、不同文化背景的人相互交流、互利共赢，世界才会更美好，更富有生机！

　　中华传统文明的生命力在于主张与时偕行，在新的时代，古老的儒学也将立足人类所面临的问题，与世界所有优秀思想相互学习，以丰富、完善自我，焕发出无穷的生机。今天，地球变得越来越小，人类命运越来越荣辱与共、风雨同舟，在"即凡而圣"的孔子那里，在历久弥新的儒家思想中，会得到缓解现代危机的启迪，获得走出困境的灵感。

　　从元典时代走来的孔子儒学，是此后两千多年中华文明的"源头活水"。许多贤达俊彦意识到，人们应该放下现代人的虚骄和狂妄，平心静气、抱着温情与敬意，去回望遥远的古代贤哲——不管是孔子，还是苏格拉底，不管是佛陀，还是耶稣——这些人类思维范式的奠定者，总会毫不吝啬地回馈给我们智慧的灵光。对于中国，以孔子儒学为代表的优秀传统文化，也是新文化、新思想的肥沃土壤和不竭源泉。对于整个世界，儒家文明在与异质文化和思想的交流中，十分有助于全球化时代多元文化的良性发展。

（原载于《大众日报》2014年5月20日）

162

下篇

中华文化的当代思考

为中华文明确认世界坐标

中国曾经闭关锁国，在世界上被边缘化；而今，在世界舞台的坐标轴上，在全球政治经济的定位系统里，中国靠近了中心。当我们在全球政治经济系统中定位和确立发展坐标的时候，必须看到并继续书写中国文化的变化。政治、经济是文明土壤孕育的花果。当下，中国正逐步成长为世界经济的重要"动力源"和"稳定锚"。由中华文明自身的特质可知，中华民族也将成为世界文化的"定心丸"与"稳定剂"。然而，包括许多研究者在内的国人，对我们自身文明的认识还比较模糊，所以怀着更多的敬意与温情，走进我们自身的文化世界还是非常有必要的。

中华文明的高度与深度

今人认知世界文明时，多提及德国哲学家雅斯贝斯的"轴心期"概念。该概念认为公元前 8 世纪至公元前 2 世纪，尤其是公元前 6 世纪至公元前 3 世纪间，是人类文明的"轴心时代"。在这个时代里，各个文明都出现了伟大的精神导师，古希腊有苏格拉底、柏拉图、亚里士多德，以色列有犹太教的先知们，古印度有释迦牟尼，中国有孔子、老子……他们提出的思想原则塑造了不同的文化传统，也一直影响着人类的生活。

中国在春秋战国时期，进入了社会发展的特殊阶段。对于先秦诸子"百家争鸣"，人们普遍认为是中国思想与中国智慧的繁荣与高峰，但我们需要知道的是，它远不是中华文明的初期，也不是所谓中华文明的"形成期"。实际上，雅斯贝斯的所谓"轴心时代"理论，并没有关注中华文明在诸子时代以前的漫长发展，没有注意中国许多思想家为什么那样尊崇古代

"先王"。

　　近40年来，学术研究的重要进展与考古材料的惊人发现都一再证实，尧舜以来尤其夏、商、周三代时期，中华文明已经历了漫长的发展历程，有较高的发展水准。走在学术前沿的学者其实早已经看清楚这一点。20世纪80年代，李学勤先生就呼吁人们"走出疑古时代"，"重新估价中国古代文明"。其实，无论是3000多年前甲骨文这一完备的文字形态、5000多年前良渚文化精美的玉器，还是8000年前舞阳贾湖遗址中的骨柄笛，都一次次地冲击了我们的固有思维，使我们重新认识古代文明的发展水平，理解我国先民的深邃智慧和文化创造，再也不能对上古典籍中那些丰富的记载视而不见！

　　人们意识到，"百家争鸣"其实是对历史文化的继承、总结与反思，诸子思想的形成有广阔的文化背景。夏、商、周三代已经是"有道"时期，已经是中国文化形成与确立的时期，只是到了春秋末年却变得"天下无道""礼坏乐崩"。如果孔孟老庄的年代是我们民族文明的初创期，那么中华文明、儒道学说的"价值"或"超越意义"就会打很多折扣。而事实是，在雅斯贝斯所说的世界文明的"轴心期"之前，中华文明就已经有了漫长的发展历程，有了丰厚的文化积淀，有着自身深沉的精神凝结与创造。

　　中国的先民们认知世界，以天地为师，着眼古往今来，关注四方上下。"往古来今谓之宙，四方上下谓之宇"（《文子·自然》），在中华文化的早期典籍中，"天下""万方""四海"之词十分常见，这源于中华文明的天下观、世界观、整体观和系统论。在与世界的互动中，他们深刻理解"天道成而必变""道弥益而身弥损"之类的道理，讲究注焉不满、酌焉不竭、当位而行、允执厥中。

　　看清中华文明的绵延之路，再探悉中华文明的深远辽阔，就会看到这样一个一定会越来越清晰的事实：早在孔子以前数千年的"三代之明王"时期，中华文明就已经为人类确认了坐标。中华"先哲""先王"站在人类发展的中心点，思考"人心"与"道心"的关系，为人类谋福祉，系统而完备。如果更多地走近中国早期文明，更多地了解中华文明，看到它的高度，了解它的深度，那么，中华民族的伟大复兴梦，就不仅是嘹亮的呼唤，更是前进的动力。

从文化自知到文化自信

孔子儒学的时空维度

孔子所创立的儒学是中国思想文化的代表，儒家文化是中国传统文化的主干。历代儒家之所以"宗师仲尼"，其实是内在地决定于孔子学说本身，决定于孔子学说的特性与特质。

孔子的思想学说不像世间有的智者那样依靠"面壁"或"顿悟"而来，也不是受到了哪个神灵的启示。孔子自幼好学，他的"好学"成就了他的"博学"。《礼记·中庸》中说孔子"祖述尧舜，宪章文武"，孔子也自称"述而不作，信而好古"（《论语·述而》），那么，我们必须思考什么是"祖述"与"宪章"，并理解孔子何以"好古"？为何"不作"？显然，孔子的"思想高峰"立于三代的"文化高地"，所以柳诒徵先生认为"自孔子以前数千年之文化，赖孔子而传"（《中国文化史·孔子》），梁漱溟先生在《东西文化及其哲学》中说"孔子以前的中国文化差不多都收在孔子手里"。

我们不妨思考孔子儒家思想的"时空维度"。孔子考虑的不是"一时一地"的问题，他考虑的包含了"天地之美""万物之理""古人之全"，所以，《庄子》中才称"内圣外王之道"是"道术"而不是"方术"。可是，我们想到孔子，往往首先浮现的是孔子栖栖惶惶、到处奔走的身影，往往是他驾着马车"周游列国"的形象。

看起来，孔子为政没有成功，但他清楚"穷达以时"的道理。孔子信念坚定，也有充分的自信。孔子初仕，为中都宰，"行之一年，而西方之诸侯则焉"（《孔子家语》）。他治理中都仅仅一年时间，便成为样板，各地诸侯纷纷效仿学习。鲁国国君问孔子："用你治理中都的办法治理鲁国，怎么样？"孔子对曰："虽天下可乎，何但鲁国而已哉！"（《孔子家语》）孔子相信自己的为政方略有广泛的适用性。

孔子的自信源自他对礼乐本质的把握，源自他对人性和人的价值的思考，所以，有弟子问他"十世"以后的治世之道是否可知，孔子回答，别说"十世"，即使"百世"也可以知道。孔子认为："殷因于夏礼，所损益，可知也；周因于殷礼，所损益，可知也。其或继周者，虽百世，可知也。"（《论语·为政》）人组成社会，成为社会的人，就必须明礼义。社会治理的根本，无非就是人心的端正，无非就是在人们的心中筑起道德的堤防。夏、商、周三代，礼的形式随着时代的变化而发生了"损益"，但礼的根本精神永远不会变，这就是人人都应该按照个人的社会角色做好自己。

由"中都"而"鲁国"而"天下"，由"三代"而"十世"而"百世"，显示的正是孔子思维的"时空维度"，他思想的高度与宏阔由此可见一斑。孔子倡言"内圣外王之道"，主张推己及人、修己安人、明德亲民。他思考如何立身处世的问题时，往往从根本上着眼，从简单处着手。

弟子请教孔子有没有一个字可以终身奉行，孔子认为这个字应该就是"恕"，并且解释所谓"恕"就是"己所不欲，勿施于人"。子张请教"行"，问如何才能使自己无论到哪里都能通达，孔子认为应当"言忠信，行笃敬"，即说话忠诚守信，行事庄重严肃。人如果时刻牢记将"忠信""笃敬"装在心中，并用之指导自己的行动，即使走到与自己文化不同的"蛮貊之邦"，也一样顺畅通达。

中华文明的精神气象

每一种文明都有它的精神气象，中华文明最为突出的精神气象莫过于它的"王者之风"。中华文化追求以王道行天下，孔子继承发扬三代文化传统，而王道政治是孔子心中的理想政治。

孔子常谈"王天下之言"，谈以"道"治国才能"致霸王"；孟子则言及"王""霸"之别。霸道，靠的是兵甲之力，使人被动屈服，埋下隐患，自食恶果。王道，以德行仁，人们主动臣服，心悦诚服。《孔子家语》有《王言》篇，记述孔子的王道言论。孔子思考"王天下之道"，希望听"王天下之言"。

王者气象使得中华文明有着多姿多元而又贯通如一的气质禀赋。中华文明崇尚礼让，故许多矛盾不解自消。内心有王者情怀，才会能让则让，让于可让，同时还会在原则面前当仁不让，正如今天在走近世界舞台中心的过程中，中国绝不以牺牲本国利益为代价。在风云变幻、纷争逐利之中，立足长远，谋划全局，正是中华文明气象的时代彰表。

中华文化气象使中国主流价值追求清晰而坚定。中国者，执中而立于天下，安定四海，天下大同。王者的终极追求是什么？是仁、义、礼、智根于心、见于面、盎于背、施于四体。当内在的美德丰厚盈溢之时，光辉灿然的生命就巍然耸立。

在王者气象的追求中，言念君子，温润如玉，"庶几夙夜，以永终誉"（佚名《振鹭》）。美国总统奥巴马表示，他一直致力于学习"确定自我身份的时候，不以降低别人来显示自己与他人的不同，而应该以抬高他人来找到彼此的相同"。其实，几千年前，"和而不同""成人之美""立己达人"等准则就在中华厚土掷地有声，而且在斗转星移的千年过往中从未间断，至今回响，使得近者悦、远者来。

中华文明的王道精神经得起时空的检验，从人心与人性出发，致力于满足人们的需求。向上仰望，是深远历史经验的总结，是天地智慧的体悟；向下扎根，是对多方利益的兼顾与平衡，力争求得最大公约数，昭示未来的发展方向。在疑惑中超越，于不确定中憧憬。《诗》云："自西自东，自南自北，无思不服。"中华文明的精神气象、气质禀赋、价值追求，夯实了中华文明在世界价值体系中心点的坐标。

中华文明的思维模式

思维模式标识、代表着价值取向，决定着行动走向。比如，以何为本，以何为末；以何为先，以何为后；以何为始，以何为终。在中华文明的思维模式中，荣誉与责任高于一切，兼顾多方利益；遵循并行并育，没有相悖相害；信奉"创造、分享、助给"，创造在自己，分享给他人，助给予弱者。

中华文明价值取向清晰，更可贵的是，它以"一以贯之"的思维模式落地，思索古与今、我与世界、价值观与方法论。这样的思维模式，成为通往中心坐标的最优路径、至佳选择。

在"一以贯之"的过程中，关注根本，将个人的修养放于中心点，反求诸己，从而聚焦于发展、聚焦于成长。人们看重内在的功力，如火之始燃、泉之始涌，扩而充之可保四海；反之，甚至不能事父兄。这样的思维并不东张西望，也没有左顾右盼，但却有深邃的动力和发展的持续性。朱熹云："气至而滋息为培，气反而游散则覆。"（《中庸章句》）由"天地位"而"万物育"，致广大而尽精微，极高明而道中庸。

源于一以贯之，自尊，尊人，被人尊；自敬，敬人，被人敬；自爱，爱人，被人爱；自知，知人，被人知；自信，信人，被人信。开放大度，和谐包容，智慧持中，踏实稳重。与基督教的博爱精神与神圣观念相类似，儒家最重仁爱精神和敬畏观念。孔子和儒家十分看重"爱"与"敬"，《论语》说"孝悌也者，其为仁之本与"，孔子说"爱与敬，其政之本与"，又说"立爱自亲始""立敬自长始"。美国的爱默生说："我们确信，武力会招致另一种武力，只有爱和正义的法则才能实现彻底的革命。"对于爱与正义，几千年前的中华传统文明就已深刻全面地阐释。

子曰："为政以德，譬如北辰，居其所而众星共之。"（《论语·为政》）面对复杂多变的国际形势与纷纷扰扰的多元追求，有德之民族、有德之国度、有德之文明，会像北辰灿然居中。这就是中国的文化坐标。

（原载于《山东省社会主义学院学报》2017 年第 3 期）

对民族命运有思考　才能对文化有尊重

——访孔子研究院院长杨朝明

深融于我们民族血脉和日常生活中的传统文化是我们生生不息、发展壮大的丰厚滋养，是人们物质和精神生活的必需。然而在传统文化的传承出现断层以来，许多优秀的传统文化已被边缘化，散落在社会大众的视线之外。因而在诸多社会问题频发的当下，如何引导更多的人关注身边的传统文化，唤醒和找回传统文化的自觉是至关重要的。为此，《文化大观》杂志社对孔子研究院院长杨朝明进行了专访。

文化问题说到底就是人心问题

这个时代需要人静下心来时刻思考，因为文化问题很复杂，它不是一个简单的问题。文化问题说到底就是人心问题、观念问题。习总书记在曲阜考察时提出："国无德不兴，人无德不立。""德"和"道"是相联系的，德行问题非常重要。《孔子家语》中，孔子有云："夫道者，所以明德也。德者，所以尊道也。是以非德道不尊，非道德不明。"如果大家的价值观、是非观乱了，那么人们的行为就乱了。20世纪六七十年代，谁家要是有一个人被抓进监狱，众兄弟都娶不上媳妇。这就是当时的是非观，作奸犯科、违法乱纪，就会得到相应的报应。这个标准决定了大家对于价值观的认识，在是非观和价值观的指引下，人们才知道怎么做。有德行才有保障，这被称为"道以明德"。"德以尊道"很简单，即如果一个人的德行出了问题，就会"多行不义必自毙"。

"五伦""八德",人伦之道也。周朝,享国八百年,就是实施仁政,以"五伦""八德"来治理天下的。孝、悌、忠、信、礼、义、廉、耻这"八德"中,"孝""悌"是关于做人的,"忠""信"是关于做事的。在个人层面上,一个人首先属于一个家庭,因为一个人来到世界上首先得到的是自己家人的照拂。"孝"就是要尊敬父母,"悌"就是要尊重兄姊。从"孝""悌"开始,推广开来,培养"爱"和"敬"。这个社会有了"爱"和"敬"就好办了。只有在"亲亲"的基础上提高修养,推己及人,才能"不独亲其亲"。所以把家族道德置于"八德"首位的根本原因就在于此。

"忠""信"指做事符合规矩。所谓忠者,就是做事真心诚意、合法合理、竭尽心力、至公无私,对国家尽忠,这是作为国民的责任。"信"即信用,乃是人之事业成功之基础。做好人、做好事之后就是礼义廉耻。礼义廉耻是国家层面、社会层面的。管仲曾说过:"礼义廉耻,国之四维。四维不张,国乃灭亡。"这"八德"和我们现在的社会主义核心价值观实际上是一以贯之的。所以爱国敬业、诚信友善等价值观和我们传统的德行是完全一致的。只有我们每个人都做好自己,在社会、国家层面上才能达到理想的状态。所以习总书记说得好:人民有信仰,民族有力量,国家有希望。

把握传统文化精髓, 要通过表层体现深层

引导大众意识到传统就在当下,就是要引起大家对现代社会的认知,对传统文化的了解,从而架起将双方融会贯通的桥梁。推广传统文化,普及儒家思想,必须有个前提,就是要把握住儒学思想和传统文化的精髓,如果把握不住精髓,可能就是舍其本而逐其末。现在传统文化的普及中也有很多世俗化、功利化的倾向。比如有些人在推广传统文化的过程中抓住枝叶,即抓住一些所谓的礼仪、服饰。外在礼仪体现的内在精神才是最重要的。一边在讲道德,同时自己的道德也并不高的现象很普遍。所以我们要通过文化的表层,体现文化的深层。

实际上,文化是有不同层级的,表层的文化就是我们看到的衣食住行、婚丧嫁娶。文化的表层一定体现了文化的中层和深层。中层是制度层的文

化，深层是哲学层的文化。哲学层的文化就是价值观、方法论等理论，这些是观念上的文化。这些观念性的文化显然决定了中层和表层。中层文化就有我们常说的科举制度、书院制度、教育制度等。这些制度其实就是深层的观念的体现。

为什么会有"四书"，为什么会是现在这种制度？这显然是由深层文化决定的。体现在表层，就是我们看到的东西，比如说婚礼。结婚的时候应该有什么礼仪呢？现在从全国来看，较为混乱。虽然各地都有各自的风俗，但是传统婚礼，即儒家对礼仪的要求是很高的。烦琐的礼仪是不可取的，但是必需的礼仪体现了男女之间结合的神圣性。我们去参加婚礼就是这种神圣结合的见证者。但是为什么现在大家的偏差这么大？是因为我们的观念混乱了。

再比如成人礼——冠笄礼是孩子成年的标志。小的时候，孩子可以对自己的行为不负责任，但是在举行了冠笄礼以后，要开始对自己的行为负责。现在的未成年人犯罪，电视上会打马赛克，然而17岁和18岁的孩子有什么区别？如果有区别，谁告诉孩子这种区别了？举行冠笄礼就是"弃尔幼稚，顺尔成德"。形式重要吗？形式很重要，形式又不重要，重要的是理念。儒家讲"慎终追远，民德归厚矣"，恰恰是看到了现世的人间秩序、现世的人类的德行。

现在的有些礼仪存其仪而失其义，失去了礼的本义，让人感觉不舒服。我们把这个问题搞清楚了，大家弘扬传统文化的时候就知道从哪里着手了，所以一个人内在的素养还是最重要的。礼也者，理也。一个人懂得了自己是社会的人，人的德行才能成长起来。我们现在传统文化现存的种种，比如建筑、祭祀等，实际上都有它的内涵。

人的行为方式、思维准则，都是儒学的一种沉淀

《周易》是卦易知识，孔子看到了其中"时"的哲学，让我们每个人去洞察变化。抓住传统文化的精髓是很重要的。《孔子家语》之前不被人们重视，其实这本书非常重要，它的价值甚至超过了"四书"。孔子特别注重平和中正。

提高文化的开放水平，要让文化走出去。现在走出去的是什么文化？很多人到了国外教人家怎么包饺子，这属于传统文化中的枝叶。西方的文学、艺术、电影都在表达他们的价值观。我们也要推广我们的文化，表达我们的价值观。提高文化开放水平实际上就是着重推广价值观，我们只有把文化传承下去才能传播出去。我们自己都不了解自己的文化，怎么去更好地传播呢？所以传承和传播两者之间的关系是相辅相成的。只有把握这个精髓，我们才能更好地弘扬传统文化，才能培养更好的人才走出去。

现在的年轻人都爱看韩剧，韩剧是文艺作品，它表达了价值观，我们中国人在韩剧中找到了我们需要的东西。我们自己为什么就写不出来自己的文化？电视上播的某些宫斗戏，除了赚钱之外还想干什么？想让大家知道什么？现在电视剧传递的价值观有很多都是负面的，对孩子的影响是很可怕的。

如果人们对民族命运有忧患意识的话，就会对这个问题表示赞同。不少人很自我，不把自己当成国民的一分子，而是当成孤立的个体来看。很多人从未想过我们民族从历史上走过来，走到了今天，处在了一个什么样的阶段，不知道我们的民族领袖们在思考什么。这就是缺乏"道"的表现。按照《孙子兵法》，"与上同意"的有"道"是什么状态？是老百姓和领导人"可以与之死，可以与之生，而不畏危"，是上上下下万众一心、众志成城。所以，对民族命运有过思考的人，才会真正对传统文化尊重。

（原载于《文化大观》2016 年第 5 期）

传承儒学价值需要正本清源

如何对待儒学，儒学的价值怎样，这是人们普遍关心的问题。由于儒学在中国传统文化中的特殊地位，故对待儒学的态度在很大程度上来说也就是对待中国传统文化的态度。一般说来，任何一个国家的国民，任何一个民族的成员，都应当热爱自己国家的传统文化，对自己民族的历史应持有一种"温情与敬意"。可是，中国近代以来，竟然形成了一种"反传统的传统"，不知道这在世界民族之林中是否独一无二！

反思这样一种所谓"传统"，其形成原因自然很多。而说到底，人们对孔子儒学现实意义的"多虑"，对中国传统文化价值的"误解"，应该都是不同文化交汇与碰撞的结果。宋代疑古思潮之于佛学的影响，近代以来与传统"彻底决裂"之于西方的科学主义，都是很好的证明。难道儒学就这么"不堪一击"，就这么缺乏"竞争力"？可是，反观中国儒学流行与传播的历史，思考儒学在今天世界的影响，似乎情况并非如此。那么，当今国人对儒学的认识为何如此这般？为什么儒学的现代价值需要学者们一说再说？怎样才能尽快架起传统与现代之间的桥梁？

带着焦虑，满怀期盼，许多学者提出种种设想，探讨祖国优秀文化的传承方法，思索返本开新的具体途径。很显然，要将所谓儒学的"现代转换"问题梳理清楚，对儒学价值的认识必须到位。尽管这样的论述已经数不胜数，但要得到全民族、全社会的普遍认可，恐怕还有很长的路要走，还有太多的工作要做。要准确、充分地认识儒学价值，不仅要研究儒学与中国社会历史文化的密切关联，更要弄清这种关联的内在机制。为此，我认为，现在最为迫切的工作应该是正本清源——还原原始儒学面貌，了解原始儒学本真。

　　说起来，许多研究中国传统文化的学者所从事的都是正本清源的工作，每个人也都有自己心目中的儒学真面目。从理论上讲，历史研究者的工作主观上都是为着"求真""求是"，都希望通过研究和探索历史本来"有什么""是什么"，进而追问历史问题的"为什么"。无论研究方法上的"二重证据"（或"多重证据"）还是"大胆假设，小心求证"，无论是告诫自己要做历史问题上的"超然者"以求研究结果的客观真实，还是所谓"疑古""释古""证古"乃至"走出疑古"，大家的努力方向似乎并无二致，可是，人们的研究结论却往往大相径庭，研究的现状并不能够令多数学者满意。

　　很显然，无论具体的历史问题研究还是思想文化研究，都需要或者离不开理论的指导，但同任何理论都应当来源于实践一样，学术研究的理论与方法也应来源于学术研究的具体实践。但是，这绝不意味着理论或方法是对自身学术实践的简单归纳，更非少年学者靠勇气借时势所能成就。换句话说，学术研究理论既要来源于他人的实践，也要来源于自身的实践，因为任何人的研究都深深打上了时代的印记，也都会带着自身的特点乃至偏见。理论应当具有普遍的指导意义，应当具有指导实践理性、健康行进的功效，而不是引导实践者如脱缰野马般不知回头地往前奔。

　　如果仅仅从逻辑上推论其他人的方法或理论，论述其他理论指导下的其他人的实践，往往会因为一个环节把握不准而出现极大的偏差。历史研究中我们不难见到的一个现象是：正确的理论和方法并没能够在实践中发挥应有的作用，最显见的例证就是倡导"大胆假设，小心求证"，而事实上却是假设非常大胆而求证未必小心。就像"取其精华，去其糟粕"，本应是一个正确、科学的提法，而在操作层面上，人们却偏离得那样远。不难理解，如果要取得理想的效果，必要的前提应该是合理、准确、科学地区分"精华"与"糟粕"。

　　还有一个令人感到悲哀、值得深思的结果，那就是传统的辨伪学考辨中国古代文化典籍的所谓"成就"。人们已经强烈地感到，从事辨伪学的学者对古书辨伪的热忱越高，人们就越无书可读。仅张心澂的一部《伪书通考》，辨及的伪书就有一千一百多部，有学者说它"将我国古代的文化名著几乎一网打尽"（廖名春先生语），真是恰如其分！

学术研究应当辨析材料，怀疑精神在任何时候、任何人的历史研究中都不可或缺。但是，不少人不明就里，以为"走出疑古"就意味着走向盲目"信古"，以为重视出土文献就意味着完全相信出土文献，意味着其中的记载都为"真实的历史"。给人的感觉是，大家在存有这份担忧的时候，在强烈使命感的驱使下进行评论指责的时候，似乎并没有接触相关具体问题的研究，或者没有认真考察"走出疑古"、倡导"重写学术史"的深层学术背景。

当中国传统学术研究因借助地下早期文献而出现新的转机时，当中国古典文明正在逐渐揭开疑古大幕的遮掩而渐渐露出的时候，不少学者竟感到不安和忧心忡忡，对"走出疑古"的学术思潮心存疑虑！要想让更多的人走出疑古大幕的遮掩，这里有个"结"需要解开却很难解开——"你要看人家辨伪学者是如何考证的"。可是，"伪书"这么多，"可信"的材料那么少，你用什么或怎样去看人家的考证？如果没有对中国古代文明精到的研究，如果没有对古代文化的敏锐洞察力，单靠所谓理论或逻辑的推理并不容易做到。不难看出，正本清源确实说起来容易、做起来难，如果放在整个中国学术史的视野中来观察，真正做到正本清源将是一个艰苦而漫长的历程。

古书真伪是古代文献中的重要问题，清人姚际恒称其为"读书第一义"。清代以前，学者们研究古籍真伪问题时，绝大多数都侧重于伪书的考订，将许许多多传闻为"真"的古籍判定为伪书。由"真"而"伪"的研究线索，是整个古籍辨伪学史的主流。有学者曾经将明代宋濂的《诸子考》、胡应麟的《四部正伪》及清末姚际恒的《古今伪书考》做比较，许多宋、胡认为是"真"或者"真杂以伪"的古籍，到了姚的手中，都无不变为伪书了。而前者认为是"伪"的古籍，无一被姚判断为真书。再看看张心澂的《伪书通考》，该书所录，基本上都是由"真"而"伪"的考订文字。要知道，这种学术趋向的改变是极难的，因为这种方法的影响太大了。

毕竟学术在进步，不少学者在研究过程中已经发现了问题的严重性。

海外有学者认为，"古籍辨伪"这样的名字是"一个十分不理想的名称"。因为研究应当有两条路线，不仅研究"真"书，也要考订"伪"书。这门学问应当是一门由"真"到"伪"和由"伪"而"真"双轨的学问，而不是单向的由"真"而"伪"的单轨学问。"就古籍辨伪而言，竹简帛书出土所带来的震撼，恐怕与古史辨派新说的震撼不相伯仲；因为古史辨学派为古籍真伪带来'石破天惊'的新说，而竹简帛书却为这些新说带来'冷酷无情'的否决……在竹简帛书严峻的考验下，许多被过去学者判定为伪造的古籍，都纷纷平反翻身。"① 显而易见，所谓的"古籍辨伪学"存在着严重的问题。

对于古书的成书年代，显然应当动态地加以理解和认识。余嘉锡先生在《古书通例》中曾说："古人著书，本无专集，往往随作数篇，即以行世，传其学者各以所得，为题书名。"意思是说，先秦两汉诸子就像后世的文集，作者随写随传，有时是单篇流传，常常不署姓名，到后来才由其后学或者后人汇集成书。实际上，有许许多多的书籍都是多次、多人、多时结集而成。不少书籍其实都未必是一人所作，有的则是一个学派的集体作品，由学派中的第二代、第三代等陆续收集编订而成，而该书的名字便取其祖师爷的名字。

有了这样的认识，我们研究先秦两汉时期的典籍，特别是对这些典籍进行所谓真伪问题的研究，就应当采取逐篇研究的方式，以篇为单位，甚至以段为单位，逐篇逐段考订及观察，而不是像过去那种以书为单位的方式。这些认识，学术界已经有不少学者明确加以指出。

儒学研究要正本清源，首先应当明白何谓儒学的"本""源"。探寻儒学本源的途径很多。1980 年，在美国哈佛大学人类学系执教的张光直教授出版了《商代文明》一书，是耶鲁大学出版社"中国早期文明丛书"的第一本。他在书中列举了"通向商代的五条门径"，就是传统的历史文献学、青铜器、甲骨文、考古学、理论模式。用国内通用的词语来说，这"五条门径"包括了历史学、文献学、考古学、古文字学和理论方面的探讨。新

---

① 郑良树：《论古籍辨伪的名称及其意义》，《诸子著作年代考》，北京：北京图书馆出版社，2001 年。

中国成立以来影响最为重大的国家社会科学研究项目"夏商周断代工程",集合了许多领域的专家,用数年的时间,终于取得了阶段性的成果。这样的重大课题,绝非一人或少数人用单一的方法所能够完成的。中国儒学的形成本源于中国的古代文明,根植于中国古代的文化传统,没有对中国古代文明的深入研究,儒学研究的正本清源根本无从谈起。

从理论上讲,"条条大路通罗马",无论哪一种方法与途径,都能够很好地从事古文明研究或者孔子儒学研究,但事实上,每一位学者的研究都不是采取了单一的研究方法。可是,细细想来,好像研究门径又不是那么宽广,似乎中国古典文献的研究显得十分紧要,不然,"古史辨"就不会最终变成了"古书辨"。人们应该赞同这样的看法。儒家文献研究是孔子、儒学乃至整个中国传统文化研究的核心。文献是思想的载体,就像辨别古史最后都落脚到辨别古书那样,没有对儒家文献相关学术问题的正确认识和准确把握,孔子与儒学的科学研究也就无从谈起。但古史辨派辨别古书的严重后果又让我们警觉:文献的研究应该怎样努力,才能避免学术路上大的偏离?

或许儒家文献研究的重要性已经决定了它的难度,儒家文献研究之难可谓原因多多:其一,学术界对中国上古文明的发展程度认识不够,估价偏低;其二,儒家认为"六经"乃"先王政典",是儒学根本,但"六经"性质不同,而且相关记载匮乏;其三,孔子"述而不作",孔子遗说由其弟子后学整理,数量虽多却显得凌乱;其四,孔子儒学胸怀天下而关注民生,思维恢宏却包蕴精微;其五,自宋代开始兴起的疑古思潮到"古史辨派"时期发展到登峰造极的程度,怀疑古书成为不可逆转的学术趋向;其六,对近代以来中国国力的落后,人们迁怒于中国的传统文化,严重影响到对孔子儒学的客观评价,反过来影响到了对儒学文献的正确认识。

孔子儒学存在如此之多的难题与纷争,除了儒学自身体大思精的特征外,最重要的原因就在于儒家文献研究的严重失误。学术界过于苛刻地审查史料,戴着有色眼镜检查审核古书,最终使中国古代文化典籍研究成为"受灾"最为严重的领域,早期儒学典籍几乎无一幸免。它同时带来的另一个严重恶果,就是它给许许多多的人这样的印象:中国的早期文化典籍多为"伪书",中国的古书多不可靠,中国的先辈学人有很多"作伪"高手。后来,疑古辨伪思潮兴起,学者们开始了"捉盗"的"搜捕"与"调查"行动,后世不少"辨伪学者"费尽千辛万苦,取得了学术"成就",于是,人们赞叹其好像"捕盗者之获真赃"(陈鳣:《孙志祖家语疏证序》)。这样,最讲诚实守信的儒家学者竟然出现了众多的伪造古书者,中华文化中的诚信美德又从根基上被彻底撼动。

当然,这种具有极大讽刺意味的结局,并不说明所有的学者都没有看到或者远离了事实的真相,只是这样的声音显得十分微弱。正如近代学者谈及《古文尚书》研究时高声赞扬阎若璩而很少注意毛奇龄等人的结论那样;就像顾颉刚《孔子研究讲义》介绍清代学者《孔子家语》的研究仅仅表彰孙志祖、范家相而仿佛没有陈士珂那样。在疑古大潮的推动下,人们的倾向性十分明显,人们已经难以理性客观,难以做到正本清源。

研究儒家学术,必须明白以往问题的症结所在。具体而言,儒家文献研究出现的问题主要体现为:其一,怀疑古书的相关记载,不相信古代典籍有关成书时代与作者的记载,人为后置了不少典籍的成书年代;其二,不明古书传流的一般规律,不能动态观察古书的形成过程,以今例古,遂造成对古书的很多误解;其三,缺乏对先秦时期中国学术源流的细致研究,不能整体把握夏、商、西周到春秋、战国学术文化的发展演变,从而颠倒了同类文献的先后顺序,甚至误判了学派属性;其四,不能理解各个学术派别之间的纵横关系,不能理解各个学派之间的彼此交融与互相影响,先入为主,用贴标签的方式进行学派判断,无端地将古书问题复杂化。

儒家文献研究出现问题,与整个孔子儒学与传统文化的研究和认识出现重大失误紧密联结。学术问题直接与社会生活的运行息息相关,本来,儒学是修身的学问,儒学是社会管理的学说,可是,随着儒学研究种种问题的出现,儒学在当今社会几乎完全丧失了治世理人的功能。正像钱穆先生所说的,许多人"感到现在我们是站在以往历史最高之顶点"(见《国史大纲》),可以任意标榜自己的"清高"或"高超",可以动辄"轻贱唐虞而笑大禹""非汤武而薄周孔"。对历史文化的"无知"常常导致浅薄狂妄的自大与无畏,这样的现象随处可见。

事实上，我国从很早的时候起，就已经形成了水平足以令国人骄傲的文化，有了丰富的文献记载，所以《尚书·皋陶谟》说："天叙有典，敕我五典五惇哉！天秩有礼，自我五礼有庸哉！"《尚书·多士》说："惟殷先人，有册有典。"我们的祖国很早就形成了"有典有则，贻厥子孙"（《尚书·五子之歌》）的传统。我们正本清源所要做的，其实就是清楚认识这种久已被人为湮没的传统，还原根植于这种深厚传统中的儒家文化真相。

（原载于贾磊磊，孔祥林主编：《第二届世界儒学大会学术论文集》，文化艺术出版社 2010 版）

珍视传统，坚定文化自信

在哲学社会科学工作座谈会上的讲话中，习近平总书记特别强调坚定文化自信的重要性，指出要十分珍视中华民族绵延几千年的文化创造，绝不可以忽视这一无比深厚的历史底蕴。自信源于自知，人们自信不足、信心不够，原因十分复杂，只有全面了解各种情况，并认真分析和研究，才能真正树立文化自信，才能讲清楚"学术的中国""理论的中国"，才能把真实而深刻的中国展现给世界。

第一，对古代文明的发展程度评估偏低。世人都知道春秋战国是中国社会发展的特殊时期，也是先秦诸子"百家争鸣"的历史时期，但它绝不是中国文化的形成期，而是中国思想与中国智慧的繁盛期、高潮期。人们常用德国哲学家雅斯贝斯的"轴心时代"理论来讲述中华文明，但这一理论没有关注中国文化在诸子时代以前的漫长发展，没有注意中国许多思想家何以那样尊崇古代"先王"。事实上，学术研究的重要进展与考古材料的惊人发现都一再证实，尧舜以来尤其夏、商、周三代时期的中国文明已经有漫长的发展历程，有较高的发展水准，"百家争鸣"是对历史文化的继承、总结与反思。诸子思想的形成有一个广阔的文化背景，看不清中国文明的绵延之路，就容易妄自菲薄，就很难理解传统思想的高度与深度。

第二，对经学典籍价值的认识有待提高。中华国学包罗宏富，正如文化可以分成不同的层级那样，国学也有三教九流、经史子集等很多内容。李学勤先生说，国学的主流是儒学，儒学的核心是经学。经学是训解或阐释儒家经典的，这是中国独有的学问。儒家经典以"六经"（或"五经"）为核心，及于孔子及其后学遗说，包含着深沉的价值观念与民族精神。孔子"祖述尧舜，宪章文武"，他整理的六经被视为先王政典。儒家经典彰表道德与价值。国学研究应以经学为中心。国学就像一棵生命之树，只有区分主次、知其本末，才能培育浇灌，生生不息。我国典籍经史子集四部之分类以"经"为先，经部之后史部以"正史"居首，不都是出于"明教化""佐治道"的社会价值考量吗？弘扬儒学而弃经不读，无异于舍本逐末。

目前，在对儒家经典等文献的认识上还存在许多问题。如怀疑古书相关记载，人为后置了不少典籍的成书年代；不明古书传流的一般规律，不能动态观察古书的形成过程，造成对古书的很多误解；不能整体把握学术源流，颠倒了一些同类文献的先后顺序，甚至误判了学派属性；不能理解各学术派别之间的纵横关系，简单化地进行学派判断……这些严重影响了对这些文献的利用与阐发。

第三，对儒学的认识需要全面深入。孔子儒学是在继承基础上的文化创造，孔子思索人性与人的价值，胸怀天下而关注苍生，思想恢宏却包蕴精微。孔子超越了他的国度与时代，只有对他的儒学思想体系有全面、综合的理解，才能把握"大体"，在"道术"的意义上理解中国精神与中国气质。如"大学之道"强调人的全面成长，倡言"修身、齐家、治国、平天下"，培养"大人""君子"。孙中山先生说，这是"最有系统的政治哲学"，"像这样精微开展的理论，无论外国什么政治哲学家都没有见到，都没有说出，这就是我们政治哲学的知识中独有的宝贝"。本来这"属于道德之范围"，但"自民族精神失去了之后，这些智识的精神，当然也失去了。所以普通人读书，虽然常用那一段话做口头禅，但是，那是习而不察，莫名其妙的"。只有清楚孔子儒学的宏大气象，才能懂得它对于中华民族数千年和睦与和平的巨大意义。

第四，消除疑古思潮的不利影响。唐朝中后期以来，随着佛学影响的扩大，人们以儒家道统对抗佛学法统，由此产生了对儒学经传的怀疑。自宋代开始的疑古思潮到近代"古史辨派"时期登峰造极，所谓"辨伪学"出现的偏失某种程度上造成了上古文化研究的空白。

学术研究的进展，尤其早期文献的不断问世，一次次打破了既有的成见，也揭示了疑古思潮的偏颇，学者们一次次地呼吁必须"重写学术史""重写思想史"，不过，消除这种影响还需要不断努力。

第五，科学准确地把握传统文化。文化影响力的升降浮沉密切联结着国力的变化。近代中国落后挨打，在反思落后原因的时候，不少人迁怒于自己的传统文化，强化或放大了对传统文化负面影响的认识。而今，时代不同了，中国屈辱的历史已经过去，我国综合国力提升，对弘扬传统文化提出了新要求，也为大力弘扬传统文化创造了条件。在中华民族伟大复兴的新时期，我们应该了解儒学的历史，科学、理性地把握传统文化。

实际上，在两千多年的发展中，儒学一直在变化发展。先秦时期的原始儒学阶段，孔子儒家主张"修己安人"和"仁政""德治"，强调"正名"，带有明显的"德性色彩"。在秦汉以至清朝的"帝制时代"，虽然很多儒家学者也致力于发扬儒学精神，但儒学在走向大众与社会实际结合的过程中，逐渐强化了君权、父权和夫权，染上了显著的"威权色彩"，呈现出为后世所诟病的一些特征。近代以来，人们反思儒学。新文化运动时期"全盘性反传统主义"，在思维方式上存在着偏颇，但客观上却主要指向具有"威权色彩"的儒学，把被扭曲了的儒学主张看得更加清楚。

总之，在经历广泛而深刻社会变革的今天，必须看清坚定文化自信的制约因素或重点环节，找准着力处，看清发力点；只有通古今之变，才能激活中华文明的生命力，进行时代文化构建和理论创造，使文化自信成为最基本、最深沉、最持久的力量。

（原载于《人民政协报》2016 年 6 月 27 日）

怎样用传统文化筑牢民族的根基

人民有信仰，国家有力量，民族有希望。中华民族只有筑牢自己的文化根基，才能立于不败之地。认清坚定文化自信的制约因素或重点环节，才能找准着力处，看清发力点；只有通古今之变，才能激活中华文明的生命力，进行时代文化构建和理论创造，树立信仰，坚定自信。

应当注意文化的整体性、统一性

中华文化就像一棵生生不息的大树，它的根扎得很深、很牢。孔子儒学是这棵大树的主干，它为中华民族阐述和确立了基本的立足点，使中华民族比世界上别的民族更加和睦、更加和谐，使其在不同时期结出了不同的文明花果。了解孔子儒学的"集大成"意义，理解它与中国社会历史文化的深层关系，就应该从中华文化多元一体的整体性出发、从不同层级的内在统一性出发，全面准确地理解儒学与各区域文化、诸子文化的关系，注意其间的本质联系与区别，正确处理儒学与佛、道的关系，统观全局，把握大体，知源流，明本末，分主次，抓核心。只有整体、统一地观照中华文化，才能形成强大的合力，形成巨大的向心力、凝聚力。

要弄清传统文化的关键内容

弘扬优秀传统文化是系统工程，明晰传统文化的关键内容，才能找到撬动系统的支点。中国文化重"道"，"道前定则不穷"，我们通常说"知识就是力量"，但"力量需要方向"。文化应该面对生命的世界，而不是物象的世界。中国文化是有机的生命体，我们要了解它的魂魄是什么。文化有不同层级，观念形态的信仰与信念、道德与价值，才是核心与关键。弘扬传统文化的关键，在于让文物与文字真正"活"起来，这样才能穿越纷杂的外部形式，洞察本质，明辨是非，知荣辱，懂审美。只有如此，行动才有指南，才能传承中国精神，熏育中国气质，才不至于"失魂落魄""魂不附体"。

干部是主体，学校是主场

中国传统上"以吏为师"，价值体系建设的关键在"官"，价值体系的落地则要有科学有效的教育体系。主导者在干部，主场在学校。"道"是价值体系，"德"是行为规范，"弘道"的关键主体在干部队伍，"成德"的主导战场在学校。道德体系的建设与完备是提升国家软实力的支点所在。

信仰与价值观的树立，社会管理群体起决定作用。古代特别注重"以正治国"，希望以为政者的"正"引导天下的"正"。孔子明确强调"政者正也""为政以德"，中国君子文化就把"尊贵者"与"高尚者"进行连接或一体化，这是古代管理哲学的精髓。因为责任大，所以要求高；既然是尊贵的人，就应该是高尚的人。政德教育天地广阔，大有作为。

化民成俗，其必由学，民族复兴的序曲应该首先在学校奏响。用什么奠定青年学子的生命底色，关乎中华文明标杆的树立，决定着国家文化的品质与境界。幼儿养性，童蒙养正，少年养志，成年养德。学校教育要有主导，要立足于系统构建，要呈联动之势。技能教育忽视了学生的修身，就无法培育"工匠精神"。高校要服务社会，更应该引领社会；要有世界眼光，更不可缺少中国意识！

既要"登峰"又要"落地"

弘扬传统文化，坚定文化自信，要有学术理论的高度，要有理性的认知，能在宏大视野与微观镜像之间切换。要认识尧舜以来尤其三代以来文明已有较高的发展水准，要了解中华圣哲超越时空的文化创造，还要看清帝制时代的扭曲与偏颇，知道近代以来在新旧文化交汇、中西文化碰撞的夹缝中，许多人难免带有文化转型时期的人格特征。认清根脉，把握本质，才能讲清楚"学术的中国"和"理论的中国"，才能讲清楚"历史的中国"与"现在的中国"。

信仰与价值的树立要通过生活的细节来落地，但文化普及不能形式化、表面化，更不可世俗化、功利化。当经典开始润养人们的生活，人们切实从中受益，分辨与解决问题的能力增强时，文化自信才会树立起来。儒学真精神源于生活，本于人性与人心，基于生命面向生活的思考。在加大学术研究引领的同时，应切实思考怎样"润物细无声"地滋养人的心灵。古人重视"以祀礼教敬"，也是立足于培育民众的价值信仰；我们要有与学校教育相配合的制度，充分发挥传统文庙、书院、祠堂教化人心的功能。

与不同文明对话要把握话语权

国民形象是国家文化的终极代言者。要树立国家形象，提升在国际对话中的话语权，最终还是由人的素养来决定，人人都是对话者。要采撷人性中最容易引起共鸣的东西并表达充分到位，以达到最好的对外宣传效果。就中国文化现状而言，"认识自我"比"介绍自我"更为紧要。没有文化自知，缺少文化自信，就无法赢得理解与尊重，就会理论漂浮，思想缺钙，不接地气。

"文化走出去"或"文明对话"的过程，是自觉觉他、自信并赢得信任的过程。要把握充分的话语权，首先要具备足够的对话能力，否则对话就缺乏主动，就不能主导与引领。在不同语系表达的转化过程中，意韵的相应与内心的共鸣更容易增强认知与认同，产生理解与向往。有了自知与自信，然后以活生生、富有温度、人人能知能行的语言将哲理表达到位，对话的吸引力才会有本质提升。

（原载于《文化大观》2017 年第 6 期）

孔子之教：化育人心，以成文德

——访孔子研究院院长杨朝明

梁漱溟曾讲："孔子以前的中国文化差不多都收在孔子手里；孔子以后的中国文化又差不多都从孔子那里出来。"孔子在整个中国文化史中起到了承上启下的作用，他所创立的儒家学说成为中国两千多年的精神支柱；孔子又首开私学，他的教育思想成为一个独立的体系，有着严谨的逻辑承接，蕴含了精深的育人智慧。就孔子艺术化的育人智慧怎样与当下的教育相结合这个问题，《文化大观》杂志社对孔子研究院院长杨朝明进行了专访。

儒学精义：人心教化

孔子时代以前，学术都由官方掌握，孔子开私学是"学在官府"到"学在民间"的一大转变。学在官府，可称之为王官之学。由于种种原因，今天人们对于周代以前的王官之学了解不多，其实，很多的材料给我们提供了丰富的信息。比如《周礼》一书，其中就透露了很多王官之学的重要内容。

《周礼》其实原来叫《周官》，记载了周代的官制。按照它的设计，周官设有天、地、春、夏、秋、冬六官。天官冢宰总管邦治，地官司徒主管教化，春官宗伯主管礼制，夏官司马主管军队，秋官司寇主管邦禁，冬官司空主管建设。地官司徒掌管人心教化，仅次于天官，比较重要。

到孔子时代，礼坏乐崩，王官失散，教化体系也解体了。在这样的情形之下，孔子希望收拾人心，恢复礼乐，整顿秩序，希望人们自觉遵守社会规范，于是形成了他的学说，创立了儒家学派。"儒"和"儒学"是有区别的，儒在孔子以前就有，在商朝的甲骨文中就有"儒"这个字。在甲骨文中，"儒"写作"需"，像沐浴濡身之形，引申为改变一个人。古代从事相礼等礼仪活动的人，其身份就是儒，这是一种职业。孔子时代，依然有从事礼仪活动的儒，但孔子不仅让人注重礼仪的形式，更要看重礼的内涵，所以孔子告诫他的弟子要做"君子儒"，不要做"小人儒"，意思就是不能仅仅注重礼的形式，还要关注社会的教化，关注人心的改善，力争做引领世风的"君子"。

孔子"祖述尧舜，宪章文武"，总结继承了从尧、舜到周代的礼仪文化，希望为当时的乱世贡献一剂治世良方。所以他收纳徒弟，教育他们为政，从事社会管理。"也许孔子的年代也有人从事私学教育，比如说春秋前期的柳下惠，据说他就有学生，但是他的学生和孔子的学生相比意义不一样，至少教育规模不可同日而语。"孔子教育出来的学生，不少都去从事政治活动，而且对社会持有一种批判精神。所以，在王官之学遗失、衰微的情况下，教育也必然地走向了民间。与其他诸子各家相比，儒家教育最大的特点在于，其社会主张是通过人心教化来实现的，主要是通过孔子有系统的、明确的教育思想。如法家提倡严刑峻法，不注重人心改良；墨家代表平民阶层，主张实用、节俭与实践。相比较之下，在教育层面而言，法、墨等家显然就不如儒家视野更宏阔。

明礼守义： 情感认知

孔子的教育是"文德教育"，也可以说就是德性教育。当然，其中也不排除对人"智"的教育，不过德行教育要放在首位。《孔子家语》有一段记载，谈到了孔子的教育。子贡到了卫国，卫将军文子对子贡说："吾闻孔子之施教也，先之以《诗》《书》，而道之以孝悌，说之以仁义，观之以礼乐，然后成之以文德。"这可以说很好地总结了孔子的教育理路。

所谓"先之以《诗》《书》"，其实就是价值观教育，培养青少年对待事物、情感的态度，引导他们树立健全的人格。孔子曾经讲自己，"自行束脩以上，则吾未尝无悔焉"。"束脩"其意为束发修饰，是为年龄概念，指大约十五岁的人。此时孩子已经长大，应该对他进行明礼的教育。孔子说得好："礼也者，理也。"礼仪的"礼"，就是道理的"理"。所以说，儒家教育是一种理性教育，而非纯粹的情感教育。例如，诗三百余篇，以《关雎》为首，这其实就是根据孩子的年龄特点对其进行情感认知的教育。《孟子》有言，"食色，性也"，"食"就是物质需求，"色"就是精神需求。当孩子开始进入青春期，遇到的最基本的问题就是这些问题。在精神需求层面，首先要面对男女情感，这种情感是人性本然，不能去压制它，更不能去放纵它，而是要合理地引导它。人既然是一种感情动物，那就要去了解这份感情，知道如何控制这份感情，这就要在"天理"和"人欲"之间把握中道，即所谓"允执厥中"。《关雎》篇的学习与教育，就恰好把握住了这份感情的中道，"发乎情，止乎礼义"，不仅仅是"辗转反侧""寤寐思服"，还要"琴瑟友之""钟鼓乐之"，合理地引导这份情感，并且使其升华，为更好成长带来动力。

《论语》说："诗，可以兴，可以观，可以群，可以怨。"《诗经》是一种审美教育，是人际和谐教育，是情感引导教育。"先之以《诗》《书》"顺应了教育的年龄特点，是从教育的根性因子——价值观引导而着眼，其视角也高而落于实际处也妙。一首好的、有生命力的诗歌，一定是起于一种情感、一种快乐，而终于一种智慧，要进得去还要出得来，合理收放自己的情感而熔铸为生活、生命的智慧。孔子选编的《诗经》，就有这样的妙处。

文德践行： 人伦日用

说到底，"先之以《诗》《书》"就是价值观培养。具体怎么落实，就需要"道之以孝悌"。儒家提倡"仁者，人也，亲亲为大"。"亲亲"是为孝亲，作为人就必须仁爱，仁爱之心的最基本表现就是亲亲。只有"亲亲"，才能"不独亲其亲"，才能"老吾老以及人之老"，才能"泛爱众"，才能"仁厚及于鸟兽昆虫"。也就是说，由对父母的亲亲之爱外推到尊敬所有的老人，最后到热爱生命，热爱自然。所以，儒家谈孝，绝不是停留在

"孝"的本身，不是为谈孝而谈孝，而是希望我们要有热爱之心，在社会上这种爱心的培养，就是从对父母的爱开始。这种层层外推的方法就是儒家训练换位思考的方法——推己及人。"所求乎臣以事君，所求乎子以事父，所求乎朋友先施之。"己欲立而立人，己欲达而达人，自己期待别人怎么样对待自己，就用这种期待去对待别人，从而因果相承，彼此尊重，收获爱与和谐。

懂得孝悌，培养了爱心后还要在生活中践行，亲身实践了才能成长。在生活中化育人文，莫过于以一颗虔敬之心去践行礼，去感悟乐，这也就是"观之以礼乐"。例如，古代的成人礼是一个人一生中非常重要的一个环节，称为"三加冠"，即缁布、皮弁、爵弁三冠，三次加冠，每加愈尊，是隐喻冠者的德行，所以《冠义》说："三加弥尊，谕其志也。"三冠已毕，则意味着成人了，接下来就要组建家庭，成为社会的一员，从此刻起必须承担起家庭责任和社会义务。所以古代的冠礼也叫"弃尔幼志，顺尔成德"，即丢弃孩子气，把成人的德行固定、充实起来。这些礼仪活动在人特定的成长时期以特定的教育形式促成了对人爱心、敬畏的培养。这一系列的教育形式，其目的就是为了让人成为一个合格的社会人，即"成之以文德"。

在当下社会，孩子德行的培育需要家庭、社会和学校的联动。儒家思想强调人伦日用皆是修身、皆是学问。从开始接受学校教育的开学典礼到其结束的毕业典礼，从家庭日常生活的条理安排到工作中的职业道德树立，都蕴含着传统文化"礼"的精神内涵，一则以敬，一则以和。敬以睦群，和以兴业。"以成文德之教"并非空谈，而更尚实践，生活中的习得亦应在生活中得到检验与校正。

（原载于《文化大观》2015 年 10 月）

孔子智慧：构建和谐社会的文化支撑

近代以来，中国还从来没有像今天这样关注社会和谐问题，很显然，这是因为近代以来中国还从来没有像今天这样的发展。世界在关注中国，中国人在思考中国社会的全面进步。不论哪个国家或社会，只有在基本消除外患与内乱之后，在解决了基本的生存问题之后，才有可能考虑社会的多元化协调健康发展。我们感慨中国社会的沧桑巨变，更冷静思索如何构建中国的和谐社会。

毫无疑问，任何社会的进步都首先应该是观念的进步。和谐社会是社会各方面的和谐，当然也是政治、经济与文化的协调与和谐。社会观念一定深深植根于民族文化的土壤，没有民族文化的根基，就没有民族的立足点，就缺少民族的自立与自信，从而难以真正吸纳世界上其他的优秀文化成果。我们认为，在构建中国社会主义和谐社会的今天，我们应该比近代以来的任何时期都珍视祖国优秀的传统文化，应该把孔子智慧作为最基本的文化支撑。

和谐是中国人数千年来的不懈追求

和谐，即和睦协调。"和"有相安、谐调之意，又有平静、祥和之意。《尔雅》曰："谐，和也。"《广雅》曰："和，谐也。""和"与"谐"可以互训。"和谐"一词源自《左传》。据《左传》襄公十一年记载，郑国曾经赠送给晋国乐师、武器、乐队等，晋侯则将乐队的半数赐给大臣魏绛，愿意与他一同享用，这是因为魏绛曾经教晋侯"和诸戎狄，以正诸华"。晋侯说道："八年之中，九合诸侯，如乐之和，无所不谐。"魏绛说："夫乐以安德，义以处之，礼以行之，信以守之，仁以厉之，而后可以殿邦国，同福禄，来远人，所谓乐也。"晋侯坚持按照以前的规定对魏绛进行赏赐，"魏绛于是乎始有金石之乐"。这里的和谐指的是音乐，是说晋国在当时与各诸侯国关系处置得当。

两汉典籍中，"和谐"已被广泛使用，如《诗经·关雎》诗小序毛苌曰："后妃乐君子之德，无不和谐。"接着说到由此"风化天下"的问题，认为："夫妇别则父子亲，父子亲则君臣敬，君臣敬则朝廷正，朝廷正则王化成。"这里的"和谐"是指谐调、和顺。又如《全后汉文》卷八十八仲长统《法诫篇》曰："政专则和谐，相倚则违戾。和谐则天平之所兴也，违戾则荒乱之所起也。"这里的"和谐"是指连贯、一致、通达。

先秦典籍虽然还未见"和谐"一词，但和谐思想早已十分丰富。我国古代非常重视和谐，古籍中谈到和谐问题者比比皆是。例如，在《尚书》中，已经有不少明确谈论和谐问题的材料。据记载，尧舜时期就十分注重和谐。《尧典》记曰："帝尧曰放勋。钦明文思安安，允恭克让，光被四表，格于上下。克明俊德，以亲九族。九族既睦，平章百姓。百姓昭明，协和万邦。黎民于变时雍。"帝尧明察英断，文雅敏捷，温和礼让，影响四方，他发挥自身才德，和睦九族，辨明族姓，协和各个城邑邦国。这样做的最终结果是百姓都变得温顺和善。

《尚书·舜典》又记舜帝对其大臣夔说："命汝典乐，教胄子，直而温，宽而栗，刚而无虐，简而无傲。诗言志，歌永言，声依永，律和声。八音克谐，无相夺伦，神人以和。"这里所说是舜帝时期的乐教问题。舜帝令夔主管音乐，教化后代，希望他把他们教育成为具有高尚德行的人。他认为诗、歌、声、律与思想感情表达密切相关，音乐和谐会带来人的和谐，带来神的和谐。据说，舜帝的父亲愚顽，母亲不善，弟弟倨傲不敬，而年轻时的舜却能以孝道和谐父母兄弟，使他们努力做事，不致邪恶，这便是《尧典》所说的"克谐以孝"。

人类文明形成以后，就应当有人思考社会的稳定与和谐问题。尧舜时期如此，三代更是这样。例如，据《古文尚书·咸有一德》，商朝的贤臣伊尹曾对他的君主太甲说："今嗣王新服厥命，惟新厥德。终始惟一，时乃日新。任官惟贤材，左右惟其人。臣为上为德，为下为民。其难其慎，惟和惟一。德无常师，主善为师。善无常主，协于克一。俾万姓咸曰：'大哉王言。'又曰：'一哉王心'。克绥先王之禄，永底烝民之生。"他建议太甲要道德纯一，注重品德的更新，要任贤使能，不能懈怠。让大臣上为君主着想，下为百姓考虑。而要做到这些实在不易，应该谨慎努力，必须和众，必须一心一意，从而共同尊君，不仅保持君主禄位，还能安定民众生活。可见，在伊尹看来，"惟和惟一"是多么重要！

到了周代，为政治国更加重视人文教化。在继承前代的基础上，周公制礼作乐，从而奠定了中国礼乐文明的基调。周代实行分封制度，周天子是天下共主，大批功臣、亲戚以及臣服于周朝的部族首领成为周天子的大臣，而他们又继续分封，逐步建立起了周朝的统治体系。《左传》桓公二年说："天子建国，诸侯立家，卿置侧室，大夫有贰宗，士有隶子弟，庶人、工、商，各有分亲，皆有等衰。是以民服事其上而下无觊觎。"在周朝这样的统治系统中，权利与义务都有明确的规定，从上到下，各司其职，只有如此，周朝的政治才能稳固。

我们今天看到的《周礼》，原称《周官》，该书成书问题曾经存在很大争议，根据我们的研究，传统记载所言成书于周初是没有问题的。按照周初制礼时的指导思想，周初统治者一方面要继承前代，建立起一套完整的国家管理制度，另一方面又强调社会管理中人的因素。据《古文尚书·周官》，周代设立有太师、太傅、太保三公，使他们"论道经邦，燮理阴阳"；又立少师、少傅、少保三孤"贰公弘化，寅亮天地"，帮助三公，他们共同作为周王的辅弼。在这样的基础上，设置六官："冢宰掌邦治，统百官，均四海。司徒掌邦教，敷五典，扰兆民。宗伯掌邦礼，治神人，和上下。司马掌邦政，统六师，平邦国。司寇掌邦禁，诘奸慝，刑暴乱。司空掌邦土，居四民，时地利。六卿分职，各率其属，以倡九牧，阜成兆民。"在设官的同时，他们认识到："明王立政，不惟其官，惟其人"；"官不必备，惟其人"。正因如此，他们看到人才的重要性，希望推贤让能，达到众官之间的和谐，避免政治的杂乱。

《周礼》是周人政治的根本制度，是周人追求社会平稳运行的结晶。在《周礼》中，周朝的社会管理系统已经达到了空前的完备程度，它把官僚机构分为天官、地官、春官、夏官、秋官、冬官六个部门。天官冢宰总管百官、朝廷以及国家大政，是王的直接辅佐；地官司徒主管教化以及分封土地、处理民事；春官宗伯主管祭祀鬼神和礼仪活动；夏官司马主管军队和战事；秋官司寇主管诉讼和刑罚；冬官司空主管手工业及其工匠。在这六个部门之下，各分设几十个属官，形成一个比较细密的管理体系。

天官冢宰因为辅佐周王，总管国政，在众官中最为显要。冢宰属官首先是太宰，太之上曰"冢"，冢宰乃百官之首，太宰自然也十分重要。《周礼》说："大宰之职，掌建邦之六典，以佐王治邦国：一曰治典，以经邦国，以治官府，以纪万民；二曰教典，以安邦国，以教官府，以扰万民；三曰礼典，以和邦国，以统百官，以谐万民；四曰政典，以平邦国，以正百官，以均万民；五曰刑典，以诘邦国，以刑百官，以纠万民；六曰事典，以富邦国，以任百官，以生万民。"将《周礼》这里的叙述与《古文尚书·周官》对照，不难看出《周礼》六官各有分工侧重，分理社会系统的不同方面，又都彼此相连，通过天官冢宰系统职官的谐调，一一成为社会管理链条中的不同环节。

从总体上讲，整个周官系统都是为了追求社会的和谐，他们希望通过社会的管理，达到一个更高的境界。为了达到社会和谐的目标，对于社会民众，从外在的约束到内在的自觉，几乎无所不有考虑。在社会政治与人际和谐方面，《周礼》就有许许多多更为具体的规定。例如，地官司徒"帅其属而掌邦教"，大司徒的职责之一是"施十有二教"，具体说来："一曰以祀礼教敬，则民不苟；二曰以阳礼教让，则民不争；三曰以阴礼教亲，则民不怨；四曰以乐礼教和，则民不乖；五曰以仪辨等，则民不越；六曰以俗教安，则民不偷；七曰以刑教中，则民不暴；八曰以誓教恤，则民不怠；九曰以度教节，则民知足；十曰以世事教能，则民不失职；十有一曰以贤制爵，则民慎德；十有二曰以庸制禄，则民兴功。"

除了教民懂得敬、让、亲、和，自觉遵守社会规范，还对出现的种种问题做了周到的考虑，如地官司徒中有专门负责排解调和民众纠纷或有怨恨而相与仇恨的官员。这种官员被称为"调人"，据《周礼》记载："调人下士二人，史二人，徒十人。"调人拥有一定的属员。《周礼·调人》："调人掌司万民之难而谐和之。凡过而杀伤人者，以民成之。鸟兽亦如之。凡和难：父之仇，辟诸海外；兄弟之仇，辟诸千里之外；从父兄弟之仇，不同国。君之仇视父，师长之仇视兄弟，主友之仇视从父兄弟，弗辟，则与之瑞节而以执之。凡杀人有反杀者，使邦国交雠之。凡杀人而义者，不同国，令勿雠，雠之则死。凡有斗怒者成之，不可成者则书之，先动者诛之。"调人掌理调解万民之间的仇恨，对于过失而杀伤人的，集合人民公议而和解，过失杀伤他人所畜养的鸟兽也是一样。还有一套调解仇恨的原则，对于杀父之仇、兄弟之仇、从父从兄弟之仇，对于杀君之仇、杀师长的冤仇、杀所居异国的君主与朋友的冤仇等都有一定的处理方式，视不同情况不同对待。对于人民的言语相斗，加以和解；不愿和解的，记载事情发生的本末缘由，有先行报复的，要加以责让挞罚。

对于《周礼》所反映的周人的管理制度，前人论述已经很多，这里需要指出的是：第一，由于种种原因，我们以前对周代社会管理的水平估价严重不足，人们对《周礼》成书时代的后置便是最为具体表现之一；第二，《周礼》是我国先人追求社会和谐的思想成果，《周礼》不仅不像现在许多人想象的那样成书很晚，而且在此之前，它已经过了上千年的历史积累，是周初思想家继承夏商以来的社会管理经验，从而斟酌损益，抉择去取的结果。

周代的礼乐文明是整个中国传统文明的基石，就像周礼乃是"损益"夏商之礼而来那样，周礼对后世中国封建政治的影响可谓既深且远。中国历代都在追求政治稳定，上下协同，因而也就不断地调整制度，推陈出新。但万变不离其宗，这个宗旨都是如《尚书·无逸》中周公所说"用咸和万民"。

孔子的 "大同" 思想与社会和谐

中国历代对于和谐社会的追求集中体现在"大同"社会政治思想上。春秋时期，周王室衰微，诸侯征战不断，在这样的岁月里，人们自然更加向往和谐，希望战争停息，邦国和平安宁。孔子认为，这是礼崩乐坏、政治失序带来的恶果，他总结历史，反思现实，提出了一系列的思想主张，形成了他的儒家理论学说。孔子希望重整社会秩序，恢复古代圣王之治，他对于社会政治的最终追求，就是他的"大同"社会理想。

有关孔子"大同"思想的记载见于《孔子家语》和《礼记》两书的《礼运》篇。以前，由于对《孔子家语》的记载心存怀疑，人们谈论孔子政治理想时往往依据《礼记》，其实，认真研究后不难发现，《礼记》的记载经过汉人整理改编的痕迹非常明显，相比之下，《孔子家语》的记载更为真实可靠。据《孔子家语》，孔子关于"大同"理想的表述为：大道之行，天下为公，选贤与能，讲信修睦。故人不独亲其亲，不独子其子。老有所终，壮有所用，矜寡孤疾皆有所养。货恶其弃于地，不必藏于己；力恶其不出于身，不必为人。是以奸谋闭而不兴，盗窃乱贼不作。故外户不闭，谓之大同。

　　孔子认为，"大同"是指大道实行的时代，在这样的时代，天下是人们所公有的，选举贤能的人为政，人与人之间讲求诚信，和睦相处。所以人们不只孝敬自己的双亲，不只爱护自己的子女，而且要使所有的老年人都能够安享晚年，所有的壮年人都有用武之地，年老丧夫或丧妻及失去父母、残疾的人都得到很好供养。人们痛恨财物被丢弃在地上，被糟蹋浪费，但并不一定为自己所有；痛恨力气不出于自身，但并不一定为别人效命。因此阴谋诡计被遏制而不能施展，劫掠偷盗、叛逆犯上的事也不会发生，所以外出也不用关门闭户。

　　孔子没有说到三皇五帝，也没有说到"小康"，那种以此来论证孔子主张恢复到"原始共产主义"时代，认为孔子思想倒退的看法是不对的。孔子所理想的"大同"社会乃是指夏、商、周三代"圣王"时期，并不是指一般所认为的所谓"三皇五帝时"。孔子所说"大道之行"的时代具体是指禹、汤、文、武、成王、周公时期，在孔子看来，三代"圣王"之后，就是"大道既隐"的时期。

　　孔子认为，"大同"是曾经存在的社会，它存在于三代圣王禹、汤、文、武、成王、周公时期。孔子认为，这是一个十分理想的社会状态。"大同"的"同"，郑玄注《礼记·礼运》曰："同，犹和也，平也。"郑玄以"和""平"释"同"非常正确，"大同"社会正是人类之间"和"的理想状态。据《论语·子路》，孔子还说过："君子和而不同，小人同而不和。"《论语》此处的"同"是苟同、无原则的趋同，与"和"有别，不过，这并不意味着"同"与"和"矛盾，它只是说明"同"并非在任何情况下都是"和"而已。

孔子关于"大同"的论述中，处处都可以理解成为他在诠释或描述着一个"和谐"的社会。在这样的社会里，"圣道"大行，天下为公，社会管理者唯贤是举，选才任能；人与人之间平和相处，互相扶持；彼此没有争斗，各尽其力；社会上的每一个人生活都能够得到保障，而且物尽其用，人人各尽所能，盗贼不作，夜不闭户。很显然，没有"和"，就没有这一切，人与人之间就不能相互扶持，就没有人人各得其所，就没有社会风气的井然有序。可以说，人人都希望生活在这样的和谐社会里。

孔子的大同理想是社会富足前提下的和谐，它与不少小国寡民的社会政治主张不同。先秦时期，诸子百家都有自己的政治主张。例如，道家所主张的便是小国寡民的模式，《孟子·滕文公上》记载农家代表人物许行的理想是"贤者与民并耕而食，饔飧而治"；《尉缭子》记载兵家代表人物尉缭的主张是"使民无私"，认为"民无私则天下为一家，而无私耕私织，共寒其寒，共饥其饥"；《墨子》记载墨家主张"各从事其所能"，"赖其力者生，不赖其力者不生"；《吕氏春秋》则记载了杂家的均平主张，认为"公则天下平"。社会的公平与公正是中国历代的追求，然而，社会的公平与公正应当以物质财富对人们基本生活的满足为前提，而不能仅仅满足于片面的"公平"，只是共寒共饥不是真正的和谐。孔子的认识就是如此，他希望老百姓能各尽其力，也希望"各从事其所能"，但他并不认同狭隘的"公平"，如果那样的话，"老有所终，壮有所用，矜寡孤疾皆有所养"就无从谈起。

孔子也曾经谈到"贫"与"寡"的问题。《论语·季氏》记曰："丘也闻有国有家者，不患寡而患不均，不患贫而患不安。盖均无贫，和无寡，安无倾。夫如是，故远人不服，则修文德以来之。既来之，则安之。"孔子相信，有封国、封地的人，最重要的是要注意均平，注意安定。因为平均就不觉得贫穷，和睦就不觉得人少，安定就没有什么危险。孔子所言，着眼于"有国有家者"，他们负有治理家、国的责任。孔子说"不患寡而患不均，不患贫而患不安"，却未必肯定"寡""贫"，相反，孔子其实是否定"寡""贫"，因为他是以之作为参照，来说明"不均""不安"更为可怕。在孔子的论说逻辑中，"不均"与"不安"是互相联系的，"不均"往往会

从文化自知到文化自信

引发"不安"。孔子所说"均无贫，和无寡，安无倾"，其中的"均平"是财产分配，要达到好的结局，一定要使各方处于"和"的状态，这样才能消弭动荡的根源。可见，"均平"原则其实是一个"和"的原则，以"均平"治国便是以"和"治国。

孔子的大同思想，追求的不是局部的和谐，而是整个社会的和谐，这一点十分重要。按照孔颖达《礼记·礼运》疏的解释："'是谓大同'者，率土皆然，故曰'大同'。"孔子胸怀家国天下，他的思想影响了无数的中国人。例如，晋代的陶渊明曾经虚构了一个世外桃源，他描述到："林尽水源，便得一山……有良田美池桑竹之属，阡陌交通，鸡犬相闻。其中往来种作，男女衣着，悉如外人；黄发垂髫，并怡然自乐。"这是陶渊明理想中的和谐社会，其中既有孔子思想的影子，也有道家的思想因素，显然，这种超脱虽有对美好生活的超然向往，但更多地透露了人们被世事所累时的逃避与解脱。

为了政治理想的实现，历史上的仁人志士都在不断努力着、思考着。宋代的李纲以"病牛"作比，他写道："耕犁千亩实千箱，力尽筋疲谁复伤？但愿众生皆得饱，不辞羸病卧残阳。"明代的吕坤则追求一个"清平世界"，《呻吟语》卷五《治道》记载了他的说法："六合之内有一事一物相陵夺假借，而不各居其正位，不成清世界；有匹夫匹妇冤抑愤懑，而不得其分愿，不成平世界。"

但是，"众生皆饱""清平世界"的到来是艰难的，直到近代，人们仍然在不断为这样的理想而奋斗。太平天国时期，洪秀全提出"天国"理念，向往天下男子尽兄弟，天下女子皆姐妹，颁布《天朝田亩制度》，希望天下人共耕天下之田，他们认为应当"天下一家，共享太平"。后来，康有为继承孔子的"大同"思想，提倡"世界大同"，主张在《礼记》中取出《礼运》篇，与《儒行》《大学》《中庸》合为"四记"，以代替宋儒的"四书"，作为儒家的基本典籍。再后来，孙中山也曾以"大同"理想作为自己的最高政治追求。

孔子学说体系就是建立和谐社会

从本质上讲，孔子的思想是关于社会政治的思想，孔子的学说是关于社会治乱问题的学说。孔子的思想博大精深，但归根结底，孔子的思想学说都紧紧围绕着一个主题，那就是建立一个有序的社会，建立一个和谐的社会。

值得重视的是《论语》篇的记载，该书首篇《学而》中记曰：

有子曰："礼之用，和为贵。先王之道，斯为美，小大由之。有所不行，知和而和，不以礼节之，亦不可行也。"

这里特别强调的是"和"。所谓"和"，即和合或人心和顺，指人与人之间关系和睦、和谐。《贾子·道术》："刚柔得道谓之和，反和为乖。""和"为礼之所有，行礼以和为贵，和可以看成礼。礼主分，乐主和，故梁皇侃、宋邢昺有"和谓乐也。乐主和同，故为乐为和"的说法。

本章论述"以和为贵"和"以礼节和"思想。有子认为，礼的作用，以和为贵，从前圣王治国，都以和合为好，无论大事、小事，都以此为出发点，按此原则行事。"和"指的是乐，这里所说的"和"也可以看成是"人和"。人和就是人心和顺，人与人之间关系和谐。但有时候，如果知道和合可贵而一味和合，也就难以行得通了。这里是讲行礼与贵和的关系，礼贵得中，知有所节，则知所中，能得中庸之常道，不偏不倚，恰到好处。无论对人、家庭还是对社会、国家，乃至整个世界，"和"都极重要。要保持"和"，重要的是守礼、有道。

有子是孔子弟子，姓有，名若，字子有，后人尊称为有子。《史记·仲尼弟子列传》说他"状似孔子"，孔子去世后，他曾经被孔门弟子推举为"师"，即继任了孔子的儒家领袖地位。虽然不久就遭到了其他弟子的否定，但或许主要因为他与孔子之间在学问上的明显距离，但他被推举为"师"的事实本身，可以说明他在孔子弟子中确实十分重要。

《论语》中的每一篇有没有主旨？《论语》的资料是无序随意排列，还是有序精心比次？后人的理解却有不同。《论语》各篇有无主旨，皇侃的《论语义疏》认为每篇都有主旨，并为之一一说解。朱熹也这样认为。朱夫子谈《论语》第一篇说："此为书之首篇，故所记多务本之意，乃入道之门、积德之基、学者之先务也。"朱熹认为《学而》篇是全书思想的根本所在。

依照我们的看法，皇侃等人的理解应该是正确的。近年来出土了大批的新材料，使我们可以对孔子与早期儒学的许多问题进行重新认识，对于《论语》的成书问题也是如此。根据笔者的研究，《论语》应该成书于孔子裔孙子思等人之手，且他们对于《论语》材料的编排不是随意进行的，而是基于他们对孔子的深切了解来排比孔子及其弟子门人的语录的，孔子后人称此书具有"正实而切事"的特点，应该是没有任何问题的。

基于对《论语》成书问题的这种认识，我们看出孔子思想中和谐思想不同寻常的位置。显然，《学而》篇围绕做人这一个中心问题展开，做人的问题在儒学体系中十分重要，从本质上讲，儒学其实就是"修己安人"之学。儒家特别强调个人修养，即所谓"修己"，而"修己"的目的就在于"安人""安百姓""安天下"，这也是儒家经典《大学》的纲领。

《论语》的结构正是如此。《论语》首篇为总论，用皇侃《论语义疏》的话说就是"皆人行之大者"。《论语》的每一章都有一个主题，依照孔子思想体系的内在逻辑线索逐步展开，分别谈为政以德、守礼明礼、择仁处仁等。《论语》首篇十分重要，《朱子语类·论语二》引宋人吴寿昌说："今读《论语》，只熟读《学而》一篇。若明得一篇，其余自然易晓。"这的确是通读《论语》掌握其真谛的中肯之言。

《论语》首篇记述有子关于"和"的论述，实际是借有子之口明确了孔子思想体系的本质方面。"大同"社会是孔子追求的政治理想，他推崇先王，宣扬"先王之道"，为了达至"圣王之治"，他进行过很多的论述，例如，据《孔子家语·王言》，孔子弟子曾子曾向孔子请教有关"明王"的问题：

孔子曰："昔者帝舜左禹而右皋陶，不下席而天下治。夫如此，何上之劳乎？政之不中，君之患也；令之不行，臣之罪也。"

孔子曰："上敬老则下益孝，上尊齿则下益悌，上乐施则下益宽，上亲贤则下择友，上好德则下不隐，上恶贪则下耻争，上廉让则下耻节，此之谓七教。七教者，治民之本也。政教定，则本正矣。凡上者，民之表也，表正则何物不正？是故，人君先立仁于己，然后大夫忠而士信，民敦而俗朴，男悫而女贞。六者，教之致也，布诸天下四方而不怨，纳诸寻常之室而不塞。等之以礼，立之以义，行之以顺，则民之弃恶如汤之灌雪焉。"

孔子曰："至礼不让而天下治，至赏不费而天下士悦，至乐无声而天下民和。明王笃行三至，故天下之君可得而知，天下之士可得而臣，天下之民可得而用。"

孔子心目中的古代"明王"，其治理天下都已经达到了和谐的状态。他们的做法无非是用人得当，其行身正，乐善好施，政平民和。在《孔子家语·执辔》篇的记载中，孔子心目中的理想政治乃是"壹其德法，正其百官，以均齐民力，和安民心"，就是"令不再而民顺从，刑不用而天下治"。

孔子思想博大精深，在他的思想体系中，"仁""礼""中庸""道""义""和"等都是其有机的组成部分。以前，在孔子研究中，何者为孔子思想的核心，学者们的看法却有重大分歧。学术界多数人强调"仁"在孔子思想中的重要地位，认为"仁"应该是孔子思想的核心；有的则认为"礼"贯穿于孔子的政治、经济、哲学、文学、史学、教育等思想中，孔子之学就是礼学，它从大到细，面面俱到，"礼"应该是孔子思想的核心。另外，还有的人认为孔子的思想核心是"道"，是"和"，是"中庸"等等。其实，细细想来，在孔子思想核心问题上的分歧，主要是人们在一些具体问题的认识上存有不同的认识，例如使用的方法不同，对材料的占有与分析理解有异等等。

我们认为，要对孔子思想核心有正确的认识，关键要解决两个问题：

第一，必须看到孔子思想是一个动态发展的过程。在他人生的不同时期，他的思想所表现出来的具体特征亦有不同，这就是必须认识到孔子思想发展中的阶段性表现。他的思想产生的早期，他关注最多的是"礼"，即周礼，他念念不忘以周礼重整社会，他被社会广泛认可，也是他精通周代的礼乐制度。以后，他对社会人生的认识更加深化，他到处推行自己的主张，企图用自己的学说改造社会，但事与愿违，处处碰壁。他不得不思考"礼"之不行的深层原因，于是，他开始越来越多地提到"仁"，议论"仁"与"礼"之间的关系，使他的"仁"的学说得到了充分的拓展和完善。进入"知命"之年之后，孔子的人生境界逐渐提高，以至于最后达到了"从心所欲不逾矩"的佳境。他晚年喜《易》，并作《易传》，对自己的哲学思想进行了具体的阐发，他的"中庸"的方法论观点也臻于成熟。如果把孔子的一生进行这样整体的分析，或许会有助于对其思想核心问题的理解。

第二，孔子是一位思想家，首先是一位政治思想家。他关注社会，关注人生，关注自然，更关注社会政治问题。但是，归根结底，孔子的思想都是围绕社会政治问题阐发的。他谈论"礼"，是希望社会上下有序，政治安定；他谈论"仁"，正是为了人们自觉地遵守"礼"，以之为手段，他的"仁"的学说乃围绕政治统治来阐发。认真研究孔子的"礼"的政治思想，不难发现，他的这一思想乃是激愤于"天下无道"的现实，希望发扬"先王之道"，最终归宿乃是建立"有道"之世。所以，有学者认为，孔子思想中，"道"占有极其重要的地位。而进一步分析，则孔子的"道"，其实就是他理想的"大同社会"。从这个意义上，"和"在孔子思想中的重要位置就显而易见了。

从以上的分析看，在孔子的思想体系中，社会和谐问题乃是孔子思考的根本问题。孔子也的确常常说到"和"。在孔子丰富的思想宝库中，他的论述总是围绕着"和"，他希望通过各种方式达到思想上的统一，行动上的一致，社会上的协调，国家中的安宁。而说到底，就是一个"和"字。"和"既是调和的手段，更是和谐的状态，孔子希望达到一种和谐的状态，和平的环境，和洽的气氛，即达到一种远比"和"的手段更高、更深、更广的和谐机制。①

孔子智慧是社会发展的不竭源泉

孔子与儒家的哲学是一种关于和谐的哲学，它追求的是整个社会的和谐。孔子和儒家不仅讲人与自然的和谐，也讲人与社会的和谐，讲人与人之间的和谐。儒家哲学影响了亿万的中国人，影响到了历代中国社会。作为中国传统文化的根基所在，孔子智慧在中国社会主义和谐社会构建中将会提供源源不断的精神动力。

我们建设社会主义和谐社会的目标，是要实现民主法治、公平正义、诚信友爱、安定有序、人与自然和谐相处。显然，和谐社会不仅仅是经济

---

① 参看骆承烈先生：《孔子的思想核心——和》，载《儒家思想与未来社会》，上海：上海人民出版社，1991年。

的快速发展，也不仅仅是一个社会的稳定。按照这样的目标，我们所构建的社会主义和谐社会，至少应当具备如下特征：第一，要加强民主法治建设以维护社会的稳定；第二，要协调各方面的利益关系以维护社会的公平；第三，要营造良好的社会氛围以形成良好的人际环境；第四，要调动一切积极因素以增强社会的创造活力；第五，要加强民主法治建设以维护社会稳定；第六，要处理好人与自然的关系以保证可持续的发展。

可以看出，社会主义和谐社会要求人与人之间应当建立起互相尊重、互相信任的社会关系，要以和谐为基准，从而安邦兴业，而最为紧要的还是全体人民应各尽所能、各得其所、和谐相处。这其实正是千百年来无数中国人所孜孜以求的梦想，从本质上讲，和谐社会是对社会主义本质认识的深化和发展。

毋庸讳言，我国目前还存在着一些问题，如城乡差别问题，就像有人所说，"城乡和谐路漫漫"，施宾格勒说过"石头是城市的本质，就像土地是农村的本质一样"，似乎都预见性地将城乡差别一语道出。

然而，尽管构建和谐社会知易行难，但作为一个既定的奋斗目标，我们应当不懈努力，就像俄国作家柯罗连科脍炙人口的名篇《火光》所描述的那样：火光冲破朦胧的夜色，明明在那儿闪烁。不过船夫是对的：事实上，火光的确还远着呢……然而，火光啊……毕竟……毕竟就在前头！既然和谐社会是一种很理想的社会模式，那么，构建和谐社会应当是一个永不停止的努力方向，而我们要做的便是加劲划桨，直至到达理想彼岸。

在建设和谐社会的过程中，我们应当充分汲取孔子的智慧。其实，自从 20 世纪以来，中华传统文化已经出现了严重的断裂，这种断裂不仅造成了文化传统的中断，还造就了一批否定传统的学人。他们不理解本来面貌的孔子儒学，从而丧失了对优秀传统文化的感情。但是，文化是一个民族的根本，没有自身文化的民族将是十分危险的，甚至难以称得上是民族。民族的兴旺与发达，其根本标志应当在于其民族文化。

20 世纪已经尘埃落定。然而，当我们跨入新世纪的门槛，回眸百年风云，放眼新世纪的时候，会很自然地思考起人类社会的未来命运，思考起林林总总的现实问题该如何应对。

1988 年 1 月，75 位参会者（包括 52 名科学家）聚集在法国巴黎，举行议题是"面向 21 世纪"的大会，这便是"第一届诺贝尔奖获得者国际大会"。当时，处在世纪末的人们在对未来充满希望的同时，心中也颇有几分苦涩，几分忧虑，他们在思考人类社会的命运。参会者经过四天的讨论所得出的结论之一是："人类要生存下去，必须回到 25 个世纪以前，去汲取孔子的智慧。"

有意思的是，提出这个结论的不是中国人，而是瑞典的物理学家汉内斯·阿尔文博士。据介绍，阿尔文博士一直致力于空间研究，1970 年，他获得了诺贝尔物理学奖。由于自己的工作无意中成为"星球大战"的序曲，因此他曾建议各国将国防部改为"大批杀伤平民部"。上述结论是他在等离子物理学研究领域的辉煌生涯将近结束时得出的。

更有意思的是，这篇文章是一位西方记者在西方的报纸上报道出来的。这个报道首见于澳大利亚的《堪培拉时报》，系"帕特里克·曼汉姆自巴黎报道"。据介绍，虽然会议的结论多达 16 个，报道却格外看重这个结论，除以大量笔墨重点介绍外，更以《诺贝尔奖获得者说要汲取孔子的智慧》来命名。报道开门见山地指出了诺贝尔奖获得者的这一建议，并称在会议的新闻发布会上，汉内斯·阿尔文博士的这一发言最精彩。

孔子地位在中国历史上的升降沉浮实在太令人感慨、耐人寻味。这是由孔子思想的特征所决定的。每到社会安定的时候，孔子便受到重视，孔子和儒学的地位便得到提升；而到社会动荡之时，人们往往轻蔑孔子，鄙视儒学，诋毁中国传统文化，几千年的中国历史一直在不断地证明这一点。汉朝初年的叔孙通说："夫儒者，难与进取，可与守成。"叔孙通所说的"进取"，指"蒙矢石争天下"；他所谓"难与进取"，并不是不可以发展社会，而是指儒者难以攻敌斩将、夺旗易帜；他所说的儒者"守成"，自然也与后人所说儒学"顽固""保守"有一定区别。人们都知道，儒学不仅是治世之学和"修己安人"之学，而且的确也是一种"守成"之学。

不可否认，叔孙通看中的主要是儒家的礼学。但我们首先必须明确的是，与原始儒学相比，汉代儒学已经发生了重要变化，不仅汉朝的儒者能够"知时变""识时务"，而且儒学也已与政治相结合了，由先秦时期的地域学术上升为官方的主流学术。从此，儒学与两千多年的中国社会结下了不解之缘。

儒学与中国社会历史文化的关系如此密切，那么，它对推动中国社会发展起到了怎样的作用呢？对此，人们思考了很多。特别是近代以来中国门户洞开，西方文化传入中国，人们的思考也进一步深化。我们曾说，中国的国力决定了孔子文化影响力的大小。近代以来，中国落后挨打，不少人迁怒于中国的传统文化，从而强化、放大了人们对传统文化负面影响的认识。而今，我们觉察到了这种认识的偏颇，因而可以冷静、清醒地认识孔子与儒学。

我们现在已经能够正确对待孔子，不仅是因为儒学已经走过了两千五百多年的发展历程，更是近代以来中国与世界的正面接触、中国文化与西方文化的直面对话以及整个 20 世纪各种思想潮流的相互激荡和碰撞的结果。反思这样一个过程，我们不仅经历了艰辛探索的苦闷，而且在积累了大量丰富经验的同时，也获取了一系列的重大教训。不少国人的共识是：在当代中国，在当今世界，孔子文化应当发挥更大作用。这是孔子文化特质的要求，更是时代的感召和呼唤。要平治国家社会，要进行道德重建，我们应当依凭孔子的人文教化。历史的发展表明，民族复兴的动力存在于其民族文化之中，文化要复兴，必须到民族文化中去发掘"内力"，而孔子文化中有我们需要的最基本的价值支撑。

很显然，和谐社会一定是一个法治社会，和谐社会离不开法律的支持，离不开法制的支撑；和谐社会也应该是平等的社会，是一个人人都得到敬重的社会，离不开人们之间的诚信与礼让；和谐社会更是一个可持续发展的社会，离不开人们对他人、对自然的自觉仁爱意识，离不开对客观规律的自觉探索与尊重。而从根本上说，这都需要积极弘扬我国的传统文化，以为和谐社会提供文化支撑。

有人曾说："一个国家，一个民族，只有强大的哲学，才能建构强大的精神；只有哲学本体论上不谬，才能在精神和行为上不谬。小知而不能大决，小能而不能大成，囿于小知而不知大论，必极变而多私，必走向荒诞与种种非理性。"中华民族要强大起来，"就必须首先在精神上强大起来，在哲学本体论上站住脚跟，经纶天下之大经，立天下之大本，知天地之化育，然后才能与天地参，与万物化，建成强大昌盛的民族国家"①。很显然，中国的传统文化博大精深，它包含了先哲对天地之道、对人道的深刻思考；它认识到了人与自然应当天人合一，人与人之间应当和而不同，个人的发展需要修身养性；它赋予时代积极的内涵，是今天我国社会发展取之不尽的精神源泉。

（原载于贾磊磊，孔祥林主编：《第二届儒学国际学术研讨会论文集》，文化艺术出版社 2010 年版）

---

① 司马云杰：《大道运行论·〈文化价值哲学〉新序》，济南：山东人民出版社，1995 年。

"中道"观念与中国史学传统

近百年间，对中国传统文化进行怀疑和批判曾经成为学界的思潮，有学者甚至将中国正史说成"二十四姓之家谱而已"①，史家治史被说成专为君权专制服务的工具。20 世纪 80 年代曾有"历史危机论"，人们追问"研究历史有什么用"。显然，所谓"用"，"不能变为功利主义的用"②，功利化了的"用"是被降低了标准的"用"。中国传统史学最根本的作用在于惩劝政治，这便是通常所谓"史载笔，士载言"③。中国史事"史不绝书"④，早已形成了"君举必书"⑤"书法不隐"⑥"天子无戏言，言则史书之"⑦"烈士殉名，壮夫重气"⑧等富有礼学精神的史学传统。本文试图申说的是，这种史家治史不局限于记事，而且还通过褒扬和贬抑等书法对其进行评判，功过必书于史册，务求使"元凶巨慝有所畏，正人君子有所宗"⑨的做法，深深体现了中国上古的"中道"观念。

---

① 梁启超：《新史学·中国之旧史》，载氏著：《饮冰室合集》第 1 册，《饮冰室文集之九》，北京：中华书局，1989 年，第 3 页。

② 李学勤：《文物中的古文明》，北京：商务印书馆，2008 年，第 82 页。

③ 郑玄注，孔颖达等正义：《礼记正义》卷 3，《曲礼上第一·曲礼上》，阮元校刻《十三经注疏》本，北京：中华书局，1980 年，第 1250 页。

④ 杜预注，孔颖达等正义：《春秋左传正义》卷 40，襄公二十九年，阮元校刻《十三经注疏》本，北京：中华书局，1980 年，第 2006 页。

⑤ 杜预注，孔颖达等正义：《春秋左传正义》卷 10，庄公二十三年，阮元校刻《十三经注疏》本，北京：中华书局，1980 年，第 1779 页。

⑥ 杜预注，孔颖达等正义：《春秋左传正义》卷 21，宣公二年，阮元校刻《十三经注疏》本，北京：中华书局，1980 年，第 1867 页。

⑦ 司马迁：《史记》卷 39，《晋世家第九》，北京：中华书局，1959 年，第 1635 页。

⑧ 刘知几撰，张振佩笺注：《史通笺注》，贵州：贵州人民出版社，1985 年，第 255 页。

⑨ 柳诒徵：《国史要义》，上海：上海古籍出版社，2007 年，第 10 页。

史官制度与上古政治文化

世传创造文字的仓颉和沮诵是中国最早的史官，① 但不论如何，中国的史官出现很早，最迟在殷商时期就已经有了史官制度。② 史官的职责主要是记事，其后再根据所记，整理为史籍。近人指出："史之初义为史官而非史书……在中国，史书是后起之义，由史官而引申成史官所写之史书"③。史书出自史官记事，蕴含了史官的治世理念或政治思想。

不难理解，史官与史官制度的出现，标志着人类历史意识的高度发展，在某种程度上，显示了人们对自然和社会的发展理路有了很高水平的认知。正如柳诒徵先生所认为的那样，研究中国历史和史学之起源，有益于深入认识中华民族富于政治性色彩的内在原因。我们观察史官制度与上古政治文化的关系问题甚为重要。④

（一）史：以手持"中"

中国汉字具有表意功能。"历史"的"史"，其文字构型本身十分明确地表达了中国早期"史"与"中"的关系。

史学研究源自史籍，史籍撰自史家，中国最早的史家出自史官。从"史"字本义看，《说文》记载说："史，记事者也，从又持中。中，正也。"江永释其为："凡官署簿书谓之中，故诸官言治中受中，小司寇断庶民讼狱之中，皆谓簿书，犹今之案卷也。此中字之本义，故掌文书者谓之史。其字从又，从中，又者右手，以手持簿书也。"⑤ 对于这里"中"字之义，目前学界存有多种注释。我们以为理解为"中道"是最为恰当的。孔子说："政者，正也。"⑥ 政治之根本就是"正"，所谓"正"，就是符合

---

① 《史通·史官建置》载："史之建官，其来尚矣。昔轩辕氏受命，仓颉、沮诵，实居其职。"详参刘知几撰，张振佩笺注：《史通笺注》，贵州：贵州人民出版社，1985 年，第 392 页。

② 杜维运先生认为中国最迟在商代，或者在夏代，就已经设立了史官。详参杜维运：《中国史学史》（第 1 册），北京：商务印书馆，2010 年，第 40 页。

③ 李宗侗：《中国史学史》，北京：中华书局，2010 年，第 1 页。

④ 柳诒徵：《国史要义》，上海：上海古籍出版社，2007 年，第 2 页。

⑤ 江永：《周礼疑义举要》，北京：中华书局，1985 年，第 58 页。

⑥ 何晏等注，邢昺疏：《论语注疏》卷 12，《颜渊第十二》，阮元校刻《十三经注疏》本，北京：中华书局，1980 年，第 2504 页。

"礼"。孔子说:"礼也者,理也"①,"合理"的才是"合礼"的。这便是《孔子家语·论礼》中记载的孔子之言:"夫礼,所以制中也。"②

史官治史关键是"持中",就是说,史官记事同时肩负着评判其事是否符合礼的职责。《周礼·地官司徒》说,师氏"掌国中失之事,以教国子弟,凡国之贵游子弟学焉"。郑玄注:"教之者,使识旧事也。中,中礼者也。失,失礼者也。"③《逸周书·武顺解》说"人道尚中,耳目役心",又说"人道曰礼"。④"尚中"与崇礼的观念是一致的。这样看来,在中国早期政治理念中,"礼"和"中"关联非常密切,甚至可以说衡量"中道"的标准就是"礼",或可说"礼"是为政理民的范式准则,而"中道"则是实现、保持"礼"的理念和方法。

近代曾有学者考《周官》五史之职掌,认为"归纳于一则曰礼",又说"礼者,吾国数千年全史之核心也"。⑤ 这种说法是有道理的。史官治史要把持"中道",其实就是要遵循天道,合乎情理,顺应人心。

（二）"史"的职责在"赞治"

商周时期是史官出现的早期,史官把握"中道"及其与"礼"的关系,或者那个历史时期史官的职能,就是使之与当时的政治文化存在着密切的关联。

《周礼》释"史"说:"史,掌官书以赞治。"郑玄注:"赞治,若今起文书草也。"⑥ 赞治,就是"佐治",即帮助国家治理,不会仅仅像今日之"文书"而已。郑玄所说恐怕有简单化的嫌疑。《大戴礼记》载:"天子御者,内史、太史左右手也。"⑦ 中国自上古时期,天子与诸侯行事,就设立

① 杨朝明、宋立林主编:《孔子家语通解》卷6,《论礼第二十七》,济南:齐鲁书社,2009年,第319页。
② 杨朝明、宋立林主编:《孔子家语通解》卷6,《论礼第二十七》,济南:齐鲁书社,2009年,第318页。
③ 郑玄注、贾公彦疏:《周礼注疏》卷14,《地官司徒第二·师氏》,阮元校刻《十三经注疏》本,北京:中华书局,1980年,第731页。
④ 黄怀信、张懋镕、田旭东:《逸周书汇校集注》卷3,《武顺解》,上海:上海古籍出版社,2007年,第326—327页。
⑤ 柳诒徵:《国史要义》,上海:上海古籍出版社,2007年,第5—10页。
⑥ 郑玄注、贾公彦疏:《周礼注疏》卷2,《天官冢宰第一·宰夫》,阮元校刻《十三经注疏》本,北京:中华书局,1980年,第655页。
⑦ 孔广森:《大戴礼记补注》卷6,《盛德第六十六》,北京:中华书局,2013年,第155页。

史官在侧随时记录，"动则左史书之，言则右史书之"①，天子视内史、太史为执政的"左右手"，如此看重史官，绝不仅因为他们能记事备忘，更重要的是他们的监督、指正效用。

清华简《保训》篇的问世给我们带来了一个重要的启示。《保训》篇记载了周文王对太子发讲了两件上古的史事传说，并用这两件史事，说明他要求太子遵行的一个思想观念即"中"，也就是后来说的中道。"中"的观念是《保训》全篇的中心。第一件是关于舜的。文王说："昔舜旧作小人，亲耕于历丘，恐求中，自稽厥志，不违于庶万姓之多欲。"② 强调舜出身民间，能够自我省察，不违反百姓的种种愿求。他在朝廷内外施政，总是设身处地，从正反两面考虑，将事情做好，从而达到中正之道。第二件是关于微的。微就是上甲，是商汤的六世祖。文王说："昔微假中于河，以复有易，有易服厥罪，微无害。乃归中于河。"③ 这里讲的是微为其父王亥复仇的故事。周文王说微"假中于河"，即凭靠河伯能秉持中道，公正行事，最终使有易服罪。按照《保训》记载，微由此把"中"传给子孙，至于成汤，于是汤得天下。和上面讲的舜一样，"中"的观念起了重要作用。

由《保训》的启发，我们又想到《逸周书》。《逸周书·五权解》记载，武王临终时，同样希望儿子尽力做到"中"。于是，他对辅佐成王的周公说："先后小子，勤在维政之失。"要他勤勤恳恳，力求避免政治上出现偏失。武王还强调，希望儿子"克中无苗"。"苗"通"谬"，即谬误、偏失。意思是尽力做到适中无邪，以"保"成王在位。武王接着说："维中是以，以长小子于位，实维永宁。"④ 既要"保"其在位，又要"长"其于位，使他在王位上尽快成长起来。那么，怎么成长？就是要"维中是以"，"以"的意思是"用"，即维中是用。

无论周文王还是周武王，他们临终前训诫太子的嘱托中，所强调的竟然都是一个"中"字。文王、武王以后，周人认真遵行了"中"的思想。

① 郑玄注，孔颖达等正义：《礼记正义》卷29，《玉藻第十三》，阮元校刻《十三经注疏》本，北京：中华书局，1980年，第1473—1474页。
② 李学勤：《清华简〈保训篇〉释读补正》，《中国史研究》，2009年第3期。
③ 李学勤：《清华简〈保训篇〉释读补正》，《中国史研究》，2009年第3期。
④ 黄怀信，张懋镕，田旭东：《逸周书汇校集注》卷5，《五权解》，上海：上海古籍出版社，2007年，第521、530页。

西周时期，"中道"思想很受重视。西周职官中有"师氏"，具体职掌邦国事情是否合乎法度或礼制，以之教育后代。原来，西周时期是以"中"来教育国中子弟。

这样看来，"中道"观念在西周时期就已经被周天子视为治世之圭臬。史官担负着"左右手"的重任，天子、诸侯必定选择深谙礼法、善于掌握"中道"的德才兼优之人担任。

上古时期，史官的职权范围很广，他们所职掌的史书，也是广义的，包括一切典章制度。史官职掌全国乃至累世相传的史书，且所治史书又不是泛泛的记事，而是评判政治得失的政典。中国上古时期就具有"天聪明，自我民聪明；天明畏，自我民明威"①的传统，历代"圣王"从民俗而知天命，原天理而制定礼仪，后世儒家推尚的"王道政治"，绝非一王一圣所能创垂，而是听取总结民意，长期累积经验凝集沉淀而成。班彪称："唐虞三代，诗书所及，世有史官，以司典籍。"②上古十分重视以史劝诫政治，形成了"未尝离事而言理"③的传统，推助着"王道"政治文化的形成和传承。

史官谏王之制与 "中道"

商周时期的史官"赞治"，是通过上古的政治制度实现的。中国史官一贯就有秉笔直书之传统，治史"不虚美、不隐恶"④，有时，为坚守"中道"，甚至还冒生命危险，彰显出史家的高贵气节。但这不是仅仅出于史官的"史德"，而是有辅政谏王制度的保障。在这样的情况下，史官记事便有了共同必守之法，也就是说，这是由他们的权力与职责所决定的。

（一）史官辅政谏王之制

早在三代时期，中国就形成了史官据法典谏王的制度。《大戴礼记·保傅篇》称："三代之礼，天子春朝朝日，秋暮夕月……食以礼，彻以乐，失

---

① 孙星衍：《尚书今古文注疏》卷2，《皋陶谟上》，北京：中华书局，1986年，第87页。
② 范晔：《后汉书》卷40，《班彪列传》，北京：中华书局，1965年，第1325页。
③ 章学诚：《文史通义》卷1，《易教上》，北京：中华书局，1985年，第1页。
④ 司马光撰，胡三省注：《资治通鉴》卷197，《唐纪十三》，北京：中华书局，1957年，第6203页。

度则史书之，工诵之，三公进而读之，宰夫减其膳。"① 又，《国语·周语》记载："天子听政，使公卿至于列士献诗，瞽献典，史献书，师箴，瞍赋，矇诵，百工谏，庶人传语，近臣尽规，亲戚补察，瞽史教诲，耆艾修之，而后王斟酌焉。是以事行而不悖"②。《礼记·王制》篇也记载着天子受谏、百官受质之文，都是由太史典礼执简以记录的文辞。

在那时，史官有其为官之"义"。典籍记载说："史之义不得不书过，不书则死"③；"史不记过，其罪杀之"④；以及"君举必书"⑤。在那个时期，共同的史官记事原则，是"德刑礼义，无国不记"⑥，乃至以典礼史书限制君权，监督"天子不得为非"⑦。这是史官的天职，甚至有"一日失职，则死及之"⑧ 的说法。君待史官如师友，尊为"社稷之臣"，依靠他们辅助执政而补缺拾遗于左右。

天子一人尊于万民之上，如果像《左传·襄公十四年》所引《夏书》所说的那样"以从其淫"，必定为祸至烈。因此，古代圣哲深虑预防之策略，乃以典礼史书加以节制，"勿使过度"⑨。因此，"古之先王，世有史官，君举必书，所以慎言行，昭法式也"⑩。即使贵为天子，如果处事失度，史官必定会据法给予惩劝。有学者指出，中国古代"史权之高于一切"⑪ 绝不是一句虚言。历史证明，除去桀、纣、幽、厉等昏主之外，但凡中材之主都能尊奉史权之约束。

① 孔广森：《大戴礼记补注》卷3，《保傅第四十八》，北京：中华书局，2013年，第66页。

② 韦昭注：《国语》卷1，《周语上》，上海：上海古籍出版社，1988年，第9页。

③ 孔广森：《大戴礼记补注》卷3，《保傅第四十八》，北京：中华书局，2013年，第65页。

④ 毛公传，郑玄笺，孔颖达等正义：《毛诗正义》卷第2—3，《邶风·静女》，阮元校刻《十三经注疏》本，北京：中华书局，1980年，第310页。

⑤ 杜预注，孔颖达等正义：《春秋左传正义》卷10，庄公二十三年，阮元校刻《十三经注疏》本，北京：中华书局，1980年，第1779页。

⑥ 杜预注，孔颖达等正义：《春秋左传正义》卷13，僖公七年，阮元校刻《十三经注疏》本，北京：中华书局，1980年，第1799页。

⑦ 孔广森：《大戴礼记补注》卷3，《保傅第四十八》，北京：中华书局，2013年，第67页。

⑧《左传·昭公二十九年》记："物有其官，官修其方，朝夕思之。一日失职，则死及之。"杜预注，孔颖达等正义：《春秋左传正义》卷53，昭公二十九年，阮元校刻《十三经注疏》本，北京：中华书局，1980年，第2123页。

⑨ 杜预注，孔颖达等正义：《春秋左传正义》卷32，襄公十四年，阮元校刻《十三经注疏》本，北京：中华书局，1980年，第1958页。

⑩ 班固：《汉书》卷30，《艺文志第十》，北京：中华书局，1962年，第1715页。

⑪ 柳诒徵：《国史要义》，上海：上海古籍出版社，2007年，第31页。

上古时期，史官与天子实为亦师亦友之关系，"尚德而互助"①，天子任用史官记事，一方面以备遗忘，一方面考证得失，相勉于善，补缺拾遗。《尚书·皋陶谟》称："臣哉邻哉！臣哉邻哉！"又称："予违汝弼，汝无面从，退有后言，钦四邻。"② 古之圣王为政，上畏天命，下顺民心，唯恐失政害民，所以设立史官匡弼箴规，视之如"四邻"，或为师友。

周成王时，史佚与周公、召公、太公并为"四圣"，"乱为四辅"，其主要职责是"博闻强记，接给而善对"。周成王为政"虑无失计，而举无过事"③，"四圣"辅翼之功至为关键。史佚位居其一，史官辅政之重要性可见一斑。

（二）史官之气节与政治秩序

史官辅政不仅监督君权，对于谋篡叛逆、不合法度的权势人物，一样坚守史德，"书法不隐"④，甚至冒生命危险。上古史家，艳称南、董。《左传·宣公二年》载："晋灵公不君……赵穿攻灵公于桃园。宣子（赵盾）未出山而复。太史书曰：'赵盾弑其君。'以示于朝。宣子曰：'不然。'对曰：'子为正卿，亡不越竟，反不讨贼，非子而谁？'宣子曰：'乌呼！我之怀矣，自诒伊戚，其我之谓矣。'"⑤ 文中所言的太史就是董狐，孔子称誉他为"古之良史"，直书赵宣子的过失，使其背上弑君的罪名。

又，《左传·襄公二十五年》，太史书曰："'崔杼弑其君。'崔子杀之，其弟嗣书，而死者二人，其弟又书，乃舍之。南史氏闻太史尽死，执简以往，闻既书矣，乃还。"⑥ 上古史官书事，公开不惧强权，后世史家赞曰："盖烈士殉名，壮夫重气；宁为兰摧玉折，不作瓦砾长存"⑦；"南董之仗气直书，不避强御，韦崔之肆情奋笔，无所阿容"⑧。这种评价并不为过。上

① 柳诒徵：《国史要义》，上海：上海古籍出版社，2007年，第31页。
② 孙星衍：《尚书今古文注疏》卷2，《皋陶谟上》，北京：中华书局，1986年，第96、106页。
③ 孔广森：《大戴礼记补注》卷3，《保傅第四十八》，北京：中华书局，2013年，第68页。
④ 杜预注，孔颖达等正义：《春秋左传正义》卷21，宣公二年，阮元校刻《十三经注疏》本，北京：中华书局，1980年，第1867页。
⑤ 杜预注，孔颖达等正义：《春秋左传正义》卷21，宣公二年，阮元校刻《十三经注疏》本，北京：中华书局，1980年，第1867页。
⑥ 杜预注，孔颖达等正义：《春秋左传正义》卷36，襄公二十五年，阮元校刻《十三经注疏》本，北京：中华书局，1980年，第1984页。
⑦ 刘知几撰，张振佩笺注：《史通笺注》，贵州：贵州人民出版社，1985年，第255页。
⑧ 刘知几撰，张振佩笺注：《史通笺注》，贵州：贵州人民出版社，1985年，第255页。

古史官"位尊地要"①，天子必须择取气节高尚且博学多识的人士担任，并实行世袭的制度，在家学渊源和一脉相承的传统中，养成刚正不阿的品格。

三、 孔子 "中道" 与传统史学

在古代史书中，孔子"作《春秋》"，最明显地体现了上古时期的"中道"观念。据《论语·八佾》，孔子曾说："周监于二代，郁郁乎文哉！吾从周。"② 他"祖述尧舜，宪章文武"③，将自尧、舜至文、武、周公以来的"中道"思想给予系统提升，形成了他的中庸思想。就像《孟子》所记述的，孔子不欲将自己的思想学说"载之空言"，于是整理鲁国历史，"作《春秋》"，寄寓自己的微言大义，表达自己的政治思想，从而"寓褒贬，别善恶"，将他的"中道"思想观念体现在他的政治著作之中。

孔子的"《春秋》笔法"乃是继承了商周以来的传统，因为如《国语·鲁语上》所说的"书而不法，后嗣何观"④。孔子以前历史记载众多，这正如《墨子》中说到的"百国春秋"，这些历史记载都有自己的"书法义例"。不仅如此，在前人的基础上，孔子又有自己对于社会与人生的看法或者独特认识，有自己对于当时的历史与政治的独到理解，因此他的"《春秋》笔法"，他在"作《春秋》"时所表现出来的"义例"，便体现了他的"中道"理解，这就是他"礼"的政治思想学说，就是他心目中的社会人生之"理"。

（一）孔子与"中道"

如上所说，孔子的中庸思想渊源有自。《尚书·虞书·大禹谟》有所谓"十六字心传"："人心惟危，道心惟微，惟精惟一，允执厥中。"⑤ 孔子儒家的中庸思想就来源于此。孔子及其以后的儒家谈论"人情"与"人义"、"天理"与"人欲"，无非是讲求人的社会性与自然性的最佳结合点，这个

---

① 王国维：《观堂集林》（上册），北京：中华书局，2006 年，第 269 页。

② 何晏等注，邢昺疏：《论语注疏》卷 3，《八佾第三》，北京：中华书局，1980 年，第 2467 页。

③ 郑玄注，孔颖达等正义：《礼记正义》卷 53，《中庸》，阮元校刻《十三经注疏》本，北京：中华书局，1980 年，第 1634 页。

④ 韦昭注：《国语》卷 4，《鲁语上》，上海：上海古籍出版社，1988 年，第 153 页。

⑤ 王先谦：《尚书孔传参正》，北京：中华书局，2011 年，第 153 页。

点其实就是"中"，就是"礼"，就是"理"。《礼记·仲尼燕居》记载孔子说"礼也者，理也；乐也者，节也。君子无理不动，无节不作"①，《礼记·礼器》说"礼也者，合于天时，设于地财，顺于鬼神，合于人心，理万物者也"②，说的都是这个道理。

孔子称"中庸"为"至德"，是人生的最高境界。《礼记·中庸》说："致中和，天地位焉，万物育焉。""天地位"就是和谐，"万物育"就是发展。《中庸》又说："中也者，天下之大本也；和也者，天下之达道也。"③从根本上说，孔子所说的"中道"既是社会稳定之道，又是社会发展之道。在孔子看来，治理天下的"达道"就是"中庸"。不难理解，孔子作《春秋》乃具有用历史来维持人类文明的深意。从孔子的"《春秋》大义"来看，他继承了上古史学"持中"的传统，并扩充、发展了"中庸之道"。在周代，自君师至国子乡民，都崇尚"中和"。孔子"祖述尧舜，宪章文武"，并以"文武之政，布在方策"④来回应"哀公问政"，欣羡"郁郁乎文哉"⑤的周政，表示"从周"，孔子显然受周代"中道"观念影响很深。这一点，从他对"中庸"的推崇程度亦可证明。他极力推崇"中庸"，要求人们"依乎中庸"，"遵道而行"，为政治国要"执其两端，用其中于民"⑥。

关于"中庸"的解释很多，有的不免玄妙或庸俗化。其实，简言之，"中庸"就是"使用中道"。古时"庸"与"用"相通，这一点，从《易经》和不久前问世的地下文献（如郭店楚简《五行》篇）中都已经得到证明。郑玄注《中庸》说道："名曰《中庸》者，以其记中和之为用也。庸，用也。"⑦又，庄子《齐物论》称："庸也者，用也"。所谓"中庸"即是

① 郑玄注，孔颖达等正义：《礼记正义》卷50，《仲尼燕居第二十八》，阮元校刻《十三经注疏》本，北京：中华书局，1980年，第1634页。

② 郑玄注，孔颖达等正义：《礼记正义》卷23，《礼器第十》，阮元校刻《十三经注疏》本，北京：中华书局，1980年，第1430—1431页。

③ 郑玄注，孔颖达等正义：《礼记正义》卷52，《中庸第三十一》，阮元校刻《十三经注疏》本，北京：中华书局，1980年，第1625页。

④ 郑玄注，孔颖达等正义：《礼记正义》卷52，《中庸第三十一》，阮元校刻《十三经注疏》本，北京：中华书局，1980年，第1629页。

⑤ 何晏等注，邢昺疏：《论语注疏》卷3，《八佾第三》，阮元校刻《十三经注疏》本，北京：中华书局，1980年，第2467页。

⑥ 郑玄注，孔颖达等正义：《礼记正义》卷52，《中庸第三十一》，阮元校刻《十三经注疏》本，北京：中华书局，1980年，第1626页。

⑦ 郑玄注，孔颖达等正义：《礼记正义》卷52，《中庸第三十一》，阮元校刻《十三经注疏》本，北京：中华书局，1980年，第1625页。

"用中"，就是在实际中使用"中道"，凡事要求合乎情理、恰到好处。有学者认为"中庸"是儒家在修身养性、齐家治国方面最核心的原则，① 极是！《礼记·中庸》说："喜怒哀乐之未发，谓之中；发而皆中节，谓之和。"② 所谓"中"，也是人正常的情绪与心境，它正常、适度、有节地表达，才会达到"和"。

"中庸"是一种境界，要长期做到"中"并不容易，所以孔子强调："中庸之为德也，其至矣乎！民鲜久矣。"③《中庸》说："莫见乎隐，莫显乎微，故君子慎其独也。" 又说："诚则明矣，明则诚矣。"认为要做到"中庸"贵在心"诚"，"故至诚如神"。在这里，"中庸"之道强调的是修身，孔子儒家一贯主张"修己以安人"④，通过"修己"，人有了个体素养的提升，有了对社会人生的深刻体认，才有可能理解"中道"。从实质上讲，孔子儒家的"中庸之道"是修身之道，是君子之道，更是为政之达道。在孔子看来，"以德教民，而以礼齐之"⑤ 是为政治民的最佳途径。如前所说，"中"来自礼，"以礼制中"，"中道"观念建立在"礼"的牢固基础上，具有相对的稳定性。儒家主张"以和为贵"，同时强调"以礼节和"，认为在追求和谐的同时，必须用礼加以节制。礼贵得"中"，知有所"节"则知所"中"。其次是以政治引导人民，但是政教并不意味着排斥刑罚。对于"伤义败俗"而又屡教不改的人，就要使用刑罚，即"以刑教中"。就是从"刑"即刑塑的特殊角度，告诉人们什么样的行为是"中"，什么样的行为违背了社会规范。所以，孔子的"中道"思想符合社会发展规律，同时又合乎社会伦常的完整的社会管理之道。

《中庸》说："君子而时中。"⑥ "中"有时也是"变"，因时而权变，与

---

① 庞朴：《中国文化十一讲》，北京：中华书局，2004 年，第 133 页。

② 郑玄注，孔颖达等正义：《礼记正义》卷 52，《中庸第三十一》，阮元校刻《十三经注疏》本，北京：中华书局，1980 年，第 1625 页。

③ 何晏等注，邢昺疏：《论语注疏》卷 6，《雍也第六》，阮元校刻《十三经注疏》本，北京：中华书局，1980 年，第 2479 页。

④ 何晏等注，邢昺疏：《论语注疏》卷 14，《宪问第十四》，阮元校刻《十三经注疏》本，北京：中华书局，1980 年，第 2514 页。

⑤ 杨朝明，宋立林主编：《孔子家语通解》卷 7，《刑政第三十一》，济南：齐鲁书社，2009 年，第 355 页。

⑥ 郑玄注，孔颖达等正义：《礼记正义》卷 52，《中庸第三十一》，阮元校刻《十三经注疏》本，北京：中华书局，1980 年，第 1625 页。

时俱进。"中"是动态的,不是固定不变的。无论"以礼制中"还是"以刑教中"都着眼于对整个社会的影响,都着眼于使其和谐有序。在孔子看来,社会和谐发展必须遵循一定的规则,这个规则就是"中道"。这样看来,在孔子生活的时代背景下,他"作《春秋》",就是要用史学的方式来诠释什么是"中道"。《公羊传》说:"拨乱世,反诸正,莫近诸《春秋》。"① 极是。孔子之《春秋》为中国史学树立了正气,影响了此后两千多年的传统文明的价值取向。

(二)"中道"与传统史学

孔子是中国历史上有确切记载的以私人身份著史的第一人。孔子晚年整理古籍,删《诗》《书》,订《礼》《乐》,"其功莫大于《春秋》"②。孔子正是看到了其时"世道衰微,邪说暴行有作,臣弑其君者有之,子弑其父者有之"③ 的状况,心忧天下而作《春秋》,以"道名分"④,以"辨是非"⑤,以"惩恶而劝善"⑥,达到以历史弘扬"中道"的至高境界。

孔子继承了史学传统中的求真精神。孔子据鲁史而作《春秋》,既注重考据又能阙疑。《春秋》之中,一字之微,必有根据,疑则阙之,"信以传信,疑以传疑"。孔子"多闻阙疑,慎言其余"⑦,坚持"无徵不信"⑧,"于其所不知,盖阙如也"⑨。对于史书记载之不足,孔子根据所见,小心求证给予补充,对于多种传闻必定互参以求实,"信则书之,疑则阙之"⑩。所有这些,对后世史家治史有着深远的影响。

孔子作《春秋》,创立了编年史体例,以事系日,以日系月,以月系

---

① 何休注,徐彦疏:《春秋公羊传注疏》卷28,哀公十四年,阮元校刻《十三经注疏》本,北京:中华书局,1980年,第2354页。

② 章学诚:《文史通义》卷2,《内篇二·浙东学术》,北京:中华书局,1985年,第524页。

③ 曾振宇:《孟子诠解》卷6,《滕文公下》,济南:山东友谊出版社,2012年,第166页。

④ 郭庆藩:《庄子集释》,《杂篇·天下第三十三》,北京:中华书局,1961年,第1067页。

⑤ 司马迁:《史记》卷130,《太史公自序第七十》,北京:中华书局,1959年,第3297页。

⑥ 杜预注,孔颖达等正义:《春秋左传正义》卷27,成公十四年,阮元校刻《十三经注疏》本,北京:中华书局,1980年,第1913页。

⑦ 何晏等注,邢昺疏:《论语注疏》卷2,《为政第二》,北京:中华书局,1980年,第2462页。

⑧ 郑玄注,孔颖达等正义:《礼记正义》卷53,《中庸》,阮元校刻《十三经注疏》本,北京:中华书局,1980年,第1634页。

⑨ 何晏等注,邢昺疏:《论语注疏》卷13,《子路第十三》,阮元校刻《十三经注疏》本,北京:中华书局,1980年,第2506页。

⑩ 顾炎武撰,黄汝成集释:《日知录集释》卷4,《所见异词》,上海:上海古籍出版社,1985年,第276页。

时，以时系年，将历史事件具体到某一天，弥补了过去"过分注重记言"的不足。《春秋》记事与上古史家"未尝离事而言理"的治史传统一脉相承，不尚"空言"，主张"见之于行事之深切著明"。①《春秋》涉及各国之事，而以鲁国为主。自隐公迄于哀公十四年，共记二百四十二年史事，"《春秋》之中，弑君三十六，亡国五十二，诸侯奔走不得保其社稷者不可胜数"②。《春秋》以事实为依据，孔子在分析事件成败得失的基础上，又对其功过加以贬褒。孟子评《春秋》："其事则齐桓、晋文，其文则史。孔子曰：'其义则丘窃取之矣。'"③《穀梁传》称："《春秋》贵义而不贵惠，信道而不信邪。"④ 这里所说的"道"，就是"中道"。孔子治史，其意在弘"道"。

在《春秋》之中，孔子的确在畅畅快快地"以礼制中"。正是因为如此，《史记》说："夫《春秋》，上明三王之道，下辨人事之纪，别嫌疑，明是非，定犹豫，善善恶恶，贤贤贱不肖，存亡国，继绝世，补敝起废，王道之大者也"。⑤ 孔子又说："夫君不君则犯，臣不臣则诛，父不父则无道，子不子则不孝。此四行者，天下之大过也。以天下之大过予之，则受而弗敢辞。"⑥ 这与孔子"君君、臣臣、父父、子子"⑦ 的政治主张完全契合。孔子儒家的终极理想是使社会合"礼"，而达到礼制的途径就是"中道"。司马迁称《春秋》为"礼义之大宗"，所以他说"知我者其惟《春秋》乎！罪我者其惟《春秋》乎！"⑧

孔子发展了他以前历史记载的贬褒书法。关于《春秋》，《史记·孔子世家》所谓"文成数万，其指数千""约其文辞而指博"，⑨ 都是说的孔子陈义"中道"于《春秋》，其中蕴含褒贬的"笔削书法"，已经达到了中国

---

① 司马迁：《史记》卷130，《太史公自序第七十》，北京：中华书局，1959年，第3297页。

② 司马迁：《史记》卷130，《太史公自序第七十》，北京：中华书局，1959年，第3297页。

③ 曾振宇：《孟子诠解》卷8，《离娄下》，济南：山东友谊出版社，2012年，第201页。

④ 范宁注，杨士勋疏：《春秋穀梁传注疏》卷1，隐公元年春正月，阮元校刻《十三经注疏》本，北京：中华书局，1980年，第2365页。

⑤ 司马迁：《史记》卷130，《太史公自序第七十》，北京：中华书局，1959年，第3297页。

⑥ 司马迁：《史记》卷130，《太史公自序第七十》，北京：中华书局，1959年，第3298页。

⑦ 何晏等注，邢昺疏：《论语注疏》卷12，《颜渊第十二》，北京：中华书局，1980年，第2503—2504页。

⑧ 曾振宇：《孟子诠解》卷6，《滕文公下》，济南：山东友谊出版社，2012年，第166页。

⑨ 司马迁：《史记》卷130，《太史公自序第七十》，北京：中华书局，1959年，第3297页；《史记》卷47，《孔子世家第十七》，北京：中华书局，1959年，第1943页。

史学的"最高境界"。①《孔子家语·问玉》和《礼记·经解》都记载了孔子说的"属辞比事，《春秋》教也"②和"属辞比事而不乱，则深于《春秋》者也"③。"属辞"指遣词用字，"比事"是排比史事。《春秋》之贬褒书法，简明而达义。④比如记战争，讨罪称"伐"，掠境称"侵"，两军相接称"战"，环城称"围"，造其国都称"入"，毁人社稷称"灭"。又如：同为记杀人，有无罪见杀称"杀"，有罪当杀称"诛"，以下杀上称"弑"等不同书法，"《春秋》之义，昭乎笔削"。⑤孔子精湛的"笔削书法"，以贬褒阐明《春秋》大义，所谓"《春秋》之称，微而显，婉而辩，上之人能使昭明，善人劝焉，淫人惧焉，是以君子贵之"⑥。孔子治史论政评理，其深意即在以史育人，蓄德立说。

儒家思想一贯主张"士志于道"⑦。正如人们所知道的，中国古代思想家所说的"道"，其"人间性"是非常明显的，其突出特点就是"强调人间秩序的安排"。古人强调"人道尚中"⑧。所谓"尚中"，就是指"人间秩序的安排"要符合"中道"，顺应自然，合乎礼，顺乎情。中国史学传统看重义理，历代精通史学的人们都首先以立德为根本，治史爱憎分明，"隐恶而扬善"，主张在潜移默化中自觉地塑成正气，化民成俗，这为中华民族追求"真""善""美"⑨的文化品格埋下了根基。

（原载于《古代文明》2014 年第 3 期；合作者：王纪东）

---

① 杜维运：《中国史学史》第 1 册，北京：商务印书馆，2010 年，第 80 页。

② 杨朝明，宋立林主编：《孔子家语通解》卷 8，《问玉第三十六》，济南：齐鲁书社，2009 年，第411 页。

③ 郑玄注，孔颖达等正义：《礼记正义》卷 50，《经解第二十六》，阮元校刻《十三经注疏》本，北京：中华书局，1980 年，第 1609 页。

④《史记·孔子世家》载："孔子在位听讼，文辞有可与人共者，弗独有也。至于为《春秋》，笔则笔，削则削，子夏之徒不能赞一辞。"司马迁：《史记》卷 47，《孔子世家第十七》，北京：中华书局，1959 年，第 1944 页。

⑤ 章学诚：《文史通义》，北京：中华书局，1985 年，第 470 页。

⑥ 杜预注，孔颖达等正义：《春秋左传正义》卷 53，昭公三十一年，阮元校刻《十三经注疏》本，北京：中华书局，1980 年，第 2126—2127 页。

⑦ 何晏等注，邢昺疏：《论语注疏》卷 4，《里仁第四》，北京：中华书局，1980 年，第 2471 页。

⑧ 黄怀信，张懋镕，田旭东：《逸周书汇校集注》卷 3，《武顺解》，上海：上海古籍出版社，2007年，第 326 页。

⑨ 庞朴先生认为，"中庸"的"中"，其价值意义可以分为"真""善""美"三层意思。

"智"是一种境界和格局

孔子将"智、仁、勇"并列在一起，曰"智者不惑，仁者不忧，勇者不惧"，较早地将智纳入儒家的理论体系。在仁、义、礼、智、信这"五常"中，相对于"仁""义"，"智"似乎较少被提起，人们对其理解也往往限定在十分狭隘的"智力"等层面。其实，"智"极其重要。我们作为社会中的一分子，每天都要面对工作、学习，与形形色色的人打交道，没有"智"寸步难行。

那么，关于"智"，从儒家思想的角度该如何去解读？怎么样才算是一个真正的智者？古人的智慧对于我们今天有何启示？我们采访了中国孔子研究院院长杨朝明，听听专家眼中的"智"。

"智"与"五常"中其他四点是相辅相成的关系

关于"智"字的起源，可追溯的历史十分久远。但是在西周以前，其并不多见，一直到了春秋末期之后，"智"才成为人们普遍认可的道德规范。而首先把"智"视为道德规范、道德品质来使用的，则是伟大的思想家孔子。

儒家把"智"列为"五常"之一，认为追求知识，增长聪明智慧，也是人生的一个重要的价值取向，体现了古人对知识和智慧的尊重。"五常"最重要的是"仁"和"智"的概念。早期儒家谈到"仁"是做人层面上的，仁者爱人；"义"就是事情应当这样做；"礼"就是规范，"智"就是智慧。杨朝明院长认为，"智"是中国传统文化中一个非常重要的概念，"五常"是一个有序、有机的整体，"智"是"五常"不可或缺的，与其他四点是相辅相成的关系。

"'仁'是做人的问题，'智'是做事的问题，一个人只做好人没有智慧，显然是不够的。我们传统中国价值观要立德，同时还要立言。立言就是从才能、智慧、知识层面来讲的。道德是做人层面的，文章是智慧层面的。在'文革'时期，提倡又红又专，'红'是做人，'专'是智慧知识，所以智慧是很重要的。"

我们说追求一种完备的人格，追求一种人的境界，而圣人就是人的最高境界。孔子把人分五类，有庸人、士人、君子、贤人、圣人。杨朝明院长认为，圣人不仅应当是"仁者"，而且也应当是"智者"。"智"与"仁"是相辅相成的，好学求知也能促进仁德的自觉和生长。圣人一定是既仁且智的人。"智"是中华传统文化中不可缺少的，没有智慧，中华民族不可能生生不息，稳定和谐，繁衍了几千年。

真正的智者应明事理、有智慧、顾大局、识大体

掌握知识并善于思考的人，就可能成为智者。智者不仅知识丰富，而且聪明智慧，所以孔子说"知者不惑"。那么，有知识的聪明人就一定是智者吗？

"聪明"和"智慧"是有区别的。现在我们很容易狭隘地将一个人的聪明称之为有智慧，其实并不是如此。一个人的脑袋灵活可以称之为聪明，然而对智慧的要求却远远要胜于聪明。智慧可以理解为，在聪明的基础上又要具备高尚的道德品质和个人的修养。

对于"智者"与"智"的问题，杨朝明院长认为，"智"是一种境界，一种格局。智者，知也。一个人知道和明白事理，所以才能够有智慧。但这个智慧并不是指小聪明，而是有大格局、明事理、有气象，这样的人才是智者。反观现代社会中，那么多被抓起来的"大老虎"，难道他们笨吗？但他们却绝对称不上是"智者"，因为他们不是真正的大智慧。"我们是一个自然的人，也是一个社会的人，一个连自己的社会属性都不清楚的人，难道可以称为智吗？真正的'智'一定是大智而不是小智，'智'一定和'仁'统一才是智。"

在杨朝明院长看来，智者一定是了解天道、人道，了解人心、社会的规范性要求，所以真正的智者一定是明理的人，有智慧的人，顾大局、识大体的人。礼者，理也；明理，就是明礼。在《中庸》里，孔子讲了很多很深刻的道理，比如择善固执的问题。如果你每天早晨按时起床，每天早晨背书，时间长了以后，我们就会是一个智慧渊博的人。但就是有人做不到，所以《中庸》里面记载孔子说："人皆曰予知，驱而纳诸罟护陷阱之中，而莫之知辟也。人皆曰予知，择乎中庸而不能期月守也。"人皆以为自己有智，每个人都觉得自己明白，都觉得自己聪明，但为什么一步步陷入陷阱之中还不知道躲避呢？

真正有智慧的人，一定是一个知行合一的人。真正的智者，一定是选择了对的，就顽强执守的人。真正的智者一定是大智，一定是知者，他的智慧一定是和仁德相统一的；真正的智慧是在"仁"的基础上博学多思，这样的人才接近真正的完人。

学校教育中，应教导孩子做踏踏实实努力的智者

中国历史上智者众多，他们的行为方式对现代人有着极大的启发作用。杨朝明院长认为，儒家的"智"内涵特别丰富；"智"成就一个人，也成就一个民族。

孔庙里那些配享、从祀孔子的人，无一不是大智者，无一不是具有大智慧的人。所以我们还必须认识到他们是中华民族价值观的弘扬者和承载者，是孔子确立和阐述的价值观念的继承发扬者。

真正的智者是了解变化的。孔子说："智者乐水，仁者乐山。"以山水形容仁者、智者，形象生动而又深刻。孔子通过水读出了许多的道理，各种品德都可以在水中体悟出来，所以孔子见大水必观。这也告诉我们，善于思考的人才是真正聪明的人，有思想、有仁德的人才是真正有智慧的人。

崇尚知识与智慧，必然重视学习与教育。校园中"智"的教育，也是值得我们关注的问题。历史上，孔、孟都是伟大的教育家。孔子主张"有教无类"，可以说是提倡全民教育的先驱。"孔门四科"之类的教学内容，体现了对学生德、智、体、美、情的全面教育，可以说是全面素质教育的

典范。在儒家思想中，"智"一直都是教育中不可或缺的部分，所有这些，即使在当代社会，也仍然具有非常重要的意义。

当前传统文化存在断层问题，社会上利用小聪明行不明智行为的人屡见不鲜。从源头上来说，在如今的基础教育方面，学校该如何教育孩子做一个智者呢？对此问题，杨朝明院长提出了自己的见解。他说："真正的智者一定是踏踏实实学习的人，只有掌握知识才能拥有智慧。年轻人应踏踏实实努力，不要投机取巧，认真做好自己的事。做人做事讲究孝、悌、忠、信、礼、义、廉、耻，这样的人才是真正的智者。我们为什么说'智者不惑，仁者不忧，勇者不惧'，不惑就是一个智者，他一定是一个踏实努力的人。"

（原载于《文化大观》2017年第1期）

传统"八德"与社会主义核心价值观建设

中共十八届三中全会刚刚闭幕不久，习近平总书记就来到山东视察，专门到孔子故里曲阜，考察孔子研究院，举行专家学者座谈会，发出了大力弘扬优秀传统文化的重要信息。在山东时，习近平总书记特别提到修道立德的重要意义，指出"国无德不兴，人无德不立"。此后，习近平总书记的一系列讲话，尤其关于传统文化的论述，都表达了大力弘扬传统文化，建设中国核心价值体系的坚定决心。如果说习总书记的这些论述是一篇大文章，那么这句话其实就是这篇大文章的标题，是这篇大文章的灵魂。我们认为，对于修身做人而言，中国传统的"八德"（孝、悌、忠、信、礼、义、廉、耻）具有历久弥新的价值。

为什么要讲 "德"

"国无德不兴，人无德不立"，这句话内涵十分丰富。国家无"德"难以兴旺，个人无"德"难以立身。看起来这只说国家和个人，实际却包含了由大而小、从整体到个体的许多方面，包括了诸如"企无德不盛""家无德不旺"等许多意涵，警醒任何集体和个人都不能无"德"、不可失"德"。

民间有句骂人的狠话，叫作"王八蛋"，据说是"忘八德"的讹传。中国自古重德，孝、悌、忠、信、礼、义、廉、耻这些观念早已深入人心，"八德"不齐就被人不齿。对那些不忠不孝、没有信义、粗暴无礼、寡廉鲜耻的人，往往斥之为"忘八德"。还有一种说法，因为在"八德"中"耻"列最后，无耻之人被骂为"王八蛋"，就是忘了"第八德"。这些说法，或许是后来的附会，但"话粗理不粗"，它显示了历代对"德"的重视。

什么是"德"？说起来，"德"很抽象。不过，《说文解字》说得很容易理解："德，升也。""德"有登高、攀登的意思。这就不复杂了，人有了"德"，便不再是"俗人一个"，就进步了，就与原来不一样了。

在古籍中，"德"有时与"得"相通，有的注解说"德者，得也"。中国传统的人文教育要"止于至善"，《大学》说："知止而后有定，定而后能静，静而后能安，安而后能虑，虑而后能得。"人知道努力方向，明白走向哪里，才能神定心静、踏实安宁、思虑周全，才会有"得"。人生不迷茫，就能登，就能得，就具有了"德"。

"道"与"德"可合成一个词，即"道德"。"道"与"德"本来也有分别。"道"无言无形，却承载一切，只能用思维意识去感知它；"德"则用来昭示"道"，有德的人顺应道，按照自然、社会、人生的需要去做人做事。

正像老子的著作被称为"道德经"一样，孔子的《论语》《孔子家语》等也可以说是孔子的"道德经"，其中所谈也是"道"与"德"的问题。孔子常说"修道"与"立德"的问题。孔子说："夫道者，所以明德也；德者，所以尊道也。是以非德，道不尊；非道，德不明。"这话说透了"道"与"德"的关系。为什么"善恶到头终有报"？为什么"多行不义必自毙"？仁、义是"人道"的要求，人不仁不义，必定不会有好结果。只有遵道而行，德行才好。

春秋末年，孔子认为"天下无道""礼坏乐崩"。"道"就是价值体系，"天下无道"意味着价值观混乱、是非观扭曲。"天下无道"时，德行的好坏就失去了标准，人们纷纷跨越是非界限，令人咂舌的"缺德"现象就会频频上演。

"德"不"明"，则"道"不"尊"，就意味着失去了应有的价值体系，长此以往，后果就极其严重。孔子说："虽有国之良马，不以其道服乘之，不可以道里。"马是良马，若不遵循驾车之道，也不会顺利前行。治国同样如此，"虽有博地众民，不以其道治之，不可以致霸王"。国家地大物博，人口众多，如果治理无"道"，国家就不会真正强大。

"道"实在太重要了，古代思想家都重视它！国家有治理之道，为人有处世之道。"道"是我们时刻都离不开的东西，就像无论大事小事都有

"好"与"不好"的标准。《庄子》说,"道"就在人的日行坐卧之间。《中庸》也说,如果可以离开它,那它就不是"道"了。我们遵"道"而行,便就是"德",我们德行的好坏、高低,要看与"人道"契合的程度。因此,我们不妨"把普通岗位当成道场",把工作看成"修炼"。这样要求自己得是有"德"的人!

"道"要求人们有"德",人"德行"的好坏要通过"道"的检验。在自己的道场上,每个人都是舞者,都是表演者。人有没有"格局",有没有"气象",人生"目标"对不对,"结果"好不好,都由"德"所决定!

"八德" 是怎样形成的

2002 年春,在香港古董市场偶然发现了一件有近 3000 年历史的青铜器"遂公盨"。上面的铭文不足百字,却出现了六个"德"字,是一篇专门论述"德治"的政论,这件国宝当时被誉为"金文之最"。

以前我们无法想象,几千年前的青铜铭文,竟然主要在说"有德于民",为百姓做实事。而且,其中的"德"内涵宽泛,要求人们修身养性,做人"齐明中正",孝顺父母,兄弟友善,婚姻和谐,注重对祖先和神灵的祭祀;要求君王、官吏顾念黎民百姓。

铭文以大段文字阐述"德"与"德政",著名历史学家李学勤先生说这是"周人尚德"的实证,还表明当时关于"德"的思想已经相当丰富,相当系统。其实,早在尧帝时期,就有了"克明俊德"的观念,认为只有明德,才能亲睦九族,平章百姓,协和万邦。

为了修道立德,古代早就有了"训语"。"训"就是教训,用以教训来者,警戒后人。古籍提到"训语""遗训""训典"之类的概念,无非是要人们"观其废兴""知废兴者而戒惧"。与这些训诫相关,西周形成了深厚的重德传统,《逸周书》中有"三德""五德""九德"等概念。除《尚书》中说到了"九德",《逸周书》的好几篇都说到了"九德"。它们从不同角度立说,德目也不相同,但都与后世的"德"有紧密关联。那时,"仁""义""圣""智""信""孝""慈"等概念已被普遍使用,各种"德"都围绕这些概念铺陈阐发。

在总结前人的基础上，春秋时期的思想家继续凝练提升，认识更加全面、系统、严谨。

从全面性上看，德目的数量很多。《国语》提到了敬、忠、信、仁、义、智、勇、教、孝、惠、让"十一德"。《左传·昭公二十六年》说："君令臣恭、父慈子孝、兄爱弟敬、夫和妻柔、姑慈妇听，礼也。"《孔子家语·礼运》则说："父慈、子孝、兄良、弟悌、夫义、妇听、长惠、幼顺、君仁、臣忠，十者谓之人义。"虽用词有个别差异，但都是就人的不同社会身份而言。

在概括、凝练方面，管子较早提出了"四维"的概念。《管子·牧民》篇说："何谓四维？一曰礼，二曰义，三曰廉，四曰耻。礼不逾节，义不自进，廉不蔽恶，耻不从枉。"他强调"四维张则君令行"，"守国之度，在饰四维"，"四维不张，国乃灭亡"。他还说"国有四维，一维绝则倾，二维绝则危，三维绝则覆，四维绝则灭"，这是从国家层面上着眼的。

战国时期，人们更为关注君臣、父子、兄弟、长幼、夫妇这些社会关系。郭店楚墓竹简中有"六德"说，即圣、智、仁、义、忠、信。又说："父圣，子仁；夫智，妇信；君义，臣忠。圣生仁，智率信，义使忠。故夫夫，妇妇；父父，子子；君君，臣臣。此六者，各行其职而讪夸蔑由作也。"与君臣、父子、夫妇、昆弟、朋友等"五教"或"五伦"相比，"六德"紧紧抓住了夫妇、父子、君臣三个方面。

战国中期，孟子提出了仁、义、礼、智"四端"之说。《孟子·公孙丑上》说："无恻隐之心，非人也；无羞恶之心，非人也；无辞让之心，非人也；无是非之心，非人也。恻隐之心，仁之端也；羞恶之心，义之端也；辞让之心，礼之端也；是非之心，智之端也。"孟子学于子思之门人，他的学说是对郭店楚墓竹简中子思学派思想的继承与发展。与管子的"国之四维说"相比，孟子的人心"四端说"直接关注人自身的属性。孟子的思考更为深刻，他从思考"人之所以为人"的修养问题出发，希望人们明心见性，放大善性。

无论"六德"还是"四端"，所论都是中国早期思想家探讨的中心话题。此后的很多论述大多上承孔子而加以发挥，后来影响深远的仁、义、礼、智、信"五常"正脱胎于此。从"四维""六德"到"四端""五常"，虽然角度不同，却都为"八德"的出现做了充分准备。

到宋代，人们对儒学与社会改良的认识更为清晰。他们更加注重自身修养，注重向人心"内求"，同时也从社会结构出发，立足于"中国"文化立场，更注重个人、家庭对于国家和谐稳定的作用，有一种挥之不去的家国情怀。

最晚从北宋真宗时期，人们已经将孝、悌、忠、信、礼、义、廉、耻连用。天禧年间的杨亿（字大年，974—1020年）有《杨文公家训》，其中说："童稚之学，不止记诵。养其良知良能，当以先入之言为主。日记故事，不拘今古，必先以孝、悌、忠、信、礼、义、廉、耻等事，如黄香扇枕、陆绩怀橘、叔敖阴德、子路负米之类，只如俗说，便晓此道理，久久成熟，德性若自然矣。"此后，将孝、悌、忠、信、礼、义、廉、耻并称连用的越来越多，有的称其为"八德"，有的称其为"八行"或者"八端"。

与杨文公以"八德"为涵养良知良能的方式相近，人们都视"八德"为治国平天下的"教化之道""修身之要"。南宋时期，朱熹在《漳州龙岩县学记》中两次说到孝、悌、忠、信、礼、义、廉、耻，认为这是修己安身的"圣贤之学"，人们踏踏实实地按照"八德"去做，就会"身无不修"。明代大儒王阳明的《训蒙大意示教读》也强调"教以人伦"的重要性，认为不能仅关注于记诵辞章，希望"以孝、悌、忠、信、礼、义、廉、耻为专务"。

怎样理解 "八德"

从"八德"的形成可以看出，它们虽然有一定的并列关系，但也可以分为两个层面：孝、悌、忠、信为第一个层面，即正心诚意的内在修为；礼、义、廉、耻为第二个层面，是个人修为的外化，是修身的体现。二者紧密相连，是递进的关系。

如果细致探究，在"八德"之中，"孝"与"悌"、"忠"与"信"、"礼"与"义"、"廉"与"耻"意义相邻相近，可分别组成一组概念，而且它们同样层层递进，有内在的关联。"八德"实际是一个有机的整体。

（一）孝悌

人来到这个世界，首先得到的是父母的悉心呵护以及兄长、姐姐等人的照顾，没有父母的生养和兄姊的扶持，就没有个人的一切。人之为人，"人之所以异于禽兽"，必须理解和感恩这种关爱与照拂，如果连这一点都做不到的话，那么就失去了做人的前提。因此，子孝于父，弟敬于长，是做人的第一要义。

孔子晚年，鲁哀公认为孔子教导自己很多、很完备了，可是，要从哪里具体开始做起呢？于是，孔子给他开出了良方。孔子说："立爱自亲始，教民睦也；立敬自长始，教民顺也。教以慈睦，而民贵有亲；教以敬长，而民贵用命。孝以事亲，顺以听命，措诸天下，无所不行。"因此，孔子当年施教，"先之以《诗》《书》，道之以孝悌"。

"立爱自亲始"，这话极其重要！孔子说："仁者人也，亲亲为大。"人有仁德才算是"人"，做人最基本的就是"亲亲"。在这样的逻辑起点上，孔子儒家展开论述，中国传统伦理大厦也由此筑牢了根基。"为仁"便是修身，修身需要"恕道"，需要推己及人。由"亲亲"而"不独亲其亲""老吾老以及人之老"，进而"爱众""爱物"。

由此，我们读懂了孔子。人只有"敬其所尊，爱其所亲"，才能社会和睦，人心和顺。培养爱、敬之心，就要从孝悌着手。

（二）忠信

在"孝悌"之后，孔子接着就讲"忠信"。《论语》记载孔子的话说："弟子入则孝，出则弟，谨而信"，后来《弟子规》总结为"首孝悌，次谨信"。"谨信"与"忠信"意思相同。

如果说"孝悌"是讲做人，"忠信"则是讲做事；如果说"孝悌"是讲情感，"忠信"则是讲理性。"忠"是无私，尽心竭力；"信"是诚实，真心诚意。

理解"忠信"，"忠"是关键。如果仅仅把"忠"理解为臣下对于君上的忠心，则是将它的内涵看得太狭隘了。"忠"字从"中"从"心"，是说一定要把握"中"，把握"度"，不偏不倚，不"过"亦不可"不及"。

孔子从卫国返回鲁国，路过大河时，发现河水十分凶险，可偏偏有一位壮年男子竟从那里渡河，而且成功地从对岸游出。孔子感觉奇怪，于是问他缘故。那人说："始吾之入也，先以忠信；及吾之出也，又从以忠信。忠信措吾躯于波流，而吾不敢以用私，所以能入而复出也。"原来，他就是顺遂波流之性，而不敢逞一己之"私"。这便是"忠信"！

孔子弟子子张向老师请教，到底怎样做才能处处通达，到哪里都能行得通。孔子告诉他六个字："言忠信，行笃敬。"孔子认为，人应时刻将"忠信""笃敬"装在心中，指导行动，否则，在哪里都行不通。

（三）礼义

人修身，是为了适应社会，处理好与他人、集体、国家乃至与自然环境的关系，做一个"社会的人"。为此，人应该把自己放在社会中，遵守社会规范。《礼记·冠义》说"人之所以为人者，礼义也"。这里的"礼义"，指礼的内涵。

怎样修"礼义"呢？中国古代非常注重"成人"教育。所谓"成人"，就是具备人的内涵的人。《左传·昭公二十五年》中说："人之能自曲直以赴礼者，谓之成人。"人能"自曲直"表现在"赴礼"上，这就具备了正确的价值观，符合"礼"的要求。这个"礼"就是指礼义，即"礼"的本质内涵。

人之成人，要从最基本的行为做起，所以《礼记·冠义》说："礼义之始，在于正容体，齐颜色，顺辞令。容体正，颜色齐，辞令顺，而后礼义备。以正君臣，亲父子，和长幼。君臣正，父子亲，长幼和，而后礼义立。"

在谈到儒者的行为方式时，孔子说"忠信以为甲胄，礼义以为干橹"，即以忠信为盔甲，把礼义当盾牌，具有忠信的修养，遵守社会的礼义，人的修身功夫就差不多了。所谓"器利则事成"，一个人把礼义作为器具，做事才成效可期。"礼义"可理解为礼的本质，也可理解为"礼"与"义"。

在"八德"中，"礼"与"义"是分别说的。"礼"是指具体的仪式或者规则，"义"则是与之相适应的、适宜的做法。孔子曾说"礼者，理也"；"义者，宜也。"广义地讲，"礼"是德与法的有机统一，内涵极其丰富宽泛。作为"八德"之一，"礼"则有"道理""规章"与"法则"之意。"义"则是"事之宜也"，人们按照该做的去做就是"义"。

孔子、孟子都十分重视"礼"与"义"。孔子说："谁能出不由户？何莫由斯道也?"孔子用"出不由户"来说明人遵循社会规范的必要性、合理性。比如观察一个人,只要"视其所以,观其所由,察其所安",人也就无法隐藏真实的自己了。孔子说的"所由",就是看你走阳关大道,还是热衷于歪门邪道、旁门左道。孟子也发挥了这个意思,说:"夫义,路也;礼,门也。惟君子能由是路,出入是门也。"他认为,人行走时从路上走,出门从门里过,自然而然,天经地义,人人都应如此。

(四)廉耻

所谓"廉耻",即廉操与知耻。人修礼义,才有廉耻可言;对于国家治理,"廉耻"二字十分重要。所以《淮南子》说:"民无廉耻,不可治也。非修礼义,廉耻不立。"

从字的本义讲,"廉"指堂屋的侧边、棱角,比喻正直、刚直,廉洁、廉正、廉明,有节操、不苟取,指品行端方而有气节的人。"耻"指耻辱、可耻,指内心里的羞愧感、羞辱感。明礼义,知廉耻,才有行为界限,从而循礼而动,否则就是不廉,就是耻辱。

中国早期特别重视为政者的廉耻教育。孔子说:"凡治君子,以礼御其心,所以属之以廉耻之节也。"管理"君子"时,首先用"礼"驾驭其思想,再在具体管理细节上融入"廉耻"观念。

"君子"的本义是对统治者和贵族男子的统称,它的本义与引申义之间的联系,明确昭示了一个重要的道理:对于为政的人,因为责任大,所以要求高;既然是尊贵的人,就应该是高尚的人。

以前有"刑不上大夫"的说法,人们以为这是贵族享有特权的证据,其实不然。孔子与弟子冉有讨论过这一问题。孔子说得明白,这不仅不是什么特权,恰是对"古之大夫"的更高要求。大夫行为不廉,罪名是"簠簋不饬";淫乱而男女无别,罪名是"帷幕不修";欺骗君上、心不忠诚,罪名是"臣节未著";软弱无能、不胜任工作,罪名是"下官不职";违反纲纪,罪名则是"行事不请"。这些都是从正面说明该怎样做。之所以故意讳言,就是为使之"愧耻"。

还有,如果大夫所犯罪行属于五刑范围之内,就让他们自己前往宫阙请罪,而不让官吏捆绑牵引凌辱他们;犯了重罪,则接受君命北面跪拜自杀,也不派人揪按而刑杀。这样,虽然"刑不上大夫",而大夫仍"不失其罪"。

"八德" 与 "明理"

在时间上，"八德"的出现、流行与理学的形成、兴盛正相一致。正如"理学"是"儒学"的更高形态那样，"八德"也是儒家道德学说的更好凝练。

理学因宋儒多言"理"而得名，他们甚至把"理"作为宇宙的本体来看待。从"天"的角度看，理是一个生生不息的过程；从"人"的角度看，理就是超越一切之上的君臣、父子之理。为学之道，不过是"存天理，去人欲"，变化人的气质，恢复人的义理。

在广义上，"礼"就是"理"，"明礼"即"明理"，所以，孔子说"礼者，理也"。与佛家讲修行以使内心"慈悲"类似，儒家讲修身正是"穷理正心"的过程。从先秦到宋代，人们所谈的"理"实际上是与"欲"相对的那个概念，就是人应遵循的天道规则、人伦法则。

人刚出生时都天真无邪，但随着年龄的增长，对外部世界开始产生了认知，慢慢出现了"好"与"恶"的情感。"外边的世界很精彩"，人容易被外物所"化"。如果这种"好"或"恶"的情感无所节制，就有可能滑向危险的边缘。这个用来节制人欲的东西，其实就是"礼"，它可以用来把握"人欲"与"天理"之间的平衡，以防止"人化于物"，防止"灭天理而穷人欲"。

理学又称为"道学"，所谓"道"就是"中道"，它源自孔子以前圣贤们对"人心"与"道心"关系的思考。人们早就认识到："人心惟危，道心惟微，惟精惟一，允执厥中。"那个"中"十分重要，它是"人心"和"道心"、"人情"和"人义"、"天理"和"人欲"之间最好的把握、最佳的"度"。孔子儒学的思维深度与高度，其实也体现在这个"中"的思想里。

人都具有两重属性。人是"自然的人"，都有喜怒哀乐，都有七情六欲。人又是"社会的人"，拥有不同的身份，扮演不同的角色。如何处理自己作为"自然人"与"社会人"的关系，怎样处理"我想怎样"与"我该怎样"之间的矛盾，就成了为人、谋事的关键，这正是"人欲"与"天理"的关系。儒家教人明理，从"发乎情，止乎礼"开始，要人克己守礼，遵从社会原则。

人不明理，往往后果严重。那些作奸犯科的人，说到底都是不知理、不守礼者。孔子认为，有些人作奸犯科、胡作非为，乃"生于不足"，"不足生于无度"，这就是"不知节"。人明理知足，好恶有节，才不会无所节制。礼就是为了保证社会的正常运行。

在社会治理方式上，孔子分成"以德教民""以政导民"两种境界，"以政导民"需要与"以刑禁民"相配合。当然，政治实践不是简单化的，这些治理往往综合使用。这些关系处理得好，方略恰当，效果会更理想。如果仅仅"道之以政，齐之以刑"，人就可能"免而无耻"。毕竟法律不是万能的，它只是道德的底线。虽然不违背法律，但可钻法律的空子。如果"道之以德，齐之以礼"，人们知道自己走向哪里，懂得修养的境界，才会"有耻且格"。

人只有明理，才能"知其所止"。"知止"是修身的目标，人知所"止"就有了明确的是非观，就明白了哪些可以做，哪些不能做。可见，"有耻且格"建立在民众知荣辱、明是非的基础之上，建立在民众素质大大提高的基础之上。"有耻且格"这四个字，是孔子的追求，是儒家的向往，是社会治理的境界。没有民众的"明理"，这种境界是不可能达到的。

"八德" 历久弥新

20世纪20年代，著名学者柳诒徵撰文指出："今日社会国家的重要问题，不在信孔子不信孔子，而在成人不成人，凡彼败坏社会国家者，皆不成人者之所为也。苟欲一反其所为，而建设新社会新国家焉，则必须先使人人知所以为人，而讲明为人之道，莫孔子之教若矣。"他说的话虽然已经过去近百年，但今天依然具有重要的现实意义。孔子儒学教人修德做人，正如一位西方作家所说："在孔子学说的影响下，伟大的中华民族比世界上别的民族更和睦、更和平地共同生活了几千年。"

从"八德"的形成及其内在关联看，它已融入了古代中国思想精英关于德性问题的全部思考。我们不宜动辄说"道德是束缚人的枷锁"，"圣人"可不是来教训人的。"八德"之中含天理，"八德"之中有人意，它是武装自己的盔甲，是防身护身的盾牌，是为政做人的底气。不论是谁，"八德"都不可须臾离身。

不同历史时期会有重点不同的道德要求，有的时候，人们也思考在"旧道德"的基础上建构"新道德"，但万变不离其宗，"八德"所深深蕴含的道德之魂却不能离弃。近代以来，有人主张以孝、悌、忠、信为基础，吸收西方近代道德，建构中国道德；有人确立礼、义、廉、耻这"四维"的地位，发动新生活运动。这仍然看到了"八德"的价值与意义。

也有人特别强调时代的变化，试图在传统"八德"的基础上进行改进。孙中山、蔡元培等人就曾提出了忠、孝、仁、爱、信、义、和、平所谓"新八德"，因为它调整了"孝"与"忠"，"家"与"国"的位置，以表示民族和国家高于家族的观念，被誉为中体西用、中西道德精华融合的"杰作"。

其实，现代"国家至上"观念与以人为本、重视家族并不矛盾，且不说中国的"邦国"观念本身就有发展变化，仅就传统的"教孝即教忠"的思维方式，就足以告诫我们不宜将"家"与"国"对立。更何况道德的时代性受到道德本质的制约，不论何时，人与人相处的根本原则都不应改变，正因如此，孝、悌、忠、信、礼、义、廉、耻"八德"才成为历久弥新、相对稳定的道德规范。

进入新时期以来，与经济发展相适应，中国从全新的角度进行道德建设，提出了爱国主义、集体主义以及个人品德、职业道德、家庭美德、社会公德等。我们在国家、社会和个人不同层面提出社会主义核心价值观，建构与当今人际关系相协调、与建设小康社会相适应的新伦理、新道德。这是继承前人道德智慧，推陈出新发展道德，在修养方式和道德追求上，与传统"八德"血脉相连的直接体现。修好"八德"，提升个人素养，就能讲仁爱、重民本、守诚信、崇正义、尚和合、求大同，自觉认同和践行社会主义核心价值观。

今天进行道德建设，需要与社会的全面进步相适应，需要与社会的公平与正义相一致。优秀传统文化是今天中国特色社会主义建设的丰厚文化土壤，"八德"是最具代表性的中华传统美德，已经沉淀为中华民族的精神基因，构成我们中华民族独特的精神标识，成为历代中国人"最深沉的精神追求"，因此我们不能淡忘"八德"的历程，应该继续讲好"八德"的故事。

（原载于贾磊磊，杨朝明主编：《第七届世界儒学大会学术论文集》，文化艺术出版社 2016 年版）

弘道明德，让儒学照进现实

——写在习近平总书记视察孔子研究院一周年之际

2013 年 11 月 26 日，习近平总书记来到孔子故里曲阜，视察孔府和孔子研究院，亲近中华传统文化典籍，主持举行座谈会，发出大力重视传统文化的重要信息，由此，中国开始坚定而自信地立足于中华优秀传统文化，培育和弘扬社会主义核心价值观，开启了从实质意义上构建时代新文化和建设文化强国的步伐。这一天，注定会永远载入当代中国文化的史册。

道以明德， 德以尊道

习近平总书记视察孔子研究院是在中国共产党十八届三中全会刚刚闭幕不久，以此为重要标志，在仅仅 10 个月的时间里，习总书记一再明确表达对传统文化的重视。尤其是 2014 年 9 月 24 日在国际儒联纪念孔子 2565 周年诞辰国际学术研讨会上的讲话中，系统阐发了儒学在历史上的发展、儒学在社会上的作用、儒学在今天的世界等问题。国际儒联讲话刚刚结束，习近平总书记又亲自致信，向全球孔子学院全体师生表示热烈祝贺和诚挚问候，对全球数百家孔子学院的工作"深表赞赏"，并表示中国政府将继续支持孔子学院工作，让其发扬光大。如果说习近平总书记在孔子研究院的讲话是向全国发出了大力弘扬中华优秀传统文化的重要信息的话，那么，此次在国际儒学联合会纪念孔子 2565 周年诞辰国际学术研讨会上的讲话，则是就大力重视优秀传统文化向全世界做的重要宣示。

在近代以来中国社会长期动荡以及中国特色社会主义道路探索的特殊历史文化背景下，习近平总书记的"表态"更加具有特殊的意义，人们有理由相信，中国一定能发挥现有深厚文化资源的作用，真正继承和发扬优秀传统文化，支持和引导在继承的基础上创新。为此，就一定要让这些中华文化的成果苏醒过来，要让过去一切优秀的、具有当代价值的中华文化"活起来"，焕发出它的勃勃生机，在大力弘扬社会主义核心价值观方面做出自己的贡献。

在国际儒联的会议上，习近平总书记谈到，孔子创立的儒家学说以及在此基础上发展起来的儒家思想，对中华文明产生了深刻影响，是中国传统文化的重要组成部分。中国传统文化记载了中华民族自古以来在建设家园的奋斗中开展的精神活动、进行的理性思维、创造的文化成果，反映了中华民族的精神追求，是中华民族生生不息、发展壮大的重要滋养，对包括社会主义核心价值观在内的中国特色社会主义建设具有极其重要的价值和意义。

按照文化学的理论，文化应包括表层的文化，即物质层面的文化；也包括中层的文化，即制度层面的文化；更包括深层的文化，即哲学层面的文化。孔子思想或儒家学说是一种深层的哲学文化，蕴含着传统中国的价值观、是非观、荣辱观等，它对于中层的制度文化和表层的物质文化起着重要的影响与支配作用。许多学者看到了孔子思想与儒家学说的历史地位，如著名历史学家柳诒徵先生说："孔子者，中国文化之中心也；无孔子则无中国文化。自孔子以前数千年之文化，赖孔子而传，自孔子以后数千年之文化，赖孔子而开。"梁漱溟先生也说："孔子以前的中国文化差不多都收在孔子手里；孔子以后的中国文化又差不多都从孔子那里出来。"他们这样看待孔子的地位，其实都是在价值观的意义上说的。

社会主义核心价值观与优秀传统文化的联系非常密切。所谓"孔孟之道""先王之道"，其中的"道"，说到底是价值观层面的东西。孔子认为，他所处的那个时代"礼坏乐崩""天下无道"，实际上就像我们今天所说的价值观混乱、是非观扭曲。据《孔子家语·王言解》记载，孔子说："夫道者，所以明德也；德者，所以尊道也。是以非德，道不尊；非道，德不明。""道"是来"明德"的。有了正确的价值观，便具备了"德"的前提。有正确的价值观在，德行好坏便有了标准，就能得到检验。

中国传统的价值观念十分重要。孔子曾说："虽有国之良马，不以其道服乘之，不可以道里。"就是说，再好的工具，如果不能够正确运用、管理，也不会发挥应有的作用。孔子还说："虽有博地众民，不以其道治之，不可以致霸王。"一个国家地大物博，百姓众多，但如果没有共同信仰，没有共同的核心价值观，结果将会一团糟，国家也不可能强盛起来。没有"道"，没有正气，就没有一切。

"冢宰之官以成道"

儒家学说也是一种管理哲学，在强调"为国以礼"的同时，它十分强调"为政以德"，尤其注重社会管理者的德行。以孔子学说为核心内涵的优秀传统文化对政德教育、党风廉政建设有重要意义。《孔子家语·五刑解》篇记载孔子的话说："凡治君子，以礼御其心，所以属之以廉耻之节也。"这里所说的"君子"，其本义是对为政者和贵族男子的统称，指地位高的人，后来引申指人格高尚的人。

所谓"君子"，作为一个概念，从其本义与引申义间的联系，就可看出理解孔子思想的重要价值。为什么"地位高的人"就是"道德好的人"呢？道理很简单：因为责任大，所以要求高；既然是"尊贵的人"，就应该是"高尚的人"。因此，这就要求为政者在内心里对自己有一个"高尚"的要求，这就是君子的自律。早期儒家就是在这样的认识逻辑上形成了他们的管理学说。

在早期典籍中，"君子"作为"为政者""管理者"的含义随处可见。如《论语·颜渊》中我们常常引用的孔子的那句话"君子之德风，小人之德草，草上之风，必偃"，强调的就是为政者的表率作用，强调的是"为政以德"就需要"以身作则"；《孔子家语·入官》也记载孔子之言："君子莅民，不可以不知民之性，而达诸民之情，既知其性，又习其情，然后民乃从命矣。……君子莅民，不临以高，不道以远，不责民之所不为，不强民之所不能。"这些则是对治国为政者"知民""重民"与"亲民"的要求。

《孔子家语·执辔》篇记载孔子弟子向孔子请教如何"为政"的问题。

孔子开门见山，说要"以德以法"，十分引人瞩目。他说："德法者，御民之具。"把"德法"看成治国的根本。中国传统的"礼"内涵极其丰富，礼其实就是今天"德"与"法"的有机统一。孔子这里所说的"德法"其实就是"礼"。这里的"法"是"礼法"之"法"，有法则、法度和内在机理之义，与今天所说的"法制"有联系也有区别，故孔子将"德法"与"刑辟"对举。孔子是德治论者，但他从不排斥法制。他主张"德主刑辅"，强调"为政以德"，所以他说"政者，正也"，"其身正，不令而行。其身不正，虽令不从"。这些都是说为政者要正身修己，正其德，保其民。

在《孔子家语·执辔》中，孔子谈到古代的"以六官总治"的情形。所谓"六官"，即《周礼》的冢宰、司徒、宗伯、司马、司寇、司空，分别被称为天官、地官、春官、夏官、秋官、冬官。按照孔子的论述，古代圣王治天下，重点在于六官，乃以六官为治。而在六官之中，天官冢宰、地官司徒对于"道""德"建设最为关键，所以国家"立天官冢宰，使帅其属而掌邦治，以经邦国，以治官府，以纪万民"；"立地官司徒，使帅其属而掌邦教，以安邦国，以教官府，以扰万民"。"以之道，则国治"；"以之德，则国安"。所以，从功能的角度而言，孔子讲"冢宰之官以成道""司徒之官以成德"。看来，天下无"道"就要整饬吏治，社会失"德"就要加强教化。因此，孔子又说："官属不理，分职不明，法政不一，百官失纪，曰乱，乱则饬冢宰"；"地而不殖，财物不蕃，万民饥寒，教训不行，风俗淫僻，人民流散，曰危，危则饬司徒。"

在《孔子家语·执辔》篇的论述中，以冢宰治百官成道和加强官吏管理具有重要的意义。孔子将治国与驾车作比，称"御天下"的关键在于六官，六官就像驾车的缰绳。孔子说："六官在手以为辔，司会均仁以为纳。故曰御四马者执六辔，御天下者正六官。"又说："善御马者，正身以总辔……天子以内史为左右手，以六官为辔，已而与三公为执六官，均五教，齐五法，故亦惟其所引，无不如志。"以德法为治，德盛者治，德薄者乱。对六官的管理中，"季冬正法，孟春论吏"，"以季冬考德正法，以观治乱"，"以孟春论吏之德及功能"，如此，便可以达到"御者至千里"的目的，可以坐庙堂之上而知天下之治乱。由此来看，今天我国的党风廉政建设，可谓抓住了根本！

核心价值观的深厚土壤

习近平总书记视察孔子研究院，发表了关于弘扬优秀传统文化、建设社会主义核心价值体系的重要讲话。那么，传统文化对包括社会主义核心价值观在内的中国特色社会主义建设具有哪些意义呢？

孔子学说与儒家思想，其核心在于让人自觉修身，自觉遵守社会规范。也就是说，怎样做人，或者说"人之为人"的问题，早期儒家十分关注。儒家讲"人禽之辨"，这是他们学说的逻辑起点。人是"自然的人"，同时还是"社会的人"，人必须考虑处理好与他人的关系，处理好与社会、与国家乃至与自然的关系，说到底，就是做人要有修养、有教养、有德性。做人的问题解决了，社会、国家的很多问题就会迎刃而解。不论说什么，不论做什么，都应根据社会角色而尽其职分。儒家的"正名"主张就是如此。

传统文化对于培育和践行社会主义核心价值观有重要意义，换句话说，由于中华民族的价值信仰深深植根于传统文化的土壤中，社会主义核心价值观的培育就必须从孔子儒学与传统文化中汲取营养。20 世纪 20 年代，历史学家柳诒徵先生在《论中国近世之病源》一文中说："今日社会国家的重要问题，不在信孔子不信孔子，而在成人不成人，凡彼败坏社会国家者，皆不成人者之所为也。苟欲一反其所为，而建设新社会新国家焉，则必须先使人人知所以为人，而讲明为人之道，莫孔子之教若矣。"这些话虽然过去了 90 多年，但今天看来仍有意义。细细观察现在有些人，从根本上讲，他们实际是连最基本的做人问题都没有解决好。

我们今天进行的是中国特色社会主义建设，"中国特色"的关键是"中国"，习近平总书记说，今天的中国是历史中国的延续，我们要讲好中国的故事，因为中国特色社会主义植根于中华文化沃土、反映中国人民意愿、适应中国和时代发展进步要求，有着深厚历史渊源和广泛现实基础。事实上，传统文化滋养着今天的社会主义核心价值观，二者在文化体系的角度上高度一致。比如"仁"，实际就是仁爱，就是爱心；没有爱心，爱国、敬业、诚信、友善等便无从谈起。比如"义"，所谓"义者，事之宜也"。事情应当这样做，这样去做了，就是义。义有"正义""公正"的意思。正义

241

是对于人社会性要求，是社会伦理中的责任担当，它是天下和谐、和顺的前提。

　　个人层面的核心价值观与传统文化高度一致，只要按照传统价值观念的要求去做，人与人之间的关系就好办了。就国家层面而言，我们是中国人，我们热爱自己的民族、热爱自己的民族历史文化，对民族文化抱有"温情与敬意"。所以，传统文化最能解决"滋养"社会主义核心价值观的问题。

　　从孔子时代至今，虽然已经过去了2500多年，中国社会也发生了很大变化，但中国传统文化中的许多价值观念依然是我们的立足点，并且成为中华儿女的生命底色，是中华民族最深沉的精神追求。这些价值观念，主要就是仁、义、礼、智、信"五常"或者孝、悌、忠、信、礼、义、廉、耻"八德"等。

　　以儒家思想为代表的中华优秀传统文化的意义在于思索人性与人的价值，它要求每一个社会的人明理修身，循道而行。比如，每个人都要孝敬父母，这是"人之为人"最基本的要求。在"亲亲"的基础上"推己及人"，还要"泛爱众""仁厚及于鸟兽"，这就是推衍亲情，放大善性，这样我们的社会主义中国才有希望。习近平总书记说："国无德不兴，人无德不立。"笔者认为，其中还包含了"企无德不盛""家无德不旺"等，理解到这个层面，今天的社会主义道德建设就会更有成效，就可以形成向上、向善的力量，中华传统文化的时代价值就能更好地彰显出来。

（原载于《人文天下》2014年11月，总第34期）

儒家"大学之道"与高校人文教育

当前，人们面临社会的种种相关问题时，也常常思考高等教育的功能问题。不难理解，作为高素质专门人才的培养基地，高等学校不仅要服务社会，更应当引领社会；不仅要传承文化，更要创造文化，在积淀深厚文化底蕴的基础上不断研究、融汇、进取。在当前中国高等教育发展新的历史时期，有必要认真总结以往高等教育的成败得失，反思现代大学的各种办学理念。我们认为，当代大学要培养高素质的尖端人才，在现代社会中更好地发挥服务和引领作用，应该认真反思与借鉴中国传统的"大学之道"。

一

说到"大学之道"，人们自然会想到作为儒家"四书"之一的《大学》，想到其中开宗明义的话："大学之道，在明明德，在亲民，在止于至善。"此即通常所谓《大学》的"三纲领"。宋代大儒朱熹认为，人生之初，虚灵不昧，具众理而应万事，但人皆可能为气禀所拘，为人欲所蔽。所以，学者当因其所发而遂明之，以复其初。首先，人当思革其旧自明其"明德"，进而推己及人，使之去其旧染之污，努力至于至善之地。就是说，大学教人向善，学人皆要去污迁善，进而影响民众，使人人向善，以达社会的"至善"。

在周代人们的概念中，"大学"乃相对于"小学"而言。"小学"之时学习各种知识，"大学"之时学习做人治世。按照朱熹《大学章句·序》的说法，古代学制就是如此。他说："人生八岁，则自王公以下，至于庶人之子弟，皆入小学，而教之以洒扫、应对、进退之节，礼、乐、射、御、书、数之文；及其十有五年，则自天子之元子、众子，以至公、卿、大夫、元士之适子，与凡民之俊秀，皆入大学，而教之以穷理、正心、修己、治人之道。"朱夫子认为，《大学》之书，乃古之大学所以教人之法。春秋末年，贤圣之君不作，学校之政不修，教化陵夷，风俗颓败，孔子于是独取先王之法，诵而传之以诏后世。三千之徒，盖莫不闻其说，而曾子之传独得其宗，于是作为传义，以发其意。

朱熹时代，道教、佛教影响中国已经很长时间，他通过对中国历史文化的反思，认识到应当倡行儒家的"大学之道"。他认为："异端虚无寂灭之教，其高过于大学而无实。其他权谋术数，一切以就功名之说，与夫百家众技之流，所以惑世诬民、充塞仁义者，又纷然杂出乎其闲。"与之同时，人们记诵辞章，其功倍于小学而无用，要改变当时的现实，应当彰明大学宗旨。古代的大学在于究心穷理，为政治国，所以东汉学者郑玄说："大学者，以其记博学可以为政也。"宋代的陈淳也说："小学是学其事，大学是穷其理。"用今天的话说，大学之道，乃是为了培养崇高的德性和人格，以便将来治国、平天下。

怎样教行迁善？怎样"明明德"？《大学》在"三纲领"之后，具体论述了如何修身、如何通过修身而治国平天下的"八条目"。对于《大学》的意义，孙中山先生给予很高的评价。他认为，我们应为有《大学》这样的政治哲学而自豪。他说："中国古时有很好的政治哲学，我们以为欧美的国家近来很进步，但是说到他们的新文化，还不如我们政治哲学的完全。中国有一段最有系统的政治哲学，在外国的政治家，还没有见到、还没有说到那样清楚的，就是《大学》中所说的格物、致知、诚意、正心、修身、齐家、治国、平天下那一段话，把一个人从内发扬到外，由一个人的内部做起，推到平天下止。像这样精微开展的理论，无论外国什么哲学家都没有见到，都没有说出，这就是我们政治哲学的知识中独有的宝贝，是应该要保存的。"①

《大学》中的"精微开展的理论"实际正是中国上古历史文化的结晶。

---

① 孙中山：《民族主义第六讲》，《孙中山选集》，北京：人民出版社，1981。

宋朝学者卫湜所撰《礼记集说》卷二十九说："《新书》曰：'五帝大学，谓之成均；三王大学，谓之辟雍。'经：天子曰辟雍。董仲舒曰：成均，五帝之学是也。盖以天道设教者，五帝也，故大学曰成均。以人道设教者，三王也，故大学曰辟雍。"周代以前，我国已经十分注重做人的教育。根据《周礼》的说法，那时王子八岁而出就外舍，束发而入大学；公卿之世子、大夫元士之适子，十有三始入小学，十有八入大学。明朝学者柯尚迁在所著《周礼全经释原》卷四中认为："国子与王子共学，必稍长，乃知贵贱之礼，上下之分，且使王子有辅仁之益，故其期不同。"《周礼》职官有师氏、保氏，"师氏，德行，大学之教也；保氏，艺仪，小学之教也"。《周礼》中有大司乐，大司乐掌成均之教，成均，就是太学。《周礼全经释原》又说："太学之教，道德以率先之，《诗》《书》《礼》《乐》以涵泳鼓舞之，故大司乐既掌学政，又延有道有德者教焉，使国子心思向慕既在于道德。"

《大学》中所述的"大学之道"，《礼记·学记》也有阐述。其中说："古之教者，家有塾，党有庠，术有序，国有学。比年入学，中年考校。一年视离经辨志，三年视敬业乐群，五年视博习亲师，七年视论学取友，谓之小成；九年知类通达，强立而不反，谓之大成。夫然后足以化民易俗，近者说服，而远者怀之。此大学之道也。"所谓"大学之道"，就是教育由经文入手，培养学生的志向、德行、品质、能力，最终使学生触类旁通、坚强自立。在这样的基础上，培养的人才才能化育人民，移风易俗。这与《大学》所言具有内在的一致性。

《学记》中阐发了一系列教育方法与理论，其中说到了"大学始教"应当以具体的礼仪表示尊师重道、发奋立志等"教之大伦"，说到了"大学之教"的具体方式，还说到了"大学之法"应当注意的具体问题等，这些都足以为近日教育之戒。例如，在《学记》中有这样的说法："大学之法，禁于未发之谓豫，当其可之谓时，不陵节而施之谓孙，相观而善之谓摩。此四者，教之所由兴也。"又如："发然后禁，则扞格而不胜；时过然后学，则勤苦而难成；杂施而不孙，则坏乱而不修；独学而无友，则孤陋而寡闻；燕朋逆其师；燕辟废其学。此六者，教之所由废也。"

大学教育主要是修道做人的教育，因此，对于道德教育的规律，《学记》的把握十分准确。《学记》认为，邪恶的念头发生之前就应当加以教育，防患于未然，即今之所谓的"适时"教育原则；应当懂得青少年的身心发育特征，有针对性地做好每一个具体环节，强调系统性，由易而难，循序渐进，采用行之有效的教育方法，以收到最佳效果。

中国古代关于"成人"的教育，实际正是做人教育的一个重要环节。《左传·昭公二十五年》曰："人之能自曲直以赴礼者，谓之成人。""成人"不仅仅是年龄、体能和智能的概念，而是有更为重要的内涵。"成人"的重要标志之一，就是能够修正自身，具有分辨是非的能力，并随时纠正自己的行为。任何社会都有一定的道德标准和行为规范，人只有自觉遵守，才算是合格的社会成员，才能承担起自己的义务。中国古代畅行的冠礼，目的在于使年轻人到一定年龄时具有"成人"的意识。正像《礼记·冠义》所指出的，成人之后，不仅要注意"正容体，齐颜色，顺辞令"，更要明白"凡人之所以为人者，礼义也"。自觉遵守社会规范，担负社会义务和职责，才是"成人"的真正意义所在。①

二

近代以来，中华民族遭受了太多的屈辱与磨难，由此，不少国人对自己固有的传统道德也产生了怀疑。不难理解，"知识的精神"与"民族精神"是不可分离的。孙中山先生还说："这种正心、诚意、修身、齐家的道理，本属于道德之范围，今天要把它放在知识范围内来讲，才是适当，我们祖宗对于这些道德上的功夫，从前虽然是做过了的，但是自民族精神失去了之后，这些知识的精神，当然也失去了。所以普通人读书，虽然常用那一段话做口头禅，但是那是习而不察、莫名其妙的。"② 现在的情况已经与孙中山先生的时代不同，但就弘扬与培育民族精神的角度而言，所面临的任务同样紧迫而繁重。

现今的时代是文化创新的时代，知识爆炸，学术多元，分工愈加细密，由此，大学的功能也已经悄然发生了变化。一般认为，1088 年建立的意大利博洛尼亚大学是西方乃至世界最早的大学，其实未必。中国古代的大学虽然与现代大学有所不同，但周代的大学不仅已经有具体的学制，有具体的教育行政管理制度，有具体的学校官员执掌，还具有一系列的教育方式和方法，并形成了相对完备的教育主张和理论，这应当就是世界最早的大学。中国先秦时期的大学是培养治国人才的场所，后来古希腊的大学是哲学思维的场所，而直到中世纪，大学仍然是传播人文知识和道德真理的圣殿。从本质上讲，中国古代的大学与中世纪大学在功能上并无二致。

中国长期以来盛行的疑古思潮，严重影响了对中国的传统文化的认识，同时也严重影响了对中国古代大学及其功能的认识，因此，在对古代高等教育制度的发掘、研究、整理和借鉴方面造成了严重后果，其主要表现是由怀疑古史到怀疑古书，怀疑包括《周礼》等古代文化典籍的记载，从而远离了传统，丢弃了传统，更谈不上给予很好的借鉴。大学当然是灌输知识、培养能力的地方，而灌输什么样的知识，培养什么样的能力，却是应当认真思索的问题。大学应当教书，也要育人。学生学习科学知识的同时，应当懂得如何做人，应当具有做人的知识，具有适应社会和与人友好相处的能力。

著名教育家杨叔子先生认为，教育的根本在于育人，学生不仅要有"高级的灵性"，更要有"高尚的人性"。不言而喻，高等学校所培养的是社会的高级人才，大学应当是"高素质"的代名词。培养高素质的人才，要求大学不仅是科学技术知识的摇篮，也同时更应当塑造人类高尚的灵魂，为社会提供源源不断的清流而不是浊水。无论在中国古代还是中世纪的西方，大学都是人文精神的渊薮。可是，我们不得不承认，由于多种原因，我国高等教育中人文素养教育的缺失，已经带来了不少的问题，以至于现在好多高校竟然提出要建设"人文校园""和谐校园"！高等学校中出现了这种无奈的局面，恐怕难以承担引领民族与社会的重任。

中国传统的"大学之道"是个人修身之道，也是社会向善之道。任何时代，任何国家都应当注重学生道德人格的培养。孙中山先生的时代，学者们虽然已经对正心、诚意、修身、齐家的道理习而不察，但毕竟还是常用的"口头禅"。但废除科举与读经之后，人们可能连这一点也做不到了。孙中山先生认为这些都是我们"独有的宝贝"，"是应该要保存的"，这在今天应当同样适用。经过长达一个多世纪的动荡、探索、研究，人们应该到了走出迷茫，正确认识固有优秀传统文化的时候了。中国高等教育突飞猛进的发展，提出了继续加大充实大学内涵的时代课题，很显然，大学精神与大学文化的培养已经成为高校发展的当务之急。

接受大学教育是国家人才必需经过的阶段，这一阶段具有的特殊性，使我们不得不切实思考大学精神与大学文化的建设问题。多年以来，中小学教育力图走出应试教育的阴影，取得了一些成绩，积累了不少经验。但由于我国所处的特殊的历史发展阶段，在某种程度上，不少地区的中学特别是高中，还没有摆脱成为"社会分层场所"的怪圈。在这样的背景下，很多中学的课程取舍、教育方法等，无不受到高考"指挥棒"的影响，因此，在某种程度上，学生的道德教育就会受到影响。进入大学后，他们也就进入一个新的教育环境，如果大学不十分重视学生的人格塑造与培养，不仅大学育人的任务不能完成，弥补中学品德教育的缺失更无从谈起。

不难理解，无论国家还是民族，都首先是一个文化概念，除却文化，无从谈国家和民族。大学校园里应当充满着爱国主义精神，大学生应当牢固树立爱国精神与民族精神，大学生应当有"国家兴亡，匹夫有责"的崇高使命感。而要做到这一点，首先应当自觉修身，自觉向善，学习和熟悉传统文化，从而具有强烈的民族文化的认同感，进而热爱自己的民族文化。当然，这绝不等同于"狭隘的民族主义"，因为大学还应当是不同文化交流的平台，应当是不同文化融合的地方。民族文化也是一个动态变化的概念，它应当在不断的交流中巩固和提升自身，在不断的文化融汇中充实自己。只有这样，大学中的爱国精神和民族精神培育才具有了前沿性，大学生的民族感情认同就具有了更为重要的意义。

三

说到大学精神，很多人会想到"洪堡精神"。19 世纪的德国，洪堡创立柏林大学，提出大学应当真正成为研究高深学问的机构，应成为科学研究的中心，这无疑应当是大学的重要职责和功能。但有一点十分清楚，洪堡认为大学应当保持相对的独立与超脱，不应受到其当下社会的约束以及影

从文化自知到文化自信

响。这并不是完全脱离社会，它虽然不能"与政府的眼前利益直接地联系起来"，却"不断地开创更广阔的事业基础"，从根本上讲，仍然是为了更好地引领和服务社会。

大学里不可缺少科学精神，没有科学精神，就没有大学的灵魂；大学里同时更必不可少的是人文精神，没有人文精神，就好像生活中缺少了阳光，就等于大学丧失了自我。人们不断地谈到人文素质问题，那么，何谓"人文"？人文精神当然体现在方方面面，但人文精神的实质是什么？搞不清楚这些，就难以把握大学人文精神培育的真谛。

长期以来，由于对中国传统文化的淡漠，个别人竟然说"教化"一词产生于中世纪的宗教神秘主义，原意是指人性通过不断的精神转变达到神性的完满，并认为欧洲启蒙运动张扬人性，把人们从宗教神学中解放出来，"教化"一词也因此从神学中解放出来。对照中国周代的人文教化传统，我们不能不感慨万千，难怪近代思想家严复在《天演论》的翻译序中说："顾吾古人之所得，往往先之。"在人文教化传统这一点上更是如此。但是，正如严复的初衷在于使国人更好地了解西方，重新认识中华元文化的深厚底蕴，然后继承之、发展之，却引起了国人对西方文化的狂热那样，人们对自身文化传统的漠视与陌生，恐怕应当同样大大出乎很多人的意料。

中国有着悠久的人文教化传统。"教化"一词在西汉时期已经被习用，其渊源应当就是《易传》中的"观乎人文，以化成天下"。"文化""人化""人文教化"来源相同，意义相通。人生活在社会中，与完全的自然状态不同，于是，人文化成的要求应运而生。中华文明在三代时期已经发展到相当高的程度。西周时期，人们走出夏、商时期"尊命""尊神"的文化发展阶段，进入了人文理念高度升腾的"尊礼"文化时代，周代是中华传统礼乐文化的形成时期。儒家的仁学思想体系根源于三代时期的传统文化，它以社会的和谐为终极追求，以人的自我修行为基本手段，立足当时的社会现实，总结古代的历史文化，希望按照人生的不同发展阶段，给予礼乐制度的缘饰，从而由自我人格的完善，达至社会整体的至善。儒家的"大同"理想或"大顺"境界虽然始终没有实现，但客观而言，两千多年中国社会历史文化的演进，已经深深打上了儒家文化的烙印。

儒家的"大学之道"深深影响了传统中国社会，对社会历史文化的发展起到了不可替代的重要作用。人们高质量的生活追求，不仅需要舒适安逸的物质家园，更要有作为思想皈依的精神家园。思想信仰的"真空"会导致青少年的迷茫，反过来会影响到他们对于知识的学习与接收。人文精神的孕育和提升需要以科学为基础，但科学同样需要人文作为导向。科学的发展离不开人文，人文精神可以为科学提供动力，可以为科学开辟原创性源泉。大学生处在人生观、价值观形成的关键时期，人文素质教育应当走进他们的心灵世界。中国传统的"大学之道"既是方式与方法，也是内涵和内容，它集中体现了上古三代的优秀文化精髓，深深影响了中国的传统教育，深深影响了传统的中国社会。"大学之道"作为我们民族文化中的瑰宝，值得好好珍视；当今社会，学校教育不可抛却不鉴。

据说，在1950年12月，科学家爱因斯坦在普林斯顿收到拉特格斯大学一位19岁的大学生写来的长信，学生在信中说："先生，我的问题是人活在世界上到底为什么？"爱因斯坦排除了诸如挣钱发财、博取功名或助人为乐之类的答案，认为人活着"什么目的也没有"。但他表示，一个人活着就应该扪心自问，我们到底应该怎样度过一生，这是一个合情合理的问题，也是一个非常重要的问题。他说，在他看来，问题的答案应该是：在力所能及的范围内尽量满足所有人的欲望和需要，建立人与人之间和谐美好的关系。这就需要大量的自觉思考和自我教育。最有意义的是，他特别说道：不容否认，在这个非常重要的领域里，开明的古代希腊人和古代东方贤哲们所取得的成就远远超过我们现在的学校和大学。①

中国的现代大学借鉴的是西方体制，爱因斯坦的话给我们很多启示。当前我们的高校如何开展人文精神培育，这是一个十分紧要的问题。我认为，中国现在的高校发展中，或许不缺乏"世界眼光"，但同时应该适度加强"中国意识"。

（原载于《山东高等教育》2013年第1期）

---

① 霍夫曼：《爱因斯坦谈人生》，北京：世界知识出版社，1984年。

大学语文与传统文化教育

当数百所孔子学院在世界各地陆续出现时，国人感到振奋，这不仅增加了世界了解中国、中国与世界沟通的机会，而且中华民族的优秀传统文化也可以在世界的和谐进步中发挥更为积极的作用。在谈论这样的话题时，人们思考较多的还是语言与文化的关系问题。显然，我国的青少年对西方、对美国的了解要远远超过对方对中国的了解，这其中反映出的是国人对于自身历史文化的疏远、冷落与淡漠。长期以来中国传统文化的断裂已经造成了十分严重的后果，今天，对青少年进行传统文化教育已经刻不容缓。

语言是工具，也承载着历史与文化。语言本身就有一个历史发展过程，不懂文言文的人很难真正了解中国传统文化。《于丹〈论语〉心得》的热销反映出世人渴求中国传统文化的滋养，也折射出人们的无奈，这就是相对于以往的历朝历代，太多的人们学习古代思想文化时，已经不得不依赖学者的"通俗解读"。"于丹现象"也促使我们思考：我们应当怎样加强传统文化教育？应该如何对年青一代进行人文素质培养？

从很早的时候起，中国就已经形成了人文教化传统。先秦时期，《诗》《书》《礼》《乐》《易》《春秋》"六经"（或"六艺"）就被看作教化国人的工具；从现代学科的分类看，这些经典分别属于文学、政治、伦理、艺术、哲学、历史。儒家重视所谓"六经之教"（或"六艺之教"），是因为经典中包含着仁人爱物之道，对治理、安顿人心有积极意义。后世学人也形成了"文以载道"的传统，天地大道、人生哲理以及数不尽的"善言嘉语"，都寄寓在美不胜收的佳作名篇之中。

古之为学有"道术""方术"之别。按照《庄子》的表述，道术包含"天地之美""万物之理"，而后世学者竟然"各得一察"却"往而不反"，抓住一点而不及其余，这就是缺少了整体观照和系统认识的所谓"方术"。随着社会的发展，知识积累愈加丰富，社会分工越来越细，与之相应，学科分殊更趋专门。在我国，经书研读和科举考试延续了 2000 余年，当西方的坚船利炮打开了中国国门，人们开始致力于学习西方，经典教育被彻底取消。

现代学科划分有时代必要性，但人文教育也由此出现了重要缺失。东西文化存在明显差异，西方人重知，中国人重情，钱穆先生认为，"哲学家""文学家""史学家"等种种称呼在中国的出现，乃是中国学术思想西化的结果。他说："中国人做学问，不重分门别类，更重会通和合。非为求知，乃为求道。所谓道，主要为人道，为人与人相处之道，其唯一基础，为人与人之一番同情心。故中国人所谓道，则必兼情。本于情，始见道。"近世学术专门，学科界划清晰，使得各自牢笼，互不相谋；同是研读经典文本，却都带着"学科"的明显印记，有些用西方术语堆砌的所谓"研究论文"，虽然也以"原典思想"为对象，可是，即使起这样思想家于地下，他们也会瞠目结舌或目瞪口呆！

清朝学者将中国学术分为义理、辞章、考据三途，恰与现代人文学科的哲学、文学、历史相应。可值得回味的是，清代学者以大树作比，他们以义理为根，以考据为干，以辞章为花叶，将三部分看作一个整体。今人细分彼此，各守一门，专业分立，自重相轻。即使传统的文、史、哲等学科，也都难以"索情"，更遑论"传道"，其他学科的景象更可想而知。

有识之士呼吁加强传统文化教育，重视对年青一代人文素质的培养。高校开设大学语文课是普及提高传统文化的很好手段；学生要读懂原典，更要从中领悟传统文化，当下最重要的是要认真考虑高校大学语文课的功能与定位。大学语文不仅包含大学生应掌握的语言与文学，还承载着中国文化。高校不应仅是开设相关课程而已，不应仅停留在"语文"的表层上，而应展现中国文化的风采与魅力。为此，应当采取切实措施，认真研究大学语文课教材的编选，认真选拔与培训师资，研究教学内容、教学方法与教育手段，应当将那些具有中国传统文化深厚素养的教师充实到教学队伍之中。

全国硕士研究生统一招生考试是我国高层次人才选拔培养的重要起点，

应当结合大学语文课的教学与教育，研究确定在全国硕士研究生统一招生考试中增加传统文化的内容。近年来，我国高等教育发展迅速，硕士、博士研究生招生数量连年攀升，他们将成为我国知识分子与管理队伍的主体，高度重视这一群体，加强他们的人文素养，提高他们对于中国传统文化的认知水平，是弘扬和培育中华民族精神的关键，是中华民族复兴的百年大计。

（原载于《衡水学院学报》2012 年第 6 期）

以师道尊严挺立民族信仰

尊师重教、师道尊严是中华民族的优良传统。改革开放以来,随着经济高速发展,社会竞争日趋激烈,传统文化遭到了一定冲击,在一些地方形成了"反传统的传统","师道尊严"不再被重视,造成了严重的后果。今天,我们弘扬优秀传统文化,就必须尊师重教,重振师道师德,因为"师道尊严"所挺立的是广大人民的价值与信仰。

创新形式, 让孩子了解何为尊师重教

谈到老师,谈到师德,相信很多人首先想到孔子。

孔子最重视"修道""立德"的问题。他说:"夫道者,所以明德也;德者,所以尊道也。是以非德,道不尊;非道,德不明。"这话说透了"道"与"德"的关系。只有遵道而行,才是好的德行。

师道,指师者所承载之道;师德,指为师的德性与德行。"道"与"德"合成一个词为"道德",二者本来也有分别。"道"无言无形,却承载一切,只能用思维意识去感知;"德"昭示"道",有德的人顺应道,按自然、社会、人生需要去做人、做事。

笔者所在的孔子研究院经常能看到学生的身影,他们来到孔子故里曲阜研学旅行,在这里研读经典、体验传统文化、感受儒家文化的博大精深。

3月17日,泰安市迎胜小学的200余名师生走进孔子研究院,他们结合本校实际教育教学计划,设置了相应的活动。孩子们在"至圣先师"孔子像前行拜礼,并立下了"尊师重教,立志行道,终生面北,永恒不渝"的誓言;誓言声声气势恢宏,展现了孩子们坚定的信念。之后泰安市迎胜

小学的学生们向学校老师行拜师礼。"生身父母，师教德能"，这就是告诉学生要跟随老师好好学习道德礼仪和文化知识。行拜师礼的目的在于通过学习优秀传统文化中仪式性内容，让学生在学年之初树立尊重老师、热爱学习的观念。相信对学子们的未来人生意义重大。

拜师礼之后，全体师生齐声诵读拜师帖，心潮澎湃。孩子们也都被这样的仪式感深深吸引，对尊师重教有了更深的理解。

教师首先要 "传道"

中国古代思想家重视"道"，是因为它实在太重要了！国家有治理之道，个人有处世之道，就像无论什么事都有"好"与"不好"的标准，"道"是时刻都离不开的东西。

谁来"传道"？当然主要是教师。无论是谁，不论做什么，大家都要从学生时代走过。青少年时期是人生的关键时期，是信念与价值观的形成时期。作为教育教学的主导者，教师的地位极其重要，他们应该是"道"的载体，他们的一举一动、一言一行都可能在学生心中深深扎根。教师承担着让每个孩子健康成长、办好人民满意教育的重任。"道之所存，师之所存也"，教师不讲"师道"，后果不堪设想。正因如此，"师道"必须尊贵、庄严。教师学为人师、行为世范，只要他们有爱有敬，尊重人性，严谨为学，社会的信仰体系就能牢固树立起来。

荀子曾明确谈到"为师"的深层意蕴。他说："师术有四，而博习不与焉。严师而惮，可以为师；耆艾而信，可以为师；诵说而不陵不犯，可以为师；知微而论，可以为师。"在他看来，教师必须具备四个条件，但即使如此，具有广博知识这一条还不包括在内，可见这些条件比这个还重要。这就是：教师要有尊严，能使人敬畏、佩服；教师要有威望，能让人尊敬、信服；教师要深明义理，让人觉得条贯、顺畅；教师要深刻，让人觉得精微、明晰。这就是说，教师知识广博固然重要，但与之相比，以身作则、言传身教更为重要。

尊师实质是尊道

尊道必须尊师，尊师的实质是尊道。韩愈说："师者，所以传道授业解惑也。"教师要传授知识，更要塑造理想人格。青少年不能缺少高级的灵性，但首先要有高尚的德性。教师传道，承载价值观的传承，进行"成德"之教，培育孩子正确的行为方式，教师理应受到全社会的尊重。

老子说，"道生之，德蓄之，物形之，势成之"，"万物莫不尊道而贵德"；孔子说，"冢宰之官以成道，司徒之官以成德"。这就要求在国家层面上、在管理层面上，要积极营造尊师重教的风尚；针对当前的社会实际，从根源着手，综合施策，在这样的基础上，大力倡树师道，培育师德，重振师道尊严。《学记》说得好："凡学之道，严师为难。师严然后道尊，道尊然后民知敬学。""严师"内涵丰富，不仅是指严厉的老师，更指有尊严的老师、值得尊敬的老师。教师知善恶、明是非、能担当、有格局、有境界，这样的老师才无愧于赞誉。

在五千多年的社会历史中，中国一直传承着伟大的梦想精神。例如，作为"至圣先师"的孔子最是民族形象与民族精神的代表。他常"梦见周公"，因为他十分向往"郁郁乎文哉"的周公之治。从孔夫子到孙中山，"大道之行，天下为公"的政治理想、社会和谐与人心和顺的大同追求，是中华民族一以贯之的梦想。进入新时代的中华民族，吸吮五千多年积累的文化养分，大力重振师道尊严，使尊师重教成为社会风尚，使人民更加能创造、敢奋斗、善团结，"使核心价值观更核心起来"，从而在凝聚各民族走向伟大复兴的过程中舞台更广阔、底蕴更深厚、定力更强大。

（原载于《人民政协报》2018 年 4 月 4 日）

尊师尊道德　兴国兴法度

　　2014 年 9 月 9 日，习近平总书记在同北京师范大学师生代表座谈时指出，自古以来，中华民族就有尊师重教、崇智尚学的优良传统，正所谓"国将兴，必贵师而重傅；贵师而重傅，则法度存"。此处引用的这句话出自《荀子·大略》，意思是教师的地位关涉到国家兴亡，国家要兴盛起来，就必须尊师重教；尊师重教，就能使法度得以保持并得到推行。

　　"贵师而重傅"，是因为"师"与"傅"对人生具有引领与辅助作用。"师"，指教人的人；"傅"，指辅助人的人；"师傅"，泛指教导人的人。这里的教导多指关于为人处世的教育，指"传道"的价值观教育。唐代韩愈说："古之学者必有师。师者，所以传道授业解惑也。"为人师者当然也包括传授技能。"德"与"能"应该具有统一性，二者应该以"德"为先，在精于"授业""解惑"的同时，还要以"传道"为重。古人贵"师"，故有"安其学而亲其师""患无硕师名人与游"的说法；古人重"傅"，因为他们能"傅之德义""辅立德义"。

　　儒家重视道德的先导作用。他们强调"义以为上"，说"德成而上，艺成而下"，绝不是轻视科学技术，不是忽略器物之学。人们知道"知识就是力量"，也应该明白"力量需要方向"。有境界的人当然要德才兼备，要把"方向"摆在前面，不能不分是非曲直，不能没有价值判断。所以孔子说"君子不器"，又说"君子藏器于身"，要求人们"行己有耻"，同时也要"博学于文"。

　　尊师傅为尊道德，兴国家要兴法度。孔子说："夫道者，所以明德也；德者，所以尊道也。是以非德，道不尊；非道，德不明。"德不明则道不尊，就意味着失去了价值体系的支撑，长此以往，后果就很严重。孔子说：

"虽有国之良马，不以其道服乘之，不可以道里。"马是良马，若不遵循驾车之道，也不会顺利前行。治国也是如此。孔子说："虽有博地众民，不以其道治之，不可以致霸王。"虽然土地广博，人口众多，如果治理无"道"，人民没有信仰，国家就不会强大，更不会伟大。教师传道明德，社会有法度，人们守规则，才会有良好的社会公德、职业道德、家庭美德和个人品德。

中国传统文化重视道德，就是重视有道、有德的人。"道"属于价值与信仰的层面，"德"则是行为方式与规范，弘道明德的人理应受到全社会的尊重。常言道，"经师易求，人师难得"，"人师"是大人、君子，他们象征正义，承载道德，儒学作为"大人之学""君子之教"，就致力于培养这样的人。《史记·儒林列传》说："自孔子卒后，七十子之徒散游诸侯，大者为师傅卿相，小者友教士大夫。"孔子儒学教人"成德""入德"，有德的人参与政治，辅助社会管理，才能形成重道德、尊道德的社会风尚。

要尊道德、兴法度，就要大力弘扬中华优秀传统文化。几千年来，中华文化因革损益，不断调整发展，形成了深厚的积淀。历代政治家、思想家围绕明理正心、修齐治平展开了自己的思考。例如，孔子说："治国而无德法，则民无修，民无修则迷惑失道。"他所说的"德法"即德政法度。他把"德法"看成治国的根本。这里的"法"是"礼法"之"法"，有法则、法度、规章之义，与今天所说的"法治"之"法"有联系也有区别，故孔子将"德法"与"刑辟"对举，希望人们明德向善，希望社会和谐和顺，从而树立和巩固中华民族的价值观念与道德操守。这些思想超越时空，历久弥新，沉淀为中华民族的精神基因，构成中华民族独特的精神标识。

在古代，孔子被推崇为"大成至圣先师"，被誉为"万世师表"，人们之所以尊崇孔子，在于他确立和阐述的价值观念。历代文庙祭祀孔子，而以先贤先儒配享从祀，因为他们是这些价值观的承载者、弘扬者。他们师法孔子，光大儒学，使价值观念深入人心，使人们处世遵法度，行为有准则，为民族和谐做出了巨大贡献。明代有人说："孔子以道设教，天下祀之，非祀其人，祀其教也，祀其道也。今使天下之人读其书，由其教，行其道，而不得举其祀，非所以维人心、扶世教也。"还有人说："文庙之有从祀者，谓能佐其师，衍斯世之道统也。"中华民族英雄辈出，大师荟萃，与一代又一代的文化精英密不可分。

习近平总书记指出："国无德不兴，人无德不立。"国家兴，兴道德，兴法度；个人立，立道德，遵法度。荀子说："君师者，治之本也。"国之将兴，国运昌盛，就要倡师德，重师法，尊师重道。

（原载于《中国组织人事报》2018年9月26日）

青少年的精神出路在何方

本文是应《儒风大家》杂志之邀就青少年教育问题进行的笔谈。

记者：《齐鲁晚报》报道，在杭州西湖区，当地疾控中心从自愿参加艾滋病病毒检测的 195 名"同志"中检测出 11 名感染者，其中 10 名是大学生，真是令人触目惊心的数字啊！古代中国倡导修身齐家治国平天下的德行，今天还能唤回古代中国的道德善行水准吗？面对国内外种种忧患，您所担忧的是什么？

杨朝明：杭州西湖区的这种情况的确让人触目惊心，然而，更加令人不安的是，由于类似使人触目惊心甚至惊心动魄的事情不时出现，人们在扼腕叹息之后慢慢变得司空见惯，见怪不怪了！"哀莫大于心死"，如果人们丧失了信心，以反常为正常，从而漠视与旁观，那么，是非、荣辱可能会被彻底颠倒，这才真正令人感到悲哀。

在传统中国，明德修身、齐家治国乃是士人的毕生追求。春秋以来，中国就有"死而不朽"观念：太上有立德，其次有立功，其次有立言，虽久不废，此之谓不朽。三不朽之所言，无非做人、做事、做学问，做好人、做好事、做好学问。三者之间相互关联，互相激励，却以立德为高。所谓立德，圣人立圣德，可创制垂法，博施济众，惠泽被于无穷。对于一般人，乃通常所谓"做一个好人"而已。上古时期，中国就形成了底蕴深厚的人文教化传统，制定了人生礼仪，树立了人生准则，孔子等早期儒家系统总结"圣王之道"，教人"修己"，教人"成人"，确立了仁、义、礼、智、信等价值观念。在传统社会，这些价值观念轨物范世，敦风厉俗，主导着社会，规范着行为。

然而，近代以来中国的落后挨打，使人们误解了传统，进而疏远、抛弃了传统，其至形成了"反传统的传统"。20世纪80年代以来，在经历了社会的剧烈动荡之后，人们终于走出了误区。不过，就像古代文明研究"走出疑古"将是一个漫长的过程那样，要真正认同中国文化的价值，认清其深厚底蕴，正本清源，"拨乱反正"，还需要一个较长的时期，还需要认真探索，还需要从制度层面上彻底解决人们尤其是青少年修身做人、"仁以为己任"的问题。

记者： 冰冻三尺，非一日之寒。现代不良青少年的精神状况，也是慢慢发展而来的，请问它的社会土壤是什么？如果社会评判标准只是功名利禄，那么奢求青少年不拜金、社会不尚名、全民不浮躁，是一件非常困难的事情。唯利是图，则弊病丛生。那么请问，从国家到个人，利背后的根本支撑是什么？

杨朝明： 我所在的孔子研究院今年开始与济宁金桥监狱进行了一个合作共建的项目，名曰"读儒家经典，育道德新人"，希望孔孟之乡丰厚的儒家文化资源在犯人改造中起到一些作用。四月份，我本人还为上千名服刑人员进行了演讲。近十几年来，我面对不同的听众，进行过无数次关于孔子、儒学与传统文化的交流、讲座、学术演讲，而面对这样的特殊群体还是第一次。因为这一合作项目，我院研究人员有机会走进高墙，与那些不良青少年近距离接触，了解到一些人到底是怎样"人性扭曲""价值观混乱"的，发现的问题也很令人深思。

1905年，科举制度被废除了。正面地看，科举制度的积极作用，首先表现在它整合传统社会生活并维系社会内部文化生态平衡，对社会活动的方方面面起到纽带与调节作用。在以往相当长的历史时期内，通过科举获得身份后，地方士绅保持着他们在农村中的精英地位，受到社会尊重，主导与组织农村社会与文化生活。取消科举制度后，一方面，广大农村的文化生态开始失衡，农村的智力资源开始向城市单向流动。几十年后，这样的流动产生了极其严重的后果，农村文化生态平衡不断失调与退化，从而开始对城市过度依附。另一方面，由于西方文化的冲击，城市文化生活也显得多元而凌乱，雪上加霜的是，所谓的"文化革命"要与一切旧的东西"决裂"，这样的荡涤似乎比以往任何时期都要彻底，传统价值观遭到的冲击也空前严重。由此，恶果日渐显现……

面对种种问题，人们都在思索：到底怎样才能保持文化生态的平衡？怎样才能使人们像古代君子那样见利思义？答案其实很简单，那就是找回德义，人人讲信修睦，以义为利，筑牢人文精神的堤防。

记者："子不教，父之过"，"昔孟母，择邻处；子不学，断机杼"，父母是孩子的第一任老师。"臣弑其君，子弑其父，非一朝一夕之故，其所由来者渐矣"，"蓬生麻中，不扶自直；白沙在泥，与之皆黑"，青少年习性的养成受家庭的影响是非常巨大的。请从家庭角度谈一谈青少年的教育问题，谈谈父母和儿女双方应该做到的德行与情义。

杨朝明：无论古代圣贤还是经书典籍，注重青少年家庭教育的例子都不胜枚举，这对今人是很好的启示。

在曲阜孔庙东路最前面有一个建筑，名曰"诗礼堂"，这里有一个孔子教子的故事。据《论语·季氏》记载，孔子很注重儿子的学习。他说："不学诗，无以言"，"不学礼，无以立"，他教育儿子孔鲤，处世立身，不可不好好学习诗、礼。与学生相比，孔子并没有偏爱儿子，孔子弟子甚至感叹"君子之远其子"。但他的行为，他的思想，他的人格魅力，时刻熏陶感染着孔鲤。

孔子的孙子子思成为一代儒学大师，就与孔子的影响密不可分。据《孔丛子·记问》，一次，孔子闲居，喟然而叹。年少的子思便主动询问是否担心"子孙不修"，"恨不及"尧、舜之道。孔子诧异说："孺子安知吾志？"子思说，他给爷爷送饭时常听到这样的道理："其父析薪，其子弗克负荷，是谓不肖。"子思"所以大恐而不懈"。

不难理解，任何人都生活在一定的时空中，人都属于自己所成长的社会与家庭。来自社会的、学校的、家庭的影响，综合决定着孩子的成长方向。然而，作为孩子的第一任教师，父母在青少年教育中的作用至为关键。所谓"有其父必有其子"，与《三字经》所说的"子不教，父之过"，说的都是父亲言传身教的作用。孔子在母亲的引导下，习礼学文；孟子在母亲的诱导下，向往学堂；岳飞在母亲的教导下，精忠报国……表明母亲对孩子成长的非凡意义。孩子在学校中学习，也观察着社会，但他们毕竟与父母朝夕相处，从懵懂之时开始，有意无意中，父母的行为举止、议论谈说都会烙印在孩子的脑海中。

在很长的历史时期里，人们误解了孔子"君君、臣臣、父父、子子"的说法，认为他是强调君权与父权，其实孔子这里强调的是君、臣、父、子各自的修为。假如君不君、臣不臣、父不父、子不子，积渐既久，就会礼坏乐崩，就会"臣弑其君，子弑其父"。《大学》说："为人子，止于孝；为人父，止于慈。"子女孝敬父母，就应循道而行，"无改父母之道"，对父祖的期望"大恐而不懈"；父母慈爱子女，最好情趣高尚，奋发有为，积极向上，为子女树立榜样，为子女习性的养成营造良好环境，使之能够"自曲直以赴礼"，适应社会，明辨是非，幸福快乐地成长。

记者："为学日益，为道日损"，学习是为公还是为私？为公，圣人，道也；为私，小人，径也。教育不把此分野、目的、目标指向明确，则乃吾国教育之失败！请从"德侔天地"教育的本位谈现代教育的缺失、少年疾病和解决之道。

杨朝明：要回答这个问题，首先应当明确其中的两对概念，即"学"与"道"、"君子"与"小人"。

作为名词的"学"，除了现代意义上的学校、学科之外，还有两种理解。一是在知识层面上的"学识""才干"；二是"道术"之总称，有"理论""学说"之义，与"道"相近或相同，《庄子·天下》所谓"百家之学"即属此意。"为学日益"之"学"属于前者。

"君子"与"小人"有本义与引申义之分。周代，地位较高的从政治国的人或贵族男子称为"君子"，后来意义引申，指人格高尚的人；与之相对的"小人"本来指平民百姓，后引申出识见浅狭、人格卑鄙等意。"君子喻于义，小人喻于利"中的"君子"与"小人"，主要应在本义上进行理解。

周代社会之所谓学，有"小子之学"，有"大人之学"。"小子之学"有的称为"小人之学"。按照《大戴礼记·保傅》的说法，那时的孩子年八岁而出就外舍，学小艺，履小节，学习待人接物，即洒扫、应对、进退之"节"，学习基本知识，即礼、乐、射、御、书、数之"文"。而到年十五岁，就要"束发而就大学"，学大艺，履大节。此即所谓"大人之学"。这时期所学已经不限于知识，而要学习穷理、修身、齐家、治国、平天下之"道"。

"为学日益，为道日损"出自《老子》。老子认为，为学要日有增益，

下篇　中华文化的当代思考

而为道则要日有减损。按照传统的解释，增益或者减损的是人的情欲文饰。人之为学，就是要修习政教礼乐，增长知识才干，丰实自己，有益社会。人之为道，就是要使人好恶有节，防止化于外物，从而存理灭欲，去除悖逆诈伪之心，杜绝淫逸作乱之事。孔子说："自行束脩以上，则吾未尝无诲焉。"孔子所授，正是从政治国的"大人之学"。孔子从教人做人开始，施行"成人"之教。

社会由人组成，人都有自己的自然欲求，但人又是社会的人，共同生活在一起的人们之间必然发生一定的社会联系，因此，基本的社会规范应运而生。人们要生活得快乐与幸福，就不能不考虑人与自然、人与社会、人与人乃至人的自身与内心之间的和谐。因此，人应当自觉遵守社会的规范，懂得个人权利与义务间的辩证统一，处理好"理""欲"关系，处理好"义""利"关系。

传统中国的教育以明德、亲民、止于至善为宗旨，形成了底蕴深厚的教化传统，既有"吏道"教化系统，又有"师道"教化系统，这些极其丰厚的人文教育的制度文化资源，值得认真借鉴利用。作为社会的人，其穷理正心，其修己安人，于己于公，无所不益。传统的"君子"之学是"内圣外王"之学，它以"明人伦"为宗旨，教人立身处世。在孔子学说的影响下，中华民族比世界上别的民族更和睦、更和平地共同生活了几千年。

然而，近代以来，中国谈论教育改革，却始终"目光朝外"，结果既没有学到西方文化精髓，没有学到纯粹求知的思辨传统，却又丢掉了中国传统的人文精髓，丢失了中国"大学之道"的宗旨。毋庸讳言，在现代社会，哲学和内圣外王之道这两种意义上的最高学问都已没落。教育的根本在育人，学生要有高级的灵性，更要有高尚的人性。学校是科学技术知识的摇篮，但更应塑造高尚的灵魂，为社会提供源源不断的清流。高校里不可缺少科学精神，更必不可少人文精神，否则就好像生活中缺少了阳光，就等于学校丧失了自我。当今的教育改革，我们缺少的不是"国际视野"，而是要唤回对"传统中国"的理解和尊重。

记者：人何以安身立命？生命的价值和意义在哪？请从人活着的根本意义和价值角度谈一谈如何解决"少年维特之烦恼"，谈一谈青少年的精神出路到底在哪？未来中国主流精神的形成方向是什么？这个过程需要多长时间？

杨朝明： 人何以安身立命？人生的意义在哪里？古今中外无数的人在思考这样的问题。前不久，我在为北京文竹书院的一个国学班讲课时，一位企业家出身的学员希望我谈谈"人活着为了什么"。

说实话，对于这样的问题，此前我还没有认真去想过。一位台湾老兵写过一篇散文，名曰《故乡的泥土》，他在开篇写道："没有彻夜痛哭的人不足以谈人生，只有没有希望回家的人才知道思乡的滋味。"这位老人经历了太多的风雨，经历了风雨才知道彩虹的美丽。

著名作家谌容有一次在复旦大学演讲时，有学生称自己对人生的价值和意义感到迷茫，也提出了同样的问题："人生到底有什么意义？"她说："人生没有意义。但是每个人都必须找出人生的意义来，这样才能活得有意义！"进行生命意义的思考，追问人生的价值，恰恰显示出生命的高贵。胡适认为，生活的"为什么"就是生活的意义，在他看来，人与畜生的分别就在这个"为什么"上。畜生的生活只是糊涂，只是胡混，只是不晓得为什么如此做。

20世纪20年代，梁漱溟先生曾手书对联："不为圣贤，便为禽兽；莫问收获，但问耕耘。"据说，此联出自"晚清中兴名臣"曾国藩。孟子说"人之所以异于禽兽者几希"，《礼记》说"人之所以为人者，礼义也"。人具有人的内涵，只要守礼善道，忠孝仁爱，便走向了成人、成圣之路。

人活在世界上到底为什么？也有人向爱因斯坦提出过这样的问题。爱因斯坦认为，一个人活着就应该扪心自问，我们到底应该怎样度过一生。他十分推崇"古代希腊人和古代东方贤哲们"，认为他们在这个"非常重要的领域里"取得了极高的成就。在他看来，问题的答案应该是：在力所能及的范围内尽量满足所有人的欲望和需要，建立人与人之间和谐美好的关系。

在艰难困苦的环境下，人容易得到锻炼，在奋斗中更能发现并享受快乐。反之，衣食无忧，逸居无教，却往往迷茫彷徨。青少年是国家的未来，现代中国，无论是中国的主流精神，还是青少年的精神出路，我认为以孔子为代表的"古代东方贤哲们"已经给了我们很好的启迪。青少年的问题不是孤立的，"许多的孩子都有许多的烦恼"，其根子还是在社会；社会的问题解决了，青少年的问题才能解决。

记者：子曰："慢藏诲盗，冶容诲淫。"色情信息充斥于各类媒体，人心思动，现在一两岁的孩子就在大唱情歌，小学生就在谈恋爱，初中生就在堕胎，这都拜媒体"冶容诲淫"之功所赐。反观孔子，"世衰道微，邪说暴行有作，臣弑其君者有之，子弑其父者有之。……孔子惧，作《春秋》……《春秋》成而乱臣贼子惧。"媒体为无冕之王，化导天下，成也媒体，败也媒体！请从媒体的引导示范角度，谈媒体对孩子的影响，以及引导之道。山东卫视《天下父母》功德大矣！可悲的是中国只此一家，如何让媒体乐于宣传传统文化，如何让媒体倡导社会风气？请谈之。

杨朝明：说到媒体对孩子的影响，我想到 2005 年圣诞节前夕《齐鲁晚报》的一篇文章，题目是《三岁娃指着孔子喊圣诞老人》。文中介绍说，12月 20 日，家住济宁市区的刘先生给三岁的儿子买了一本古诗词，古诗词的第一页就是大思想家孔子的画像。没想到，儿子打开书本后竟然大呼："爸爸，这本书上也有圣诞老人啊！"刘先生连忙给儿子纠正说，这不是圣诞老人，是古代的教育家孔子。但是，孩子一脸严肃："你才错了呢，你看他有长长的胡子，和街上的圣诞老人差不多啊！"文章说，联想到孩子曾经将中国传统的石雕狮子当成外国故事里的狮子王，天天吵闹着要去吃西餐，打开电视就看外国动画片，对中国的传统事物知之甚少，刘先生不无忧虑。

当时，我正在济南参加一个会议，夜晚漫步在繁华的泉城路上，到处"洋溢着节日的气氛"，有的大型商场里还有"圣诞老人"在里面走动，旁边紧跟着一群作为"伴生物"的人们。好在其中一位女士手里举着的招牌"照相 10 元"是用汉字写成，不然，恍惚之间，还以为自己到了另外的"国度"或者什么"世界"。回到房间翻翻报纸，"圣诞"二字随处可见，室友在浏览《读者》杂志，封面也是"圣诞老人"。打开电视，某电视台不知正给谁"送上一道圣诞大餐"。

记得那时，不少孩子的启蒙读物大都是"白雪公主""狮子王"等西方故事，玩具也都是奥特曼、蜘蛛侠，中国传统的真正能吸引孩子兴趣的也只有《西游记》里的美猴王。试想，在这样的环境中，孩子不可能不受到影响。

当年，孔子作《春秋》，寓褒贬，别善恶，《春秋》大义深深影响了中国人的思想观念。在当今信息时代，公众传媒的影响力越来越大。前几年，韩剧风行，有人称，中国人在韩剧中找到了他们所需要的东西，这些东西就是亲情伦理。联想到当年电视连续剧《渴望》上映时的万人空巷，我们会生发出很多的感慨。孔子之道，忠恕而已，人之为人，孝亲为大。由修己而推己，正根植于最基本的人伦之爱。孔子说"立爱自亲始"，山东卫视《天下父母》弘扬亲情，功德至大。现代不少媒体别出心裁、挖空心思地迎合观众，提高收视率，完全不顾及自己的社会责任，实在不该！我认为，对于各类传媒，职能部门应该提高认识，采取有力措施，加强管理，积极引导。如若不然，学校、家庭的勤苦努力，将收效甚微，媒体报道中的纷杂与乱象，必然在青少年的精神状态和行为中显现出来。

记者：现在我们在局外大谈青少年的精神出路，是否在拔苗助长？对于青少年的精神现状，社会公众、家长、教育工作者到底应该持什么态度，才不让孩子们反感？药，可杀人，可活人，圣人之教，亦复如是。请问怎样避免中国传统文化的弊端？言传不如身教，身教不如经典，请谈之。

杨朝明：道的传承是无言的。天道无言，四时行焉，百物生焉；人道也是无言的。《诗》曰："奏假无言，时靡有争。"君子不动而敬，不言而信；君子不赏而民劝，不怒而民威于斧钺。要让青少年学到真知，身心康健，需要的不是絮絮叨叨的说教，而是润物细无声的"春雨"。当我们眼睛紧盯着孩子们的时候，切不可忘记孩子们的眼睛也盯着我们。

药，可杀人，可活人，说的是用药必须得当。孔子为什么说"自行束脩以上，则吾未尝无诲焉"？那个"束脩"绝不是什么"学费"，而是年龄概念。郑注《论语》："束脩谓年十五以上也。"李贤注："束脩谓束带修饰。"到了一定的年龄才能懂得社会、懂得人生。孔子所教者，穷理正心，为政治国，修己安人，即使十五岁以上的孩子，他依然教有顺序，所以时人说：夫子施教，先以《诗》经。有些孩子"为赋新词强说愁"，却未必能够读懂圣贤。

孔子曾经教育学生"言忠信，行笃敬"，循此教诲说话做事，必能通达。切莫"心不存慎终之规，口不吐训格之言"，应当心有所定，计有所守；仁义在身，思虑通明。青少年的教育是整个社会的事情，社会公众、家长、教育工作者都应该有这样的意识。尤其家长和教育工作者，要知道经典中那些应有尽有的道理，应当领会神韵，融会贯通。孔子说："道不远人，人之为道而远人，不可以为道。"《颜氏家训》说："禁童子之暴谑，则师友之诚，不如傅婢之指挥；止凡人之斗阋，则尧舜之道，不如寡妻之诲谕。"如果一知半解，或者不注意方法，恐怕真会辜负了"圣人之教"。

记者：孩子们的精神出路是否就在优秀人类文化中，尤其是中国的经典里？所谓"大学之道，在明明德，在亲民，在止于至善"，人应该讲社会责任，应该讲奉献，"安得广厦千万间，大庇天下寒士欢颜"，"居天下之广居，立天下之正位，行天下之大道"，"得志，泽加于民，不得志，修身见于世"，"穷则独善其身，达则兼济天下"。那么下一步怎样去落实传统文化呢？是否倡导读经运动和私塾教育？体制内、体制外是否需要优秀传统文化的回归？

杨朝明：据传，中日甲午海战后，伊藤博文到中国漫游。辜鸿铭送了伊藤一本自己刚出版的《论语》英译本。伊藤调侃他道："听说你精通西洋学术，难道还不清楚孔子之教能行于两千多年前，却不能行于 20 世纪的今天吗？"辜鸿铭回答道："孔子教人的方法，就好比数学家的加减乘除，在数千年前，其法是三三得九，如今 20 世纪，其法仍然是三三得九，并不会三三得八。"

中国优秀的文化传统，尤其是儒家经典，是人类宝贵的精神资源。两千多年过去了，孔子确立和阐述的很多价值观念仍然是我们行为的立足点。有人问孔子，以后十世的情况能否推知，孔子认为，周礼乃是"损益"夏礼、殷礼而来，"其或继周者，虽百世可知也"。正如 20 世纪"三三得九"一样，21 世纪三三同然也是得九。人类只要还相处在一起，人类就需要彼此相处的原则，就需要做人的法则。任何时候，人都应立正位，行大道，明德向善，修己安人。这是为人处事的准则，自然也是孩子们的精神出路所在。

如何落实传统文化，让优秀传统回归，这是一个大问题。窃以为，时代变化了，应当探索适合于现代的普及优秀传统文化的路子，"生乎今之世"，不可墨守成规，不知变化。必须注意，古代的私塾、诵经，都与科举仕进有密切关联；古代书院作为一种独特的文化教育模式，集教育、学术、藏书为一体，它虽然是一种素质教育，但也与官学平行交叉。如果停留在体制之外，很难想象像所谓私塾、读经班、民间书院等能够保持其活力与可持续发展。要使优秀传统文化更有效地回归，应该重视中小学中的经典教育，重视人生礼仪，在人才选拔的重要考试环节，加大传统文化的内容，长此以往，才能取得预期的效果。

记者：童年教育非常重要，而很多成年人在要求孩子进步的同时，自己却在故步自封、不求上进，用自己的老经验来要求孩子，这必然会造成"代沟"。家长在要求孩子的同时，是否自己也要与时俱进？

杨朝明：所谓"早教"，不过是"适时而教"而已。教育孩子，把握"适时"原则十分紧要。修身做人的教育与"胎教"之类开发智力的早期教育有联系也有区别，这里重要的是教育的"机"，要做到抓住"机"而不失"机"。对此，我们的先人有许多论述。如《学记》说："大学之法，禁于未发之谓豫，当其可之谓时。"又说："时过然后学，则勤苦而难成。"孔子说："少成若天性，习惯之为常。"

怎样抓住教育的时机？就是在孩子世界观、价值观形成的关键时期，使之迈出坚实、正确的第一步。古代有所谓"成人"之教，男子行冠礼，女子行笄礼。所谓成人，就是在长大成人的年龄踏上正途，防止偏离人生的正确轨道，以更好地担负起自己的家庭责任与社会责任。《国语·晋语六》说："戒之，此谓成人。成人在始，始与善，善进，不善蔑由至矣；始与不善，不善进不善，善亦蔑由至矣。如草木之产也，各以其物。人之有冠，犹宫室之有墙屋也，粪除而已，又何加焉？"人处善而善，方能杜绝不善。

为了孩子的健康成长，要为其营造良好的环境。《大戴礼记》记载古代教育太子的方式说："故孩提，三公三少固明孝仁礼义以导习之也。逐去邪人，不使见恶行。于是比选天下端士、孝悌、闲博有道术者，以辅翼之，使之与太子居处出入。故太子乃目见正事，闻正言，行正道，左视右视，前后皆正人。夫习与正人居，不能不正也；犹生长于楚，不能不楚言也。故择其所嗜，必先受业，乃得当之；择其所乐，必先有习，乃得为之。"年轻人很容易受环境的熏染，以孝仁礼义导习学子，据其所嗜、所乐因势利导，则可防止思虑散逸。如果家长在这方面不注意，而一味要求孩子，那样结果往往是适得其反，正所谓"其身正，不令而从。其身不正，虽令不从"。

家长是影响孩子的最为关键的因素之一，是儿女的榜样。家长不仅要有良好的道德修养，在知识储备上也要"与时俱进"。现在的时代是信息爆炸的时代，科学技术发展日新月异，如果家长故步自封、不求上进，在教育孩子时便会感到力不从心，而且这样也不利于与孩子的沟通，久而久之就会降低在孩子心目中的威信，从而影家庭教育的效果。

　　　　　　　　　　　　　　（原载于《儒风大家》2010 年第 4 期）

用优秀传统文化铺染青少年的生命底色

——访孔子研究院院长杨朝明

中华优秀传统文化蕴含着中华民族最深沉的精神追求。其中，孔子及儒家思想作为中华民族传统文化的重要组成部分，奠定了文化之根，深深浸润着我们的生命。在青少年获得身心发展、养成美好人格以及树立正确价值观念的关键期，怎样引领孩子们亲近经典，在体悟传统文化的深厚底蕴中汲取生命的养分？今天我们又该如何认识和理解孔子及儒家思想？出于多年潜心研究孔子儒学的经历，中国孔子研究院院长杨朝明对此有着深刻的感悟。带着对现实的思考，本刊记者采访了杨朝明院长。

记者：青少年时期是人格形成的重要时期，处于这一阶段的孩子该怎样认识、亲近我们的传统文化？您认为学校教育如何发力，才能让中华优秀传统文化走进孩子们的学习生活？

杨朝明：教育是有规律可循的，把"功夫"用在青少年价值观形成的最佳时期，理应成为学校教育的责任与使命。为此，我们在适时而教、因材施教、寓教于心的时候，要特别注意增强教育内容的"文化含量"，让中华优秀传统文化走入中小学、走进青少年的心灵，凝聚传统文化中向上、向善的力量，牢靠地托举起每一个孩子的梦想。

教育的目的在于让孩子明理修身，顺利地成长为一位合格的成年人和社会公民，这也是人们进行一切社会活动的基础。孔子说："礼者，理也。"又说："不学礼，无以立。"《礼记》中讲："凡人之所以为人者，礼义也。"青少年时期，孩子们在了解自己作为"自然人"的同时，也应该知道自己必须是一个"社会人"，必须遵守社会规范。礼之本在于仁爱，这一明理

（或者"明礼"）的过程就是正心修身的过程。明礼修身之道，助力他们在具体实践中加深自我认知，滋养美好情感。

当前的学校教育中，我们应当更加重视培养学生健全的人格，不能将"成人"教育仅仅停留在"礼"的形式上，要强调礼的内涵。中华民族具有久远的礼治传统，传统礼仪对我们也有诸多启发意义。如传统的冠礼就是让孩子们明确"人之所以为人"的意识，修炼德行。儒家思想论述的核心问题即"为人之道"（或"成人之道"），有助于培养有爱心、有担当、有情怀、求进步的君子。

记者： 孩子们明理修身的途径有哪些？他们该以何种姿态处世，修炼人生的哲学？

杨朝明： 修身的途径自然多种多样，其中应以传统文化的根源——"爱"与"敬"为起点。孔子说："立爱自亲始""立敬自长始"，明确表达出：要怀有一颗仁爱之心，要从亲爱自己的父母开始；保有一颗恭敬之心，要从敬顺自己的兄长开始。指明了希望孩子们从修身做起，推己及人，推广亲情，放大善性，让人与人和睦相处，使社会更加和谐。

内圣而外王，深层的价值观念决定一切。在明礼修身的基础上，我们又该以何种姿态为人处世？从孔子所说的"君子不器"和"君子藏器于身"中就可以寻到答案。"不器"与"藏器"是孔子修身之学的范畴。"不器"是指有境界、有格局的人不会仅是一个被使用的器皿，它要求我们要树立正确的是非观念、价值标准。"君子不器"指明我们要"志于道""立于礼"，重视德性修养。"藏器于身"则要求我们要学好本领，在加强个人才能修养的同时还要懂得韬光养晦、仁爱中正、隐忍待发、蓄势待时。这是修炼人生的大智慧，是每个人需要不断体悟的人生哲学。

记者： 在培养青少年的德行修养的过程中，教师应扮演怎样的角色？

杨朝明： 中小学阶段专业教师匮乏的背后也呈现出全社会传统文化教育的缺失。当前学校传统文化教育的过程不在于传授了多少知识，而在于学生对于经典理解的深浅以及是否抓住了传统文化的精髓与内在精神。教师不应该只是传统文化教育的研究者，更要做到"经师"与"人师"的巧妙融合。"经师"是"授业解惑"的知识传授者，"人师"则是"以身作则"的道德坚守者。通过向学生传授以礼为序、以和为贵等价值理念，仁、义、礼、智、信等道德规范，自强不息、刚毅进取、厚德载物、忠恕仁爱等优秀品格，来培养学生的是非观、荣辱观、价值观，进而对自我人格进行丰富与完善，让文化底蕴滋养生命。因此，教师成为"经师"的同时更要做"人师"。

要知道，无论哪一位老师，他们的一举一动、一言一行，都潜移默化地影响着学生，在一个人价值观形成的最佳时期，老师给他留下的印象可能最为深刻。老师的职责首先是"传道"，然后才是"授业""解惑"。传授知识固然重要，而培育青少年的德行更为重要。"老师"这个称呼、"教师"这个职业之所以高尚，是因为它是价值观的传承者、弘扬者。它应该是"道德"的代名词，是"道德"的化身。

记者：儒家思想在中国历史上发挥了极为重要的作用，也是人们争论的焦点。您如何看待当前传统文化教育的现状？

杨朝明：文化有表层、中层、深层之分，而儒家思想作为传统文化中最深层的哲学文化，蕴含着中华民族传统的价值观、是非观、荣辱观，是以孔子为代表的先圣先贤为后人留下的最丰厚的宝贵精神遗产。被后世尊称"至圣先师""万世师表"的孔子作为古代文化的集大成者、中华文化的杰出代表，他对人性、人的价值有深刻的体悟与思考。志道据德、依仁游艺，以及以人为本、明理修身、循道而行等思想价值观念，对后世影响极其深远。

当前，人们对传统文化教育的认识还有一定偏差。长期以来，由于人们渐渐远离了经典，对中华传统文化的了解只停留于表面，还谈不上有自己独立的"理解"，出现了不少的问题。在传统文化教育严重缺失的今天，同样不乏对传统文化的曲解。在近年来全社会掀起的"国学热"中，不少家长盲目地把孩子送进某些培训机构。我们还可以在各大报纸等媒体上频频见到学校组织学生穿汉服、着唐装、行跪拜礼、摇头晃脑地学古人腔……不言而喻，这有利于孩子们接受传统文化熏染，但也有被商业利益裹挟，抑或被形式主义、功利主义绑架，对传统文化的内涵重视不够之类的问题。

当前，国学或传统文化"虚热化"愈演愈烈的背后，更多地呈现出来自现实的冰冷与无力感。我们对于儒学的认知有很大的偏离，对民族文化缺乏一份理性的理解、冷静的对待，如此下去将难以认清原始儒学的真精神，难以真正形成社会性的传统文化教育氛围。我们对传统文化的误解、曲解已成为当下必须直面的重要问题。

记者：以孔子思想为代表的儒学经历了漫长的时代变迁，如何评价儒学在当今的时代价值？我们对传统文化应持有怎样的态度？

杨朝明：孔子阐述的价值观念在今天仍然是我们的文化立足点，是中华儿女的生命底色，是我们最深沉的价值追求。在弘扬优秀传统文化、引领挖掘其精髓的过程中，我们的确逐渐形成了一些共识，但仍然需要继续大力进行正本清源的工作。我们需要认清儒学在历史中的变化，进而澄清误解，消除认识上的误区，寻到儒学的本质。

先秦时期，儒学形成了完备的形态，具备了显著的"德性色彩"。而在汉代以后的封建帝制时代，儒学与政治结合之下，致使"威权色彩"突出，缺乏平等意识和自由理念。近代以来，不少人又将中国面临的窘境遭遇迁怒于"传统文化"，放大了传统文化的负面影响，在 20 世纪的中国更是竟然形成了"反传统的传统"，这种观点是极为偏执的。孔子学说及儒家思想的形成具有广阔的文化背景，只有从历时的（或历史的）角度对其整体观照，系统思考，全面把握，才能认清传统文化的本质。因此，要有"时代的融入性"，利用辩证的思维对待传统文化，剔除其封建性的糟粕与不合理成分，对儒学传统批判地继承，返本开新，择善而从，推陈出新。

记者：如何更好地弘扬与创新中华优秀传统文化，以增强其时代的融入性？

杨朝明：我们距离孔子究竟有多远？这个"距离"不是时间、空间上的距离，是我们对孔子思想、儒家学说、中国传统文化精髓认识的跨度。正是因为这段"距离"，致使我们对孔子思想价值的认识迥然各异，影响了当代人对待传统文化的态度。

孔子学说所展现的价值观念是超越时代的，它属于中国也属于世界，属于过去也照耀着今天和未来。因此，弘扬中华优秀传统文化，应着眼于心灵，立足于人性，紧紧抓住孔子确立及阐述的价值观念，关注具有德性精神的原始儒学，这也是孔子学说与儒家思想的内在精神所在。深入挖掘中华优秀传统文化讲仁爱、重民本、守诚信、崇正义、尚和合、求大同的时代价值，找准文化发力点、立足点，精准把握住孔子思想与传统文化的精髓。

儒家文化是一种修身的文化、和谐的文化、包容的文化。把握儒家文化的精髓，应从学校开始，从青少年时期开始。让优秀传统文化走进青少年心灵，让孩子们感受并亲历儒家思想蕴含的生命智慧，获得人生的启迪。

（原载于《联合日报》2017 年 6 月 6 日）

优秀传统文化进校园之管见

不难理解，一个自信的民族一定是开放的民族，一个有希望的民族一定是有自己文化立足点的民族。我们要弘扬并培育民族精神，而民族精神就蕴含于我们中华优秀传统文化之中。

自从 19 世纪以来，中华民族面临着生存危机。一方面，西方文化借助帝国主义侵入中国，给中国文化带来了极大的冲击；另一方面，由于政治、军事的衰败，导致中国人对自身文化的信心发生动摇，不少人迷失了自我，陷入了文化虚无主义的泥淖。不言而喻，放弃传统文化无异于放弃自己的根脉，无异于主动地自我殖民。这就像牟宗三先生所说："打败我们的文化是我们自己代人行事，起来自己否定自己的。这叫作自失信心，自丧灵魂，此之谓'自败'。"中国传统文化的断裂造成了十分严重的后果。当下，有些青少年热衷于追捧西方文化，信仰缺失、道德失范，对中华优秀传统文化疏远、淡漠。"少年智则国智，少年强则国强。"今天，对青少年进行传统文化教育已经刻不容缓。

习近平总书记指出："古往今来，一个国家、一个民族的强盛，总是以文化兴盛为支撑的，中华民族伟大复兴同样需要以中华文化繁荣发展为条件。""中华优秀传统文化是我们最深厚的文化软实力，也是中国特色社会主义植根的沃土。"要实现文化传承和文化兴盛，就必须把教育作为生命载体。这是教育的文化功能。大力推进优秀传统文化进校园在于赓续文明之脉、引领思想之标、倡树教育之风的责任与担当。

在国际儒学联合会的大会上，我听到学者们有"文化兴，看济宁；读经典，去尼山"的说法。济宁是孔子故里、儒学故乡，是中华文明的重要发源地，历史文化资源十分丰富，在弘扬传承优秀传统文化方面区位优势明显。2013 年 11 月 26 日，在孔子研究院举行的座谈会上，习近平总书记殷切希望"孔子故里成为首善之区，彰显孔子文化的影响"。济宁大力弘扬传统文化可谓使命光荣、责任重大。

梁漱溟先生曾说："孔子以前的中国文化差不多都收在孔子手里；孔子以后的中国文化又差不多都从孔子那里出来。"直至今天，孔子所确立和阐述的很多价值观念仍然是我们的立足点。孔子儒家思想博大精深，以儒学为代表的传统文化内在精神与社会主义核心价值观深层契合、高度一致。孔子把"仁"作为最高的道德原则、道德标准和道德境界。"仁"，就是修己、爱人。没有爱心，何谈爱国、敬业、诚信、友善？从个人层面来说，按照这一价值观念的要求去做，人与人之间的关系就能处理得更好。从国家层面说，我们之所以是中国人，就是因为我们有自己的民族文化，我们热爱自己国家，而热爱自己的民族文化，就要对民族文化抱有"温情与敬意"。

孔子说："志于道，据于德，依于仁，游于艺。"又说："士志于道，而耻恶衣恶食者，未足与议也。"孔子希望人树立信念，立志向道，据守住德，依倚于仁，优游于六艺。有了信念，就不会斤斤计较琐事，就能站得高，行得远，在人生路上更加稳健。这既是述为学之方，也是为每一个青年人指出的成长路径。孔子思想就是要把人培养成为有爱心、有情怀、有担当、爱学习、求上进的君子，强调修身、齐家、治国、平天下，注重自我修养和道德实践。这对青少年的是非观、人生观、价值观培育十分有益。

优秀传统文化进校园，一定要有科学对待传统文化的辩证思维。必须正本清源地理解传统文化，历史科学地继承传统文化，让中华优秀传统文化的成果苏醒过来，焕发生机。在漫长的历史发展进程中，传统文化不可避免地存在消极的内容，教育者应该立足现实，面向未来，把握精髓，帮助青少年学生明辨与化用。在摒弃历史虚无主义态度的同时，也要看到传统文化的时代性特征。剔除其糟粕和不合理成分，去粗取精，去伪存真，古为今用，择善而从，有鉴别地对待，有扬弃地继承。要特别注意凸显优秀传统文化的现代价值，将其与时代精神相互融合，发扬光大，抽象其精神，创造性地进行转化。

优秀传统文化进校园，要给传统文化教育以制度保障。要在教育制度上保障优秀传统文化普及，引导青少年了解和掌握传统文化。为此，应当采取切实措施，认真研究课程的设置和教材的编选，研究教学方法与教育手段；应当有效配置课程资源，科学厘定课程时间，精心打造课程呈现方式，合理剪裁课程内容，综合调配课程结构；应当加强学术引领，提升教育水平，进行人才培养与整合，尽快形成一支掌握传统文化精髓，有文化自觉、勇于担当、有使命感的师资队伍；应当集中力量进行相关的教育教学课题研究，提炼适应社会发展和符合时代需求的教研成果。

优秀传统文化进校园，一定要首先摒弃功利化倾向，必须清醒地认识到，传统文化教育，绝不是给学生增添一门应试科目。事实上，传统文化教育本身不可"速成"，也很难"速成"。《易传》说："观乎人文，以化成天下。"传承文化的过程是"春风化雨，润物无声"的过程，"化"是教育的至高境界。要将优秀传统文化和教育体系、教育结构、教育内容、教育方法有机结合起来；要站在社会的发展需求、学校的办学追求、学生的成长需求等不同层面来构思学校传统文化教育；要将教育的各环节打造成合力，形成文化浸润的环境，全面滋养青少年的心灵；要在循序渐进中慢慢涵养；要有平和的教育心态，让青少年学生在教育活动中"乐其心不违其志"，完成深刻的体验和沉淀，对传统价值、传统文化生出强烈的认同感。

"十年树木，百年树人。"多年来，济宁立足孔孟之乡的区位优势，在传统文化教育方面进行了多方面深入的探索。我们相信，随着人们认识的逐步提高，孔孟之乡的教育星空必将更加璀璨。

（原载于《现代教育》2014 年 4 月 20 日"卷首语"）

重视和加强对优秀传统文化的宣传教育

习近平总书记视察山东时，到孔府和孔子研究院参观考察，举行座谈会，发表重要讲话，是当代中国文化史上具有标志性意义的重大事件，传递了大力弘扬中国传统文化的明确信息，体现了党中央弘扬优秀传统文化、建设社会主义核心价值体系的坚强决心。我们应当高度重视和切实加强对中国优秀传统文化的宣传教育。

传统文化中积淀着中国发展的巨大内力

中华传统文化博大精深，包蕴丰富。作为传统文化的重要组成部分，孔子思想在中国历史上发挥了极为重要的作用。今天的中国是历史中国的发展，以孔子思想为代表的优秀传统文化蕴含着中国社会经济发展的巨大动力。

孔子思想对个人道德修养，尤其对青少年的是非观、人生观、价值观培育十分有益。孔子思想就是要把人培养成为有爱心、有情怀、有担当、爱学习、求上进的君子，强调修身、齐家、治国、平天下，注重自我修养和道德实践。

孔子思想有利于国家治理和党风廉政建设。他的"为政以德""为国以礼""正身修己""敬德保民""先富后教"和"孝悌""慎独""中和"思想以及义利观等，今天仍有重要的现实意义。党的群众路线教育实践活动提到"正衣冠"，与《礼记》所说"人之所以为人"首先在于"正容体，齐颜色，顺辞令"异曲同工，都是强调人的基本素养。

孔子思想作为中华民族共有的精神家园和最深沉的精神追求，最能作为联系全球华人的精神纽带。孔子思想中自强不息、家国同构、以天下为己任的情怀，哺育了一代又一代优秀的华夏儿女。中华文化已经沉淀为中华民族的精神基因，形成了中华民族独特的精神标识，今天依然能够团结凝聚各族儿女以及世界华人，汇聚成改革发展的正能量。

建设中国特色社会主义，中华文化是其丰厚的文化土壤。孔子"大道之行，天下为公"的社会理想与马克思主义呈现出高度的一致性。在思维方式与方法上都主张与时俱进、实事求是、知行合一。孔子集中华文化之大成，深刻思索人性和人的价值，希望人们明理修身、循道而行、推衍亲情、放大善性，社会主义核心价值体系与之一脉相承。

在孔子学说的影响下，中华民族比世界上别的民族更和睦、更和平地共同生活了几千年。直到今天，孔子所阐述和确立的很多价值观念仍然是我们的立足点，这是中华儿女的生命底色，是中华民族最深沉的精神追求。人要立，国将兴，就要大力弘扬传统文化，加强全社会的思想道德建设，形成向上的力量、向善的力量。

科学把握对待中国传统文化的思想方法

习近平总书记强调运用马克思主义的立场、观点和方法分析研究孔子儒家思想，采用历史唯物主义态度对待中国传统文化，充满着马克思主义的辩证思维。这对于科学对待传统文化，更好地进行传统文化宣传教育十分重要。

要正确估价中国古代文明的发展水平。中华文化连绵不断，经过损益发展，到西周时期形成了"郁郁乎文哉"的礼乐文明。春秋末年以降，面对新的形势，孔子等思想家系统总结历史文化，使其思想的形成有一个广阔文化背景。只有对早期中国智慧进行整体观照，系统思考，全面把握，才能认清传统文化特质，掌握孔子思想精髓。

要认清儒家思想在历代社会的变迁。历史上儒学确曾出现过蜕变。先秦时期，儒学具有显著的"德性色彩"，汉代以后的帝制时代，儒学染上了"威权色彩"。就像孔子所说的"君君、臣臣、父父、子子"，他本来是强调"正名"，主张君、臣、父、子各尽本分，后来却变成了片面强调君权、父权。因而应认真研究，正本清源，认清变化，澄清误解。

要有科学对待传统文化的辩证思维。对中国传统文化包括孔子儒家思想，应充分认识其合理精华，摒弃历史虚无主义态度，也要看到其时代性特征，看到其唯心保守成分。要剔除其封建性的糟粕和不合理成分，去粗取精，去伪存真，古为今用，推陈出新，择善而从，有鉴别地对待，有扬弃地继承。要特别注意传统文化的时代融入性，抽象其精神，创造性地加以现代价值转换。

切实加强中国优秀传统文化的宣传教育

加强学术引领，提升宣传教育水平。进行人才培养与整合，尽快形成一支掌握传统文化精髓，有文化自觉、勇于担当、有使命感的队伍。加强孔子儒学研究，潜心发掘整理优秀思想文化资源，集中力量进行重大课题研讨，力争产出一批适应社会发展和符合时代要求的成果。把历史的中国、现实的中国讲清楚，讲好中国的故事。

采取有效措施，增强宣传教育力度。采取积极措施，给传统文化宣传教育以制度保证，尤其应在国家教育制度上保障传统文化普及，引导青少年了解和掌握传统文化，让中华传统文化精神融入青少年的生活，走进更多人的心灵，进而影响和渗透到社会的各个层面。

营造舆论氛围，扩大宣传教育广度。习近平总书记视察孔子研究院并作重要讲话，旁征博引，举出很多孔子和儒家思想的经典名句，揭示其深刻的时代价值。他重视中华文化典籍的阅读，给我们做出了榜样。领导干部应该带头认真学习传统文化，切实承担起习近平总书记赋予的文化使命，使优秀传统文化走进社会的各个层面、各个行业，形成社会风尚，建设新道德、新文化，提高民族自信心，为改革发展注入更大动力。

（原载于《理论学习》2014 年 2 月）

以经典诗文涵养道德心性

今年，中央电视台播出了《中国诗词大会》《经典咏流传》等节目，给广大观众带来了一次次文化盛宴，得到大家普遍关注和喜爱，很多人因此爱上了中国经典诗文。由此，我想起了一生践行诗教的叶嘉莹先生。

几年前，长沙举行"首届全球华人国学大典"颁奖仪式，那年的"年度海外影响力大奖"颁给了叶嘉莹先生。叶先生已九十高龄，从事古典诗词教学工作七十年，用心追求学问知识，弘扬古典诗词对生命的启发。叶先生名重海内外，备受世人尊重，从她身上，我们可以获得学习中国经典诗文的启示。

给叶嘉莹先生的颁奖词这样写道："你站在那里，就是一首诗，劫波历尽，一片冰心。你一开口，宛如飞天展袖，古今悲喜，荡气回肠。七十年滋兰树蕙，融贯中西；集驼庵之诗话而别开生面，启桃李之芳园而香远益清。你是擎灯使者，迦陵妙音。"不难理解，古典诗文蓄积了作者的智慧、品格、襟抱和修养，因此，热爱古典诗词的叶先生尽管历经许多苦难不幸，却一直保持乐观、平静的态度，她坚信个体生命会从古典诗词中得到精神滋养，坚信中国古典诗词的内在精神不会中断。

我曾不止一次地在电视、网络上聆听叶嘉莹先生的讲座，相信每一个听过她演讲的人都会不禁感慨：叶先生如此高龄，她的内心竟然仍如此精致，这不是诗词之美对其生活的浸染，又是什么？这时，我们这些听众便生发了对"生命与诗词融为一体"的向往。叶嘉莹先生一生倡导诗教，提倡"吟诵"。她认为，学诗要感受诗人的生命心魂，要读其诗而知其人。事实上，那些脍炙人口的诗词和散文，正是中华民族数千年优秀传统文化的精华，尤其那些最核心最灿烂的部分，它们经历了历史长河的洗淘，培育了中华民族的精神气质，构成了中华民族的不朽精神。

可以说，叶嘉莹先生继承了中国悠久的诗教传统。中国自周代就有"顺先王诗、书、礼、乐以造士"的说法，研习诗、书、礼、乐是士人成长的必由途径。基于对诗意义与功能的理解，孔子格外重视诗。他下气力整理了以前时代的诗，《诗》是孔子教学的基本教材，他经常引《诗》论诗，可谓信手拈来。在孔子生活的时代，倡导诗乐合一。据说，《诗》三百多篇，孔子"皆弦歌之"，孔子"正乐"当然也包含了"正诗"，所谓"雅、颂各得其所"，说的应该就是对诗篇次序的排列归类和使用。更重要的是，孔子按照"可施于礼义"的标准，选择和删订诗篇，他希望礼乐"可得而述，以备王道，成六艺"。春秋末年，孔子打破了"学在官府"的制度，以私人身份开学授徒，是私学教育的先行者。作为一位传道、授业、解惑的老师，他整理《诗》，更多的是为了传承古代先王的礼乐精神。孔子看重诗礼之教，他甚至认为，人不学诗"犹正墙面而立"，不接触诗歌就像面对着墙壁徒然地站着。《孔子家语》记载说："孔子之施教也，先之以《诗》《书》，而导之以孝悌，说之以仁义，观之以礼乐，然后成之以文德。"孔门教学，培养士子的文德，乃是从诗、书、礼、乐入手，从而进行孝悌、仁义之教。孔子曾经对自己的儿子说："不学诗无以言""不学礼无以立"。今天，如果去孔子故里参观，就会在曲阜孔庙承圣门内看到矗立的"诗礼堂"，上面鎏金的"诗礼堂"三字，似乎在提醒后人切莫忘记学诗习礼。

诗是人情感和心志的外在流露与表达。正如《诗大序》所说："诗者，志之所之也。在心为志，发言为诗。"在孔子看来，学诗可以让人温柔敦厚，诗"可以兴，可以观，可以群，可以怨。迩之事父，远之事君"，通过学诗，可以培养人的联想力，提高观察力，锻炼合群性，学得讽诵方法，更重要的，还可以用来修身做人。孔子以"六艺"教育弟子，培养了很多人才，取得了丰硕成果。

诗歌属于理性与情感的衔接，有生命力的诗歌往往都始于喜悦而终于智慧。诗人常常把理性创作和情感抒发巧妙地衔接起来，以抒情的方式，凝练集中地反映生活，用丰富的想象和富有节奏感、韵律美的语言抒发思想。这样的艺术表达形式，语言简洁明快、生动典雅、概括性强，具有独特的情感品质。作为有感情的生物，人在习诗、诵诗过程中更容易在心灵上产生激荡，受到感染。这正如宋代大儒朱熹所说，"其为言既易知"，"其感人又易入"。

在数千年的中华文明中，先人给我们留下的许许多多的经典诗词和散文，涵养了无数中华儿女温润儒雅的气质、乐观豁达的胸襟和高洁的人文情怀，这是我们最宝贵的文化遗产。一个自信的民族应该是开放的民族，一个有希望的民族必须有自己的文化立足点。然而，自近代以来，在西学思潮的强力冲击下，不少人迷失了自我，甚至欲彻底除去"我国固有文化"而后快，这种影响直至今天依然存在。几年前，习近平总书记曾经严厉批评将古代经典诗词和散文剔除出学生课本的做法，可以说棒喝及时，一些"思想荒漠化"的做法应该闻而止步。

毫无疑问，中华民族的语言文字、诗词散文、经书诸子是我们民族文化最最基本的部分，离开了这些，我们如何继承传统文化？怎样造就今天文化的旺盛活力？人们已经认识到，单就我们的古代经典诗文而言，只要我们世代传承，就会在其深刻的思想文化内涵和感人心魄的艺术魅力熏陶下，更好地把握其核心内涵，使之与民族文化、民族情感和民族命运浑然融为一体，傲然物外。从传统士人精英分子身上，可以看到古典诗文滋养出来的深邃理路、放达情怀；从今天许多像叶嘉莹先生那样的学者身上，可以看出他们缘古典诗文生发而来的艺术品位、审美情趣。

叶嘉莹先生曾经回忆，说自己开蒙的书是《论语》。她说："'子曰：学而时习之……'，不像我的女儿后来在学校读的是'来来来，来上学，去去去，去游戏''大狗叫，小狗跳'的课本，我们开始背诵的就是圣贤之言。"在七十年的教书生涯里，她孜孜不倦地把毕生所学传授给学生，所到之处都留下了她与诗词相伴、传播中国诗词的印迹，她更希望用古典诗词把那些"不明"的人叫醒。孔子说："志于道，据于德，依于仁，游于艺。"孔子希望人要首先树立信念，立志向道，据守住德，依倚于仁，优游于六艺。所谓"艺"，就是经典。这既是夫子自道，又为弟子开启法门。这是孔子述为学之方，也是孔子为每一个青年人指出的成长路径。

珍贵之品才可成就永恒之美。经典之所以为经典，在于它自身的特质，在于它承载了先圣贤哲的思维模式；我们透过圣哲的言与行，去品思其承载的道和理，去品思民族深沉的精神追求。关于价值，关于格局，关于信念，关于知止……思考正确的生活方式，开启通向精神源泉的行径，这当然是铸魂与扎根的工程。今天建立中华民族文化自信，需要真正走近经典，亲近传统，需要怀有敬意与温情，去聆听，躬身行之，从而成就德行，涵养心性。

（原载于《中国政协》2018 年第 14 期）

放下"官本位"尽职"官本分"

近日，中共中央组织部决定追授湖北省武汉市委原常委、组织部部长杨汉军同志"全国优秀组织工作干部"称号。在从事组织工作的 30 余年中，杨汉军同志始终唯真唯实、不摆"官架子"，扑下身子、甩开膀子带领百姓干事创业，用行动阐释了人民情怀和干部本色，也因此受到了人民的尊重。

人组成社会，自然需要服务者、管理者，从政为官应当受到尊重。但也不乏一些人以官为本、以当官为目的，在其位却懒政怠政，也就走向了反面。"官本位"风气的蔓延、泛滥，直接造成了特权思想、潜规则之类的问题，这又影响到了正常的管理，使政治、经济、社会秩序受到干扰，法治的作用不能发挥，进而造成"官民"之间的对立，影响了政府的公信力。人们真诚地为杨汉军这样的好干部点赞，就是因为在杨汉军身上，人们看到的是"官本分"，而非"官本位"。

"官本位"思想的形成有两大根源。一是追求稳定的屈从心态。近代以来，中国人民经受了太多苦难与变数，失去了传统思想根基和生活体系支撑的普通百姓，内心充满了对于变化的焦虑和恐惧。到体制中与"官"建立联系，成了应对不确定性的重要选择。部分机关存在的冗官冗员、吃空饷、人浮于事等现象，让故步自封的思想扎了根。二是道德滑坡造成的物欲横流。领导干部掌握权力、资源，在监督缺位的环境里，滥用的权力就可以变现为个人的真金白银，甚至将他人的劳动成果据为己有。如果"当官"意味着捞得更多、享受得好，吸引的就可能是逐利之徒。中共十八大以来的反腐成果，也正暴露了这种现象的存在。

可见，"官本位"思想泛滥有直接的现实土壤。可是，在反思这一问题时，却得出了发人深省的结论，那就是归因于"受到传统文化的影响"，将以孔孟思想为代表的传统文化误读为"封建专制的灵魂""维护封建等级的工具"，这恰是南辕北辙，也反映了一些人需要用经典来扫盲。

孔子的名言"君君、臣臣、父父、子子"说的就是君、臣、父、子各尽本分，做好自己，强调的是各种人伦关系都不能偏重一侧，而是对等的、双向的。孔子"天下为公"的理想，强调的是人的社会性存在，希望人们有公德意识和公共意识，每个社会成员都应自觉尽责尽力。那么，领导干部更应当率先垂范。领导干部如果失去了民心，再怎么强调自己的本位也没有意义。而像杨汉军这样的领导干部，恰恰是做到了"官本分"，从而赢得了民心。

实际上，孔孟思想不仅与"官本位"没什么瓜葛，还提倡为政以德、实行仁政。"政者，正也。子帅以正，孰敢不正。"为政者要做表率。在儒学的语境里，"君子"是有德与有位的统一体。因为责任大，所以要求高；既然是"尊贵的人"，就应是"高尚的人"。心中有准绳，明白职责所在，就会率先垂范，身先士卒，老百姓也会"不令而从"。这，也正是杨汉军受人尊敬的原因。

人们期待，坚持改革方向，向深水区迈进，根除"官本位"思想滋生的土壤，加强和巩固党的十八大以来反腐与监察巡视成果。不仅如此，还要充分认识到，改革成败的关键在于广大干部的格局与境界，改革发展的最大动能在于领导干部自身的素养。领导干部应当自觉以传统文化浸润自己，自觉修己，全心全意勤政廉政，放下"官本位"，尽职"官本分"！

（原载于《人民政协报》2018 年 4 月 12 日）

儒学特质与廉政文化

　　数年前，苏、鲁、豫、皖四省纪检系统有关领导干部在孔子故里曲阜举行"儒家文化与廉政建设"专题研讨会，蒙主办单位邀请，笔者在会议上就该问题进行了演讲，本文就是在此次会议演讲稿基础上修订而成。此次会议之后，"儒学与廉政"之间的关系问题便常常萦绕脑际。

　　改革开放三十多年来，我国的经济建设与社会发展都取得了长足进步，与之同时，巩固改革开放成果，建设制度文明的呼声也越来越高。廉政文化建设是一个系统工程，它涉及社会道德水平与法律制度建设等多方面的问题。无论是实践层面还是学术研究，人们在思索应对之策时，都很自然地将目光投向我国的传统文化，投向孔子儒学。

　　周代以来，随着人文理念的升腾，在社会管理中尤其重视"人"的因素，格外强调人们的行为规范要合乎行事的标准。在新公布的"清华简"中，有一篇是周文王的遗言，其中特别强调"中"。这个"中"应该与"失"相对，指行事要合乎规范，不离正道。据《周礼》，周代的师氏专门"掌国中失之事"，周代决案断狱，也特别强调不能"刑罚不中"。鲁国"周礼尽在"，其对"公务员"（所谓"县官事"者）的管理就十分值得借鉴！比如，在张家山汉简中有一篇《奏谳书》，其中记载有鲁国"士师"柳下季断案的事例。有一位佐丁盗粟一斗，按理说应当得到的处罚很轻，可是，鲁国有特别的规定："诸以县官事诞其上者，以白徒罪论之。"他是"县官事"的佐丁，在他的"上功牒"中"署能治礼"，因此他应当以身作则，比一般平民做得更好；同时，他被捉住时又身穿"儒服"，所以，他"盗君子节，又盗君子学"，因而处罚极重。鲁人十分注重防范犯罪，处罚有罪的人，特别注重社会效果，注重"诛心"，从而使得吏治清明。鲁国类似的例子很多。

鲁国是周代极其重要的封国，鲁国文化与周文化一脉相承；鲁国又产生了孔子儒家学说，因此，将周文化、鲁国文化、孔子儒学与廉政建设问题结合起来进行思考，是一个很有意义的课题。

以孔子为代表的儒家的学说是关于社会管理的学说，儒家追求社会成员的共同利益，追求整个社会的和谐发展。孔子向往圣王之治，他的政治理想是实现大同社会，希望"奸谋闭而不兴，盗窃乱贼不作。故外户而不闭"（《孔子家语·礼运》）。在孔子的心目中，所谓王道政治，指的是政治上谨礼著义，行仁讲让。孔子认为，礼的特点在于"达天道，顺人情"，对于端正人心、整顿社会都具有重要的价值。他曾经描绘出了一个顺应天理人情、循礼而行的"大顺"境界，这样的"大顺"，其实就是和谐。而要达至这样的境界，就需要社会上每个成员尤其是社会的管理人员自觉顺应天理、端正人心，有一种循礼而动的高度自觉。今天建设和谐社会，同样需要社会成员高度的道德修养，社会管理者尤其如此，这对于我们今天的廉政文化建设极具启发意义。

"文武之政" 与 "纠察"

作为中国传统社会长期的治国思想，儒家思想是对上古三代中国传统思想文化的继承与总结。也就是说，儒家思想的形成有一个广阔的历史文化背景，是在继承上古三代思想文化遗产基础上形成的。孔子常常谈论"周道"，向往文武周公之治。周初，当时的政治家尤其是周公整理夏、商以来的历史文化遗产，制礼作乐，建立了一整套社会管理制度，逐渐形成了良性的社会运行机制，在这其中，就包括较为完备的对于官吏的管理与考课制度。

在《周礼·天官冢宰》中，记载了"小宰"的职掌，其中说："小宰之职，掌建邦之宫刑，以治王宫之政令，凡宫之纠禁。"郑玄注"建邦之宫刑"说："在王宫中者之刑。建，明布告之。"所谓"在王宫中者"，其实就是指在王宫中办公的官吏及有关人员。纠禁，就像后来的御史中丞负责纠察，"纠以察其隐匿，禁以止其邪辟"。所以，小宰的职责就是"纠察"，就是"止邪",负责建立有关王宫中官吏的刑罚,施行王宫中的政令,纠察一切违反王宫禁令者。

作为管理官员的职掌,小宰负责的项目较多,他们要负责正群吏、举邦治、辨邦治、合邦治、经邦治等,还要负责政治的清明廉正。在《周礼》中的太宰治官府八法中有所谓"官计","官计"在于"以弊邦治",即评断邦治,对邦国的政治做出评断,其实就相当于今天的政绩考核。

在小宰的具体职掌中,就有"以听官府之六计,弊群吏之治",即用公平治理官府的六项评断官吏的标准,辅佐太宰评断吏治。这六项标准是:"一曰廉善,二曰廉能,三曰廉敬,四曰廉正,五曰廉法,六曰廉辨。"就是廉洁而又能够做好工作,廉洁而又能够推行政令,廉洁而又能够勤勉努力,廉洁而又能够处事公正,廉洁而又能够执法无误,廉洁而又能够明辨是非。显然,廉政的内容是广泛的,它并不仅仅是经济上的清正廉洁。

孔子常常谈到"周政",向往"郁郁乎文哉"的西周政治,所以《礼记·中庸》说孔子"宪章文武",孔子的弟子子贡说孔子学修"文武之道"。(《论语·子张》)孔子之时,周朝典章尚在,故孔子本人曾说:"文武之政,布在方策。"(《礼记·中庸》)经过研究,我们认为《逸周书》中的不少篇章应该就是西周时期传流下来的重要文献,孔子等人不但能够看到这些文献,而且十分重视这些文献。他们修习这些文献,这对于儒家学说的形成起到了关键作用。

周政十分注意观察人的行为,从而为政治治理奠定基础。笔者曾经撰写了《〈逸周书·宝典〉篇与儒家思想》(载黄怀信,李景明:《儒家文献研究》,齐鲁书社,2004 年;又载于《现代哲学》2005 年第 3 期)一文,谈到了孔子和早期儒家思想与《逸周书·宝典》篇之间的关联,其中就有周武王与周公谈论相关问题的记载。

《宝典》为武王告周公以仁德为宝而作,此篇应该属于武王之政的重要典籍,对周朝政治影响很大。它通过武王与周公的对话,讲述了所谓"四位""九德",讲述了所谓"十奸""十散",还讲述了所谓"三信"。这些内容涉及王者修身、择人、敬谋、慎言的原则,重点讲信、义、仁,而其落脚点在于"仁"。

《宝典》中说:"何择非人,人有十奸。"他们讨论为什么不能选择到合适的人选，谈到了所谓"十奸"。"十奸"是：一，穷□（居）干静；二，酒（洒）行干理；三，辩惠干知；四，移（侈）洁干清；五，死勇干武；六，展允干信；七，比誉干让；八，阿众干名；九，专愚干果；十，愎孤干贞。显然身居于俭约者未必甘心于俭约，只是外趋于清静之名；洒行以自我表现，饰外以欺世，以求方正有道之名；本来没有什么高深知识，却恃辨言小慧以求智者之名；矫为廉洁以求清誉；原本没有武略，却勇于赴敌，虽死无悔，欲侥幸以求武功；没有真正的孚民之信，而处处显示自己的信，只是为了得到信的名声；违背正道以求得声誉，却推让于人，只是为求得让的名声；阿谀逢迎众人，以得名于世；无决断之才，而专擅自用其愚，希望得到果断之名；性情孤僻而孑然独居，却以孤高自命，以求得坚贞之名。

这里所说的"十奸"都是不诚之行。这其中的各项所言都是关于做人的问题，其中说到的"四，移（侈）洁干清"，就与廉政有关，因为矫为廉洁以求清誉的人未必真正廉洁。这里所说其实与"九德"是相通的。德行的修养要求人们诚信，类似"十奸"等沽名钓誉的行为与"九德"是格格不入的，在拣选人才时，应当密切注意这些行为，否则，就很难选取到真正的具有良好品质的人才。

在《宝典》所说的"十奸"中，静、理、知、清、武、信、让、名、果、贞均为君子所追求，但是，求得这些美好的名誉应当依靠切实的行动。在后世儒者看来，人只有名实相符，才符合君子品格的要求。在新发现的上海博物馆藏战国楚竹书《从政》篇中记有孔子的话："行在己而名在人，名难争也。……是故君子强行，以待名之至也。"《论语·卫灵公》也记孔子的话说："君子疾没世而名不称焉。"但《礼记·表记》记孔子之言又说："先王……耻名之浮于行也。"《孝经》中也说："行成于内，而名立于后世矣。"孔子强调"行"，主张以行得名，反对单纯追逐虚誉。廉政建设更要如此。

在《宝典》中还说到"三信"，即"一，春生夏长无私，民乃不迷；二，秋落冬杀有常，政乃盛行；三，人治百物，物德其德，是谓信极。而其余也，信既极矣。嗜欲□在，在不知义，欲在美好，有义，是谓生宝。"信，即诚信，即诚实无欺，它也是一个道德概念。《宝典》中说："言有三信。信以生宝，宝以贵物，物周为器。"言语诚信可以视为国家的宝物，所谓宝物乃是由于物品的可贵，而物品是可以被广泛使用的。治理国家的人，最重要的是要以"信"为"器"。为政治国的人，一定要以诚信行事，养生殖财就像春生夏长那样公正无私，百姓就不会迷惑；赏善罚恶就像秋落冬杀那样有一定之规，政教才能通行；尽人之性以尽物性，了解人与物的情性，使人与物各得其所，这样人们都能感君之德。这其中有很多值得今人思考的内容。我们应当了解人们追求利益的本能，了解人们追求利益的正当要求，认真考虑人们的这种需要，进行恰当的赏善罚恶。了解情性，尽人之性，让社会上所有的人各得其所，以使政教通行。

孔子谈 "正法" 与 "论吏"

孔子与儒家的思想学说是社会管理的学说，他们十分关注整个社会管理系统的良好运行。在继承前代思想成果的基础上，孔子的政治思想得以丰富、发展和提高。孔子思考社会的治乱问题，始终把思索的重点放在社会的管理者身上，放在"为政者"的身上。

孔子十分推崇《周礼》的管理系统。据《孔子家语·执辔》篇的记载，孔子说："古之御天下者，以六官总治焉：冢宰之官以成道，司徒之官以成德，宗伯之官以成仁，司马之官以成圣，司寇之官以成义，司空之官以成礼。六官在手以为辔，司会均仁以为纳，故曰：御四马者执六辔，御天下者正六官。是故善御马者正身以总辔，均马力，齐马心，回旋曲折，唯其所之，故可以取长道、可赴急疾。此圣人所以御天地与人事之法则也。天子以内史为左右手，以六官为辔，已而与三公为执六官，均五教，齐五法，故亦唯其所引，无不如志。以之道则国治，以之德则国定，以之仁则国和，以之圣则国平，以之礼则国定，以之义则国义，此御政之术。"据我们的研究，孔子这里所说与《周礼》的记载完全吻合，长期以来认为《周礼》成书很晚或者不可靠的观点是错误的。（杨朝明：《〈孔子家语·执辔〉篇与孔子的治国思想》，《中国文献学丛刊》第一辑，国际炎黄文化出版社，2003年3月；收入杨朝明：《儒家文献与早期儒学研究》，齐鲁书社，2002年3月）

《周礼》的六官系统中，天子应当特重视官员之治，就像驾车要重视"执六辔"那样，治国应重视"正六官"。孔子认为，古代统治天下的人，以六官全面负责治理：设置冢宰官职以成就道义，设置司徒官职以成就德行，设置宗伯官职以成就仁爱，设置司马官职以成就圣明，设置司寇官职以成就道义，设置司空官职以成就礼仪。把六官掌握在手就如同握住了缰绳，司会实行仁义以作为总揽，所以说驾驭马车的人要掌握好六条缰绳，治理天下的人要端正六官。

当然，孔子所强调的是引导官员，希望他们行为端正，这是治理国家的根本。所谓"正六官"，就是抓官吏之治。孔子将治国与驾车作比，在他看来，擅长驾驭马车的人端正自己的身体、握住缰绳，平均马的气力，与马的心志保持一致，无论怎样走动、奔跑，都可以随心所欲，到达既定的目标，这是圣人用来统治天下和人事的法则。天子把内史作为左右手，把六官作为治理天下的缰绳，再和三公共同执掌六官，施行五教，整治五法。所以只要是君王想要引导的，没有不如愿的。用道义引导则会使国家稳定，用德行引导则会使国家安宁，用仁爱引导则会使国家和平，用圣明引导则会使国家太平，用礼仪引导则会使国家安定，用仁义引导则会使国家正义，这是驾驭政治的方法。

对待官吏的过失应当有科学的态度。孔子说："过失，人之情莫不有焉，过而改之，是为不过。"过错和失误，就为人的情理来说，是不可避免的，有了过错而能改正，这就如同没有过错。为了最大限度地避免过错和失误，就应当明白进退缓急，对出现的问题及时纠正，以免酿成大错。所以同样是驾驭车马，有的能行至千里之外，有的连几百里也走不了，这是由于在进退缓急上的处理方法不同；治理天下的人同样用法制，有的实现了天下的太平，有的却导致了天下的混乱，这也是由于在进退缓急上的处理方法不同。这正如孔子所说："故御者同是车马，或以取千里，或不及数百里，其所谓进退缓急异也；夫治者同是官法，或以致平，或以致乱者，亦其所以为进退缓急异也。"

如何防患于未然？孔子说："官属不理，分职不明，法政不一，百事失纪曰乱，乱则饬冢宰；地而不殖，财物不蓄，万民饥寒，教训不行，风俗淫僻，人民流散曰危，危则饬司徒；父子不亲，长幼失序，君臣上下，乖离异志曰不和,不和则饬宗伯;贤能而失官爵,功劳而失赏禄,士卒疾怨,兵弱不用曰不平,不平则饬司马;刑罚暴乱,奸邪不胜曰不义,不义则饬司寇;度量不审,举事失理,都鄙不修,财物失所曰贫,贫则饬司空。"

这里讲的是杜绝政令出现问题的方法,其落脚点在于治理官吏上面。意思是官吏的归属没有条理,职分不明确,法令、政教不一致,各种事情没有头绪,这称作混乱,出现了混乱就应该告诫冢宰;土地得不到耕种,财物得不到增置,百姓饥饿寒冷,教化、训令得不到推行,风俗放纵而又邪恶,百姓流离失所,这称作危险,出现了危险就应该告诫司徒;父子不相亲爱,长幼不讲次序,君臣上下相互抵触、离心离德,这称作不和,出现了不和就应该告诫宗伯;贤能的人却失掉了官职和爵位,有了功劳却得不到赏赐和俸禄,士卒怨恨,军队弱小而不堪使用,这称作不平,出现了不平就应该告诫司马;刑罚残暴混乱,奸邪行为屡禁不止,这称作不义,出现了不义就应该告诫司寇;度量标准得不到申明,办事没有条理,都城及边邑得不到修整,财物无法得到,这称作贫困,出现了贫困就应该告诫司空。

孔子对周人的官吏考课制度非常赞赏。他说:"古者,天子常以季冬考德正法,以观治乱:德盛者治也,德薄者乱也。故天子考德,则天下之治乱,可坐庙堂之上而知之。夫德盛则法修,德不盛则饬,法与政咸德而不衰。故曰:王者又以孟春论吏之德及功能,能德法者为有德,能行德法者为有行,能成德法者为有功,能治德法者为有智。故天子论吏而德法行,事治而功成。夫季冬正法,孟春论吏,治国之要。"这是说,考察官吏有重点,这就是德行;考察官吏有定时,这就是每年的季冬和孟春。

值得重视的是,对于官吏的考察不是简单地鉴定,不是简单地对违纪者的处置,而是强化德行,推行德政,以使政令畅通,社会发展。所以说,在冬季的最后一月整顿法制,在春季的头一个月考论官吏,这是治理国家的关键。这里包括"季冬正法"和"孟春论吏"两项内容。

第一,天子经常在冬季的最后一个月考察德行,端正法令,来了解天下治理得太平还是混乱:德行兴盛则天下太平,德行浅陋则天下混乱。所以天子通过考察德行,天下治理得太平还是混乱,坐在朝廷之上就能够明了。德行兴盛法令就得到了修饬,德行不兴盛就要整顿法制,使它与政教都合于德行而不衰败。

第二，天子又在春季的第一个月考论官吏的德行、功劳及能力，对能够注重德行与礼法的人就认为有道德，对能够实践德行与礼法的人就认为有品行，对能够成就德行与礼法的人就认为有功德，对能够研治德行与礼法的人就认为有智慧。所以天子考论官吏，以使德行与礼法得到实施，使各种事务处理得好，从而成就功勋。

正身修教与 "廉平"

孔子儒学是关于修身的学问，更是关于社会教化的学问。孔子的礼学，其内容在于社会的秩序，而孔子的仁学毫无疑问是为礼而阐发的，其"为仁"的目的在于"复礼"。孔子说："人而不仁，如礼何；人而不仁，如乐何?"（《论语·八佾》）孔子谈论"仁"，是希望人人都自觉遵守礼的规定，以使天下有道。

儒家重视"仁"，对于我们理解儒学本质非常有益。与我们现在常常看到的"仁"字从人从二不同，古文"仁"字从身从心。《说文解字》在解释"仁"的时候说："忎，古文仁从千心。……古文仁或从尸。"《说文解字》的这一说法告诉我们，汉代以前"仁"字的写法与今有所不同。20世纪90年代发现的战国时期的郭店楚简的"仁"，都是从身从心，上下结构。在古代汉语中，"身"是指己身，"人"是指他人。这样，"仁"字从身从心到从人从二的两种构形，其实表达了儒家仁爱思想的两种意义：前者是其本来意义，表示修己；后者是其引申意义，表达的是爱人。

有学者误解从身从心的"仁"表达的是对己身的爱。其实不然。"身"当然是指己身。如《尔雅·释诂下》说："身，我也。"又，"朕、余、躬，身也"。郭璞注："今人亦自呼为身。"在《论语》中就有不少这样的表述，如曾子曾说"吾日三省吾身"（《论语·学而》）等。翻开早期儒家典籍，不难发现他们对于"身"和"己"十分关注。所以，有学者指出，"仁"字"从身从心"，即表示心中想着自己，思考着自己，用当时的话说，就是"克己""修己""成己"；用今天的话说，就是要成就自己、修养自己，完善自己。

"仁"字古文给我们的明确信息是：孔子的仁爱，首先强调的是修己，首先考虑的是自身的修为，所以《中庸》说："成己，仁也。"很显然，只有自己内心端正，有一颗仁爱的心，才可以"爱人"。孔子和儒家强调爱人，强调心中有百姓，心中有他人，这当然是其魅力和精华所在，但相比之下，孔子的"仁"所内含的修己思想恐怕应当更加魅力永恒。

孔子格外强调为政者的榜样力量，他十分重视统治者自身的素养，孔子强调德政就是这一观点的突出表现。他说："为政以德，譬如北辰，居其所而众星共之。"（《论语·为政》）统治者自身品德高尚，政治统治中就会收到事半功倍的效果。所以孔子又说："其身正，不令而行；其身不正，虽令不从。"（《论语·子路》）鲁国的季康子向他问政，他说："政者，正也。子帅以正，孰敢不正？"又说："子欲善而民善矣。君子之德风，小人之德草。草上之风，必偃。"（《论语·颜渊》）在《孔子家语》中有《王言》篇，该篇记载了曾子向孔子请教政治问题的详细情形，是有关孔子政治理想的重要文献。在论述中，借助前代帝王事迹，描绘了自己心目中的理想政治面貌，并将前代王者之道提炼为"内修七教，外行三至"。孔子认为："凡上者，民之表也，表正则何物不正。"要求君主首先应该修身立己，以德治国，实现统治者的美德与适宜政治措施的结合，君主做到了"爱人""知贤""官能"，就可以达到"内修七教而上不劳，外行三至而财不费"的客观效果。

孔子的所谓"七教"，即"上敬老则下益孝，上尊齿则下益悌，上乐施则下益宽，上亲贤则下择友，上好德则下不隐，上恶贪则下耻争，上廉让则下耻节"。意思是在上位的人尊敬老人，那么百姓会更加孝顺父母；在上位的人以年龄序列排列尊卑先后，百姓对年长于自己的人也会更加恭敬；在上位的人乐善好施，百姓也会更加仁慈宽厚；在上位的人亲近贤人，百姓也会选择品行端正的朋友；在上位的人推崇德行，百姓就不会隐瞒事实；在上位的人憎恶贪婪，百姓就会以争夺为耻；在上位的人清廉礼让，百姓也会以不讲礼节为耻。

孔子说："七教者，治民之本也。政教定，则本正也。凡上者，民之表也，表正则何物不正？是故人君先立仁于己，然后大夫忠而士信，民敦而俗朴，男悫而女贞，六者，教之致也！布诸天下四方而不怨，纳诸寻常之室而不塞，等之以礼，立之以义，行之以顺，则民之弃恶如汤之灌雪焉。"孔子认为，这七种教化，是治理民众的根本啊。如果确定了这种政治教化的基本原则，那么治理国家的根本就是正确的。因为，在上位的人是百姓的表率啊，有了正确的表率引导，什么事物不能端正呢？所以，君主首先要身体力行，如此大夫忠诚而士讲信义，百姓忠厚，风俗淳朴，男子讲求忠诚而女子力求贞顺。实现了这六个方面就达到教化的最高境界了！可以推广到天下四方，无所不至；可以遍及于百姓之家，无所阻塞。以礼制区别它的贯彻实行，以信义作为它的实行基础，以和顺作为它的推行方式，那么，百姓摒弃恶行就如同热水浇灌积雪容易完成了。

这里强调统治者的表率作用时，说到了在"上"者的各种品质，如敬老、尊齿、乐施、亲贤、好德、恶贪、廉让等，毫无疑问，这些都十分重要。其中所言的"上恶贪则下耻争，上廉让则下耻节"与廉政文化有着密切的关联。这里强调的是为政者应当做到憎恶贪婪、清廉礼让，从而形成一种以争夺为耻、不讲礼节为耻的社会风气。这些，与今天倡导的树立正确的荣辱观、是非观完全一致。在古代，礼的内涵十分丰富，它也具有"法纪"的功能。以遵纪守法为荣，以违法乱纪为耻，就是使人做到憎恶贪婪、清廉礼让。

《孔子家语》中有一篇名曰《六本》，讲的是君子立身处世的根本问题。如其中说"生财有时矣，而力为本"，意思是生财有个时机问题，要善于把握，但如何把握、怎么把握？孔子强调了一个"力"。这个"力"指的是自己的亲身劳动，指的是自己的勤苦努力、自身实践。该篇记载了这样一个故事："孔子见罗雀者，所得皆黄口小雀。夫子问之曰：'大雀独不得，何也？'罗者曰：'大雀善惊而难得，黄口贪食而易得。黄口从大雀则不得，大雀从黄口亦不得。'孔子顾谓弟子曰：'善惊以远害，利食而忘患，自其心矣，而独以所从为祸福。故君子慎其所从。以长者之虑，则有全身之阶；随小者之戆，而有危亡之败也。'"孔子看到，警觉可以远离祸害，贪食就忘记了隐患。这种选择是源于内心的，所以君子在选择跟随对象时要谨慎。这给人的启示有二：其一，人一定不能"贪食"，否则后果严重；其二，就像按照长者的忧虑行事可以很好地保全自身那样，要慎重选择学习的对象，不要盲目追逐社会的不良风气，应当从善如流。

孔子曾经与弟子子贡有一个对话，谈论君子为什么"贵玉而贱珉"。子贡问孔子这是否因为玉少而珉多的缘故，孔子认为不是。《孔子家语·问玉》记载孔子说："夫昔者君子比德于玉：温润而泽，仁也；缜密以栗，智也；廉而不刿，义也；垂之如坠，礼也；叩之，其声清越而长，其终则诎然，乐也；瑕不掩瑜，瑜不掩瑕，忠也；孚尹旁达，信也；气如白虹，天也；精神见于山川，地也；珪璋特达，德也；天下莫不贵者，道也。《诗》云：'言念君子，温其如玉。'故君子贵之也。"孔子认为，君子将美德比作玉：玉温和柔润而有光泽，像仁；细致精密而坚实，像智；有棱角而不伤人，像义；悬垂下坠，像礼；敲打它，发出清脆悠扬的声音，结束时戛然而止，像乐；玉的斑点不掩盖玉的光彩，玉的光彩不掩盖玉的斑点，像忠；玉的颜色晶莹剔透，通达于四方，像信；光气如同白色长虹，像天；精气呈现于山川之间，像地；玉做的珪璋作为朝聘的信物通达情意，像德；玉是天下人所珍视的，像道。所以君子以玉为贵。

孔子认为玉可象征美德，玉的美德表现在种种方面，包括"廉而不刿"等。在这里，孔子向我们展现了时人对于美德的理解。按照孔子的解释，美德具有仁、智、义、礼、乐、忠、信、天、地、德、道等范畴，对这些范畴，孔子的理解可谓层层深入，由仁、智、义、礼、乐、忠、信推及天、地，进而归结为德、道。孔子将形象比喻与抽象思辨完美地结合起来，令人叹为观止。

子贡是孔子非常得意的弟子。孔子对子贡的教导可以给我们很好的启发。《孔子家语·致思》中说："鲁国之法，赎人臣妾于诸侯者，皆取金于府。子贡赎之，辞而不取金。孔子闻之曰：'赐失之矣。夫圣人之举事也，可以移风易俗，而教导可以施之于百姓，非独适身之行也。今鲁国富者寡而贫者众，赎人受金则为不廉，则何以相赎乎？自今以后，鲁人不复赎人于诸侯。'"按照鲁国法律的规定，从其他诸侯国赎回做奴仆的鲁国人，都可以从鲁国府库里领取钱财。子贡赎回了奴仆，却推辞而不领取钱财。孔子听说了这件事说："这是端木赐的过失啊。圣人做一件事，可以通过它移风易俗，而且可用来教化开导百姓，并非只是适合自身的行为。现在鲁国富人少而穷人多，如果因为赎人从府库领取钱财就是不廉洁，那么用什么钱来赎人呢？从今以后，鲁国人不再能从其他诸侯国那里赎回人了。"这里所涉及的是"圣人之教"的内涵。这是一个非常重要的问题,自己做好了,还要注意它的影响后果,注意它对于教化社会人心的带动作用。

据《孔子家语·辩政》记载,子贡要去信阳为宰,临行前向孔子辞行时,孔子对他说:"勤之慎之,奉天子之时,无夺无伐,无暴无盗。"意思是要勤快谨慎地做事,尊奉天子颁行的时令,不要侵夺、不要攻伐,不要暴虐、不要盗窃。子贡说他从小就事奉君子,怎么会犯盗窃的罪过呢?然后孔子循循善诱地说:"汝未之详也。夫以贤代贤,是谓之夺;以不肖代贤,是谓之伐;缓令急诛,是谓之暴;取善自与,是谓之盗。盗非窃财之谓也。吾闻之,知为吏者,奉法以利民,不知为吏者,枉法以侵民,此怨之所由也。"孔子认为子贡知道得还不详细。他认为,用贤人取代贤人是侵夺;用不肖的人取代贤人是攻伐;法令松弛而诛杀峻急,这叫作暴虐;把别人功绩据为己有是盗窃。盗窃并不是盗窃财物。他听说,会当官吏的人,奉行法令以有利于民众;不会当官吏的人,歪曲法令以侵害民众。这就是怨恨产生的根源。

孔子十分强调官吏的"廉平"。在上述论说后孔子接着说:"治官莫若平,临财莫如廉,廉平之守,不可改也。"孔子又说:"匿人之善,斯谓蔽贤;扬人之恶,斯为小人。内不相训,而外相谤,非亲睦也。言人之善,若己有之;言人之恶,若己受之。故君子无所不慎焉。"好官最重要的要素就是公平,面对财物最重要的是廉洁。廉洁公平的操守,是不可以改变的。抹杀别人的优点,这叫作蒙蔽贤人;彰扬别人的缺点,这就是小人。在内不相互帮助,在外却相互诽谤,这不是亲近和睦。说别人的优点时,好像自己也有这些优点;说别人缺点时,好像自己也有这些缺点。因此君子时时处处无不谨慎。孔子认为为官之道在于"奉法"而不可"枉法"。在论述中,孔子说"治官莫若平,临财莫如廉",我们认为,应当作为每一位为政者的座右铭。

义利关系与 "廉节"

人生活在社会之中,必然会遇到"义利"的矛盾。所谓"义",说到底是对人的道德要求。道德与物质利益的关系问题,是任何处于社会中的人都无法回避的问题，因此，它也是伦理学的基本问题之一。春秋战国时期的诸子各家都基本涉及这一问题，但对中国社会影响最大的还是要数孔子的义利观。

孔子集前人义利学说之大成，把义利关系提高到了伦理道德学的高度，树立了先义后利、义以生利的思想旗帜，孔子乃至儒家的义利观遂成为之后两千余年中国社会义利观的主流。

对于什么是"义"，《孔子家语·哀公问政》记载孔子说："义者，宜也。"看来，义的意思是合适，做该做的事，说该说的话，就是义。孔子对义十分看重。他说"君子义以为质，礼以行之，逊以出之，信以成之"，认为君子应把义作为根本，要在施行礼的过程中贯彻。其实，在孔子那里，义更多地表现为从"仁"的思想中引申出来的与"礼"的要求相一致的道德规范。义是一种理想状态，它要求既讲礼，又讲仁，既要维护统治秩序，又要给人们一定的宽惠和仁政。

利，是指功利、利益。过去，我们往往误会孔子，认为他不重视利。其实，孔子已经意识到利益是人们所想要的，也是百姓安定的重要因素，是社会存在和发展的基础。他说："富与贵，是人之所欲也……贫与贱，是人之所恶也。"肯定了人们追求物质利益的正当性与合理性，只是他认为对利的追求要合乎义、合乎道。在《论语·述而》中，孔子说"富而可求也，虽执鞭之士，吾亦为之""不义而富且贵，于我如浮云"，明白地表达了自己的义利主张。这是孔子对于个体的义利关系的基本态度。

孔子一生也在用自己的行动践履着他的义利观。孔子为了自己的道义，放弃了在鲁国的大司寇的地位，而不肯与季孙等同流合污。他到处游说诸侯，但为了道义，他也不肯屈从，而是选择离开，继续寻找。孔子也曾主张"食不厌精，脍不厌细"，但落魄之时，他却能"饭疏食饮水，曲肱而枕之，乐亦在其中矣"。当风烛残年的孔子回到鲁国之后，他依然过着"发愤忘食，乐以忘忧，不知老之将至"的生活，展现了他安贫乐道的精神风范。他对弟子颜回"一箪食，一瓢饮，居陋巷"而仍"不改其乐"的生活态度，极为赞赏，屡称其贤。对"不义"之利，孔子极为反对。当他的弟子冉有帮助季孙氏聚敛财富，而富比周公之时，孔子大光其火，说冉有"非吾徒也，小子鸣鼓而攻之，可也"。

对于整个国家、社会，孔子同样肯定物质利益的重要性。在孔子周游到卫国时，曾对弟子冉有阐述了他的"先富后教"的思想。只有先富庶了，才谈得上教化，这和管仲的"仓廪实而知礼节，衣食足则知荣辱"表达的是一个意思。孔子主张"因民之所利而利之"，尽一切可能给百姓以实惠和利益。对于统治者的横征暴敛，孔子十分反对，认为苛政猛于虎。对此，孔子经常劝谏统治者。一次，季康子向孔子请教剪除盗患的方法。孔子借机批评了季康子的贪婪和多欲。

儒家注重"正名"，强调"名分"，因而十分倡导"礼"，希望各安其位。而守礼的要求在于正身持守，使天下之人教行迁善。正如《庄子·渔夫》篇记载有人说孔子的那样："子之所以者，人事也。天子诸侯大夫庶人，此四者自正，治之美也，四者离位而乱莫大焉。官治其职，人忧其事，乃无所陵。"孔子本人虽然"上无君侯有司之势而下无大臣职事之官"，却在努力"饰礼乐，选人伦，以化齐民"，他希望的正是官定政顺。

按照儒家的人格要求，人们为官一定要清正廉洁，而清正廉洁的基础是人的自身修为和正确处理义利关系。这是儒家的一贯追求。《荀子·修身》说："见善，修然必以自存也；见不善，愀然必以自省也。善在身，介然必以自好也；不善在身，菑然必以自恶也。"见到好的行为，好的事物，就主动学习，保持下去，从而洁身自好；相反，见到不善不好的东西、行为、事物，就主动反省自身，就好像污浊的东西在自己身上，自己都会感到厌恶。《荀子·修身》说："君子之求利也略，其远害也早，其避辱也惧，其行道理也勇。"又说："君子贫穷而志广，富贵而体恭……君子贫穷而志广，隆仁也。"君子未必不求利，但君子求利不会急迫而不择手段。君子居于贫穷，不忘以道德约束自身，仍然保持广大高远的志向不移，依然推崇仁德。

《荀子·不苟》说君子"廉而不刿"。廉，棱角，比喻人的禀性方正，刚直。刿，刺伤。所谓"廉而不刿"，即方正刚直而不伤人。《荀子·荣辱》篇说到"小人之所务而君子之所不为"的一些现象，其中说"廉而不见贵者，刿也；勇而不见惮者，贪也"，即刚直清廉而没有受到重用，是因为伤人；勇猛而不被人惧惮，是因为有贪欲。所谓"无欲则刚"，此之谓也。

《荀子·荣辱》还谈到几种所谓"勇"的情形，认为："有狗彘之勇者，有贾盗之勇者，有小人之勇者，有士君子之勇者。争饮食，无廉耻，不知是非，不辟死伤，不畏众强，牟牟然惟利饮食之见，是狗彘之勇也。为事利，争货财，无辞让，果敢而振，猛贪而戾，牟牟然惟利之见，是贾盗之勇也。轻死而暴，是小人之勇也。义之所在，不倾于权，不顾其利，举国而与之不为改视，重死持义而不桡，是士君子之勇也。"贪戾之心太重的人，往往因喜爱而想得到利益，进而不再顾及是非廉耻，甚至不知避开死伤，不怕来自各方面的强大压力。这种"惟利饮食之见"的人，几乎与猪狗差不多了，所以荀子称其为"狗彘之勇"。今之贪赃枉法者，几乎与之无异。

国家用官使能的责任是保证政治清明的前提。《荀子·君道》说："至道大形：隆礼至法则国有常，尚贤使能则民知方，纂论公察则民不疑，赏克罚偷则民不怠，兼听齐明则天下归之；然后明分职，序事业，材技官能，莫不治理，则公道达而私门塞矣，公义明而私事息矣。如是，则德厚者进而佞说者止，贪利者退而廉节者起。"考察官吏最重要的是察其德行，只有这样，才能够真正做到"贪利者退而廉节者起"。

义利之间的关系，有时看似矛盾，但实际上是可以辩证地处理的，是可以统一的。只有符合"义"的利才是真正的利，是长远的利。作为社会的管理者，人们应当时刻将百姓的利益放在首位，这样才能维护自身的长远利益。

（原载于范瑞平，贝淡宁，洪秀平主编：《儒家宪政与中国未来——我们是谁？我们向何处去？》，华东师范大学出版社 2012 年版）

中华传统"八德"与廉政建设

儒学是修身之学，也是管理哲学。历史一再证明，管理者是否清廉，直接关系到国运兴衰。只有领导干部带头树立正确的价值观，自觉按照道德精神的要求，为政以德，廉洁奉公，才能上下同心，形成经济建设与社会进步的强大合力。

在关于传统文化的一系列重要论述中，习近平总书记特别强调修道立德的重要意义，他指出："国无德不兴，人无德不立。"王岐山同志在《人民日报》发表的署名文章《反腐败是一场输不起的斗争》中指出："中华传统文化的核心就是'八德'：孝悌忠信礼义廉耻。这些就是中华文化的DNA，渗透到中华民族每一个子孙的骨髓里。迄今为止，还没有哪个人敢挑战这八个字。"今年1月，中共中央办公厅、国务院办公厅印发《关于实施中华优秀传统文化传承发展工程的意见》，其中说："孝悌忠信、礼义廉耻的荣辱观念，体现着评判是非曲直的价值标准，潜移默化地影响着中国人的行为方式。"

道德处在文化的核心层面，中华民族有几千年博大深厚的道德文化。其中，孝、悌、忠、信、礼、义、廉、耻"八德"，正是中国道德文化的具体凝结，是中华传统文化的根本与精髓。在博大精深的中华优秀传统文化中，"八德"也居于核心的地位，深深影响了每一位华夏儿女，铺染了历代中国社会风俗的底色。在今天，"八德"对社会发展尤其党风廉政建设，依然具有十分重要的价值。

首先，"德"体现信仰和价值观，这是廉政建设的根本。

什么是"德"？《说文解字》说："德，升也。""德"有登高、攀登的意思。人有了"德"，就进步了，就与原来不一样了。"德"有时与"得"相通，有的注解说"德者，得也"。从文字上讲，人有"德"，就能升，就能得。我国传统教育要"止于至善"。《大学》说："知止而后有定，定而后能静，静而后能安，安而后能虑，虑而后能得。"人知道努力的方向，才能神定心静、踏实安宁、思虑周全，才会有得。人有了"德"，就不迷茫，就能登，就能得。

"德"，作为人们共同的生活准则及行为规范，与人类社会的发展与进步相适应，因此它要与作为价值体系的"道"相适应。大道无言无形，人们只有通过思维意识去认识它、理解它、感知它；"德"就是"道"的载体，是"道"的体现。既然"德"是人们能看得到的心性，是通过感知之后进行的行为，那么，有德的人一定会顺应道，按照自然、社会、人生的需要去做人做事。"德"包含着"道"，"道"与"德"可以合成一个词"道德"，有德就是有道德。

中国传统文化核心就是"道德"，孔子儒家最重视"修道"与"立德"。孔子说："夫道者，所以明德也；德者，所以尊道也。是以非德，道不尊；非道，德不明。"这话说透了"道"与"德"的关系。只有遵道而行，德行才好。道属于价值信仰，德则是行为规范。道与德相辅相成。信仰决定德行，德行体现信仰。有怎样的信仰和追求，就有与之相应的为人处世方式，视听言动体现着德行。

就像"五常"与"八德"的关系，只有对仁、义、礼、智、信的自觉尊奉，才有"八德"的具体表现。我们进行社会主义核心价值观建设，就是要建立共同的信仰，而要树立人们的共同信仰，则需要广大领导干部良好德行的感召与引领。习近平同志明确指出："人民有信仰，民族有希望，国家有力量。"只有领导干部带头树立正确的价值观，自觉按照道德精神的要求，为政以德，廉洁奉公，才能上下同心，形成经济建设与社会进步的强大合力。

其次，儒学成就人的德行，这是廉政建设的前提。

作为中国传统文化的主干，儒学的宗旨是通过教化使人心归于正。孔子"施教"也是如此，"先之以《诗》《书》，而导之以孝悌，说之以仁义，观之以礼乐，然后成之以文德"。孔子儒学教化人心，是为了使更多的人能遵道而行，弘道明德。格物致知在于正心诚意，这都是修身的功夫，修身就是成就人的德性。

儒学是修身之学，也是管理哲学。儒学培养治国平天下的管理人才，培养有德有位的君子，这些人是社会的精英，是德的承载者，是道德代言人。鲁国君臣向孔子问政，孔子说"政者，正也"，说"君为正，则百姓从而正矣"。孔子强调以"为政者的正"引导"天下的正"。孔子反复申说："其身正，不令而行；其身不正，虽令不从""子帅以正，孰能不正"。这恐怕就是孔子所说"为政以德"的意义所在了。为政者心中有"正"，发自内心地自觉做到无私不邪，其所解决的岂止是廉政的问题？

再次，"八德"之间有内在联系，都为廉政建设之所需。

如何处理好人的自然性与社会性的矛盾，怎样在"人心""道心"之间"允执厥中"，如何在"天理""人欲"之间"好恶有节"，人们进行了不懈的探讨，人们从不同角度和层次思考"德"，出现了许多概念与归类。《尚书》中说到了"九德"，那时，仁、义、圣、智、信、孝、慈等概念已被普遍使用，各种"德"都围绕这些概念铺陈阐发。在总结前人的基础上，春秋时期的思想家继续凝练提升，认识更加全面、系统、严谨。如管子提出了"四维"，郭店楚简中有"六德"，孟子提出了"四端"之说等。

到宋代，人们对儒学与社会改良的认识更为清晰。他们更加注重自身修养，注重向人心"内求"，同时也从社会结构出发，立足于"中国"文化立场，更注重个人、家庭对于国家和谐稳定的作用，有一种挥之不去的家国情怀。将孝、悌、忠、信、礼、义、廉、耻并称连用的越来越多，有的称之为"八德"，有的还称之为"八行"或"八端"，以之涵养良知良能，视其为"修身之要"和"教化之道"。

"八德"是一个有机的整体，它们之间既有一定的并列关系，也可视为相互递进的两个层面：孝、悌、忠、信为第一个层面，即正心诚意的内在修为；礼、义、廉、耻为第二个层面，是个人修为的外化。前者属于做人做事的修身层面，后者则是为政治国不可或缺。在"八德"中，孝与悌、忠与信、礼与义、廉与耻，意义相邻相近，也可组成几组概念，同样存在层层递进的关系。每个人都要以"八德"精神要求自己，从孝悌之道出发，培养爱与敬的情感；以忠信之道言行，支配自己做人做事。按礼义的要求衡量是非曲直，用廉耻的节度约束自身行为。这样，"八德"浑然一体，相互为用，使人能知是非，明荣辱，明理知止，好恶有节，循礼而动。

最后，廉德专讲廉洁与廉明，是廉政建设之首重。

国之安危，全系官僚之贪廉。"吏不廉平，则治道衰"。在"八德"中，廉德要求官员廉明廉洁，与廉政建设直接相关。

历史一再证明，管理者是否清廉，直接关系到国运兴衰。中国早期的管理智慧中，就格外强调廉德。周代鉴别官员，就曾列出了"观诚""考言""视声""观色""观隐""揆德"等"六征"，明确提出"廉"的概念。在"观诚"中提出"观其廉洁务行而胜私""省其交友，观其任廉"；在"揆德"中又将"直方而不毁，廉洁而不戾，强立而无私"作为用人的一项重要标准。

观察古代"廉"的概念，可以发现，"廉"绝不仅是狭义上的"廉洁"或"不贪"。那时"廉"字意义宽泛，该字本指厅堂的侧边，既有廉洁、廉明、廉正之义，也可引申为察考、访查。对相关的材料，不可狭隘地进行理解。如《周礼·天官冢宰》中说："以听官府之大计，弊群吏之治。一曰廉善、二曰廉能、三曰廉敬、四曰廉正、五曰廉洁、六曰廉辨。"这是全面考察官吏或政府的六条原则，以此来裁判其政绩好坏。"六廉"是对官吏或政府的全面考察，自然包括其是否有原则、有立场、有界限、敢作为，还包含敬德保民、勤政爱民、克己奉公等，这里的"六廉"完全可以视为中国廉政思想成熟的标志。

孔子以前，管子已经提出礼、义、廉、耻为国之"四维"，并说"四维不张，国乃灭亡"，廉的重要地位显而易见。孔子儒家把为政君子的"廉"放到了突出位置，他说："凡治君子，以礼御其心，所以属之以廉耻之节。"那时特别注重士君子的廉耻教育，从心灵的层面防微杜渐。孔子说"古之矜也廉"，说儒者应该"慎静尚宽，砥砺廉隅"，说的都是要品格方正。孔子尤其主张士君子"谋道不谋食"，要有宏大的理想信念，有崇高的目标追求，而不宜斤斤计较于生活的小节，不应"耻恶衣恶食"。孔子特别强调

"欲而不贪"，这样，正确的"欲"就显得更为重要。孔子说得好："欲仁而得仁，又焉贪？"人立志做有仁德的人，怎么会"贪"呢？有了正确的做人标准，也就不难做到廉了。

不难察见，廉德的内涵其实很丰富。为政以德，廉为德本，当前，我们倡导廉德，就是按照为民务实清廉的要求，立廉德，谋廉政，兴廉风，努力实现新的作为。如果是这样，就能使广大党政干部做到"清""俭""勤"，清则高洁不苟取，俭则素朴不奢靡，勤则尽责不怠政。如此，就会风清气正。

（原载于《大众日报》2017 年 5 月 3 日）

儒商的心性与境界

　　"儒商"是"儒"与"商"的有机统一体，不知"儒"，不知"儒学"，不知"儒家精神"，就难以更好地理解"儒商"或者"儒商精神"。在"儒商"的语境下，必须知道儒学与社会历史的关系，把握儒学的特质与内在精神，理解儒学的价值与意义。

　　儒学是中国传统文化的主干，因为有了孔子的学说，中华民族更和睦、更和谐地共同生活了几千年。儒家思考人性与人的价值，思考人的社会性存在这样的问题。今天人类的命运离不开经济全球化，中国经济发展需要一大批关心国家命运的经济人，而儒学则提供了社会伦理的基石，提供了经济伦理的价值，可以平衡经济与伦理，促进经济的发展，引导人类的社会与文化，提升人之所以为人的品质。

　　儒商精神当然与儒家精神是一致的，因为历来都没有人离开具体事物去言理，世上也不应该有脱离具体事物的理。了解儒学与儒家伦理，才能理解儒家经济伦理，才能把握儒商精神。今天的社会尤其需要将儒家伦理（包括经济伦理、社会伦理和文化伦理）发扬光大，不然经济与社会就不能稳步发展。只有儒家伦理得到发扬光大，才能实现人类的共生共存，把握人类的命运方向，防止人类全球化的逆向发展。也只有以儒家伦理为基础去从事工商活动，才无愧于中国先圣先哲的卓越文化创造，中国才能为世界做出更大贡献。

　　"儒商"对"商"的心性与境界要求较高，商业经营者、企业管理者、负责任的经济管理者要成为儒商，首先要具有淑世情怀，具有"爱""敬"之心与社会责任感。儒学是"修己安人"之学，"修己以敬""修己以安百姓"，贯注了个人修养与社会责任意识。儒商一定要从内心服膺并积极践行儒家社会伦理与经济伦理，在经济与商业事务中自觉自愿、持久恒定、系统全面地履行和体现儒家关切，关心社会和谐与文化创造，遵循公平公正的待人处世原则，有人本风范、人性关怀，有人性的生活安排。

更多的情况是，人们在一般事务中对于社会和谐、社会发展、文化创造并不关切，不太在意儒家对于社会和谐的关切与人道淑世精神，缺少自觉性、持久性、系统性，不能以其作为从商与发展企业的动机与信条或终极目标，但他们的经济活动依然能够着眼于社会伦理与经济伦理，并在社会管理中自觉应用。这样的人仍然"不失其为商之儒者"，我们可以称之为"商儒"。这样的人的明显特点是能善用儒家伦理为管理之用。但"商儒"与"儒商"有别。

我们认为，作为商人，作为从事经济活动与商业事务的人，"儒商"必须具有以下几个明显特点。

第一，具有"天下为公"的情怀。

所谓"背私为公"，指一个人不自私，具有公德意识与公共意识，明白自己是一个社会性的存在，因此必有一种家国情怀，有对社会的关切。孔子的社会理想，就是"大道之行，天下为公"的状态。在这个"大同"社会中，"选贤与能，讲信修睦，故人不独亲其亲，不独子其子，使老有所终，壮有所用，幼有所长，矜寡孤独废疾皆有所养。货恶其弃于地，不必藏于己；力恶其不出于身，不必为人。是以谋闭而不兴，盗窃乱贼不作"。这样的社会当然是人心和顺、天下和谐。

孔子思想博大精深，孟子则"述仲尼之意"，将孔子思想发扬光大。说到底，"孔孟之道"就是修身做人之道，就是关于"想怎样"和"该怎样"的矛盾处理问题，亦即如何正确对待义与利的问题。孟子开篇就记载：孟子见梁惠王。王曰："叟！不远千里而来，亦将有以利吾国乎？"孟子对曰："王何必曰利？亦有仁义而已矣。"这里明确地将义与利的冲突开宗明义地摆了出来。

如何解决"义"与"利"的冲突，孔、孟等儒家的一系列的论述正聚焦于此。儒家十分注重个人的道德修养，尤其重视是非观、价值观的培养。他们用善的眼光观察世界，希望明其明德，提升境界。他们深刻思索人性和人的价值，希望人们明理修身，遵道而行，循理而动；他们推衍亲情，放大善性，希望把人培养成为有爱心、有情怀、有担当、爱学习、求上进的君子；特别强调修、齐、治、平的内在逻辑，注重自我修养和道德实践。"我欲仁，斯仁至矣""苟志于仁矣，无恶也"，一流的心性，一流的境界，才有一流的商人。

第二，具有中庸精神和中道智慧。

人要有仁爱心、正义感，还要守规则、有智慧，这便是仁、义、礼、智。孔子儒家讲智慧，那可是大智慧。儒家的中道学说就是这样的大智慧。人们有的喜欢把中庸进行玄妙的解释，以为中庸是儒家的本体论，事实恐怕不是这样。中庸所讲的至诚之道、择善固执，显然属于工夫论、修养论。按照东汉郑玄的解释，"中庸"说的是中之用，就是"用中""把握中道"，这可需要有全局意识、系统思维、整体观念。孔子说："夫礼，所以制中也。"礼，就是理。合理才符合"中道"的要求。荀子说得好："礼之于正国家也，如权衡之于轻重。"这需要"人一能之己百之，人十能之己千之"的坚韧，需要"知远之近，知风之至，知微之显"的明晰，需要"好学""力行""知耻"的努力。

第三，有大人君子的担当与格局。

社会需要引领者，儒家的"大学之道"教人明德向善，培养大人君子。古代的"大学"是大人之学，贵族子弟与"凡民之俊秀"皆入大学，教之以穷理、正心、修己、治人之道。儒学关注社会的进步和发展，希望能够培养明是非、知荣辱、有爱心、有敬畏的人。这样的人格局大、有气象、会引领、能担当，他们是社会的精英，维护着社会的文化生态平衡。

很多时候，遇到事情时是非选择并不困难，然而遗憾的是，不该出现的事情还是层出不穷。这时特别需要明于事理和富于正义感的大人君子。孔子说："君子之德风，小人之德草""君子喻于义，小人喻于利"。儒家致力于"以先王之道濡其身"，作为"大人之学""君子之学"，儒学造就了一批又一批的社会精英。在当今社会，尤其需要用传统文化精神铺染人的生命底色，使人们在"人心"与"道心"之间能"允执其中"，在"天理"与"人欲"之间不迷失自我，以德性精神从事工商活动。如果是这样，他们就一定明理知义、走在社会前面，引导世人遵道而行，循理而动。

（本文为作者于 2018 年 12 月 16 日在第十届世界商业伦理论坛上的演讲）

诗礼传统与中华家风

许多人可能不知道，孔子当年教子的"不学诗，无以言""不学礼，无以立"的"诗礼庭训"，不仅成为孔子以后孔氏世代相传的家风，也成为中华民族大家庭中许多家训、族规的灵魂，成就了不知多少个人与家庭。好家风的底色是道德，孔子的诗礼之教，其核心与实质恰恰在于道德。今天要形成重道德、尊道德的社会风尚，就要重塑中华诗礼家风，大力弘扬诗礼传统。

中华诗礼传统形成很早。孔子和早期儒家都尊崇文、武、周公等周代先王，是因为他们在继承夏商文化的基础上，奠定了"郁郁乎文哉"的周文化。周文化就是关于诗、书、礼、乐的文化，周代以此培养士大夫。在周代，社会上作为精英群体的士人的培养与诗、书、礼、乐紧密相连。《礼记·王制》说："乐正……顺先王诗、书、礼、乐以造士，春、秋教以礼、乐，冬、夏教以诗、书。"这应该是西周春秋时期的普遍情形。士人经过"大学""大艺"的学习，上升为社会的管理阶层，承担起为政治国的责任。诗、书、礼、乐为"先王"之书，为士人所必须修习。

周代的诗礼教化，可以使人在诗、书、礼、乐的教习中启发心智，在演习中于心理的层面得到感化，发生变化。《礼记·乐记》说："先王之制礼乐也，非以极口腹耳目之欲也，将以教民平好恶而反人道之正也。""先王"重视诗书礼乐之教即所谓"善其教"，乃是为了教导人心，去恶从善，让诗、书、礼、乐各自发挥功能，使社会政治达到更好的状态。

诗礼教化的目的在于"德"，这是问题的关键所在。尽管"德"的内涵有一定变化，但重"德"却是三代相沿已久的传统。儒家诗礼教化也以"德"为先。《礼记·乐记》说："礼乐皆得，谓之有德。德者，得也。"对于礼乐都深有所得，称为有德。"德"就是在精神与理智上的完美获得。周代的诗、礼教化有历史渊源，也有历史演变过程。由于它们本身所具有的特征，使得诗与礼相连，所以古代诗教、礼教关系密切。在继承前代的基础上，周代应当诗教、礼教并重，即诗、书、礼、乐并重。

孔子诗礼之教在于成德。孔子继承诗礼传统，他自称"从周"，"宪章文武"，尊崇文武周公之政，用以教授弟子、教育家人，开始影响后世。不难理解，孔子儒家所看重的，是周代礼教的德化功能。在"礼坏乐崩"的背景下，孔子依然重视传统的诗教、礼教，其原因很简单，《左传·僖公二十七年》说得明白、透彻："《诗》《书》，义之府也；礼乐，德之则也。德义，利之本也。"

《论语·泰伯》记孔子之言说："兴于诗，立于礼，成于乐。"他强调"学诗"与"学礼"应当本源于此。王官之教衰落之后，孔子继承王官之学的传统，举起私学的旗帜，开始收徒授学。孔子教授弟子，自然就是进行诗、书、礼、乐之教，而他所进行的教育，就是从诗的教育开始的。《孔子家语》记曰："孔子之施教也，先之以《诗》《书》，而道之以孝悌，说之以仁义，观之以礼乐，然后成之以文德。"这里说得很清楚，孔子的教学以诗、书、礼、乐为中心，这种"诗礼之教"或"诗礼传统"，自然脱胎于周代以诗礼为中心的王官之学，而教育的目标也在于成就人的"文德"。

孔子所说"兴于诗，立于礼，成于乐"，实际是教化之道、成人之道。所谓"成"，即完成，成就。诗，能启迪性情，此为化民之先。礼，能规范人的举止、约束人的性情，此为化民之要。乐，感染陶冶之功能莫大乎此，此为化民之本。兴，起也，始也，是为第一步；立，初成也，是为第二步；成，完成，第三步也。孔子教育人们学习诗礼，说明诗与礼是为学之初基，是成就人之"文德"的第一步。在西周春秋时期，社会上，尤其贵族阶层中有所谓"诗言志""赋诗言志""断章取义"的传统，这些本身就是一种礼仪，而其礼之"义"，则涉及人的素养。

诗礼传统成就中华家风。孔子"学诗""学礼"的过庭之训，不仅影响了孔子后裔，成就了孔氏家族深厚的"诗礼家风"，也影响到了中华民族大家庭中的许多家庭和家族。

诗礼传统的灵魂在于道德，在于社会和谐、人心和顺。和谐传家训，诗书承家风。像"诗书继世长，忠厚传家远""诗书经世文章，孝弟传家根本""读书足贯古今事，忠孝不迷天地心"之类，成为中华民族众多家训家风的主旋律，许多的《家训》《家书》甚至楹联、中堂，都注意告诫子孙要立志读书。他们讲论读书的顺序、方法及其意义，一般都会要求首先攻读儒家经典。儒家经典是诗礼精神的载体，或者说，诗礼之教的根本意义就体现在儒家经典中。例如《诗》《书》《礼》《乐》等儒经或者《论语》《孟子》《大学》《中庸》等四书，都承载着修己安人、推己及人的道德精神，十分有助于"开心明目""修身利行""读书明理""读书亲贤"，有助于"做得一个人"。反之，如果"道理不明"，则难以立身处世，可能就会在不知不觉中"堕于小人之类"。

为何经典能够"修身利行"？为何读经就是"读书明理"？这是由经典的性质所决定的。经典不是教人知识，其中蕴含的是道德、是价值、是准则。例如诗，孔子当年选编《诗经》的标准，就是"取可施于礼义"。孔子本人也说："《诗》……迩之事父，远之事君。"孔子又说："《诗三百》，一言以蔽之，曰'思无邪'。""思无邪"就是"归于正"。《诗经》之"风"可以兴、观、群、怨，可以"发乎情，止于礼"；《诗经》之"雅"使人雅正无偏；而《诗经》之"颂"则美先圣先王"盛德之形容"。再如礼，孔子说："礼也者，理也；乐也者，节也。君子无理不动，无节不作。"诗与礼，其用大矣！

当下需要弘扬诗礼家风。诗、书、礼、乐可以使人更好地立身处世，教人修身、立德、成人，进而成为大人、君子。中国的"大学之道"，就是培养人成为具有责任感、有担当、能引领的人。《大学》强调说，"自天子以至于庶人，一是皆以修身为本"，"身修而后家齐，家齐而后国治，国治而后天下平"。修身是一切的根本，是齐家、治国、平天下的基础。

诗礼之教在于铺染人的德性色彩，那么建立全社会的道德风尚就需要弘扬诗礼传统，大力提倡习读儒家经典。习近平总书记特别强调修道立德的意义，他说："国无德不兴，人无德不立。"这是具有现实关切和文化战略意义的洞见，它直接而积极地回答了两个相互关联且具有根本意义的社会问题：人类社会为什么需要道德？人为什么要有道德地生活？国家无德难以兴旺，个人无德难以立身。看起来这只说国家和个人，实际却包含了由大而小、从整体到个体的许多方面，包括了诸如"企无德不盛""家无德不旺"等许多意涵。只要越来越多的人意识到"德"的意义，习近平总书记所期待的重道德、尊道德的社会风尚就不难形成。

家风就是民风，是社会道德的折射。要造就好的家风，形成良好的社会道德，就必须学习五经、四书等中华经典。孔子时代"天下无道""礼坏乐崩"，其实就是价值观混乱、是非观扭曲。当"天下无道"之时，社会就乱象丛生，德行的好坏失去了标准，人们纷纷跨越是非界限，"缺德"现象频频上演。德不明则道不尊，失去了应有的价值体系，后果会极其严重。在当今中国，继承诗、书、礼、乐之教，弘扬中华诗礼家风，在千千万万个家庭中铺染道德的底色，是"人民有信仰"的需要。

（原载于《文化大观》2017 年 7 月 19 日）

红火的春节　浓郁的传统

过年的习俗由来已久，随着时间的推移，春节的活动内容也越来越丰富，贴春联、挂年画、贴窗花、放鞭炮、穿新衣、吃饺子、舞狮子、挂灯笼、守岁、拜年等，不一而足。各地风俗虽然略有差异，但都有破旧立新的愿望，包含辞旧迎新的祈求。随着时代的发展和社会的进步，中华传统也日渐回归，春节作为中国最典型的传统节日，受到越来越多的重视。

"菜可少几道，筷子不能少一双"

英国广播公司曾经制作了一个名曰《中国春节》的专题片，其开场导语这样说："春节见证了地球上最大规模的年度人口迁移活动，全球 1/6 的人口纷纷返回家乡，与家人团圆。"的确，对于中国人来讲，过年实在太重要啦！

春节期间，我国会有数亿人口的大迁徙，车站、机场、码头，人头攒动。"有钱没钱，回家过年"，这成为很多人的口号。回到了家，一路的奔波与辛苦，似乎就化成甜蜜，得到消融，转化成新的动力。除夕晚上的年夜饭，更是"一个都不能少"，在很多人心中，这一晚具有特别的意义，所谓"菜可少几道，筷子不能少一双"，表达的就是这个意思。

回家过年，是每个人心底最深切的对于家的眷恋和情怀。去哪儿过年，意味着一个人心灵的归宿就在哪儿。若是没有回家过年，好像这年就没有过一样。过年有许多必须要做的事情，就在这些如程序般的活动中，人们表达亲情，畅叙友情，交流感情，祖先、子孙，过去、现在、未来，上下左右感通互摄、交融共生，渊渊乎如不可测，广大而精微。人所固有的精神气质、湿润情感，在过年中充分激发；人所本有的持重、稳健、温和，在过年中得到彰表。

春节的一个主题就是"团圆"，围绕这个主题，就像冬日围绕暖融融的火炉，尊老、敬长、爱幼。奔波、操劳了一年的人们放下手里的事情，接下来的"工作"就是"过年"。这个过程中，人们各有自己的存身之行，比如，过年的时候话不能乱讲，非礼勿言。本来平时说话也应该谨慎，但这时似乎特别讲究。行纲常之正，尊老爱幼；安性命之情，走亲访友。过年了，人们更愿意放开些，开怀畅饮，酒逢知己千杯少。化解、消融，包容、原谅，期望、祝福，生命如此可爱，生活值得热爱。

人所努力者不是一己之事

春节美好的团圆，当然不要论"为家作多大贡献"，但家人团聚时的相互勉励，也给予职业成就以极大的激励。在传统中国，人们追求"衣锦还乡""荣归故里"，过年了，更是如此。人们都有自己的情感归宿，一个人属于家庭，而家庭则属于自己。人们兢兢业业，不懈努力，所重视的不仅是自己的得失荣辱，更重视为家庭乃至家族增光添彩。在这时，人们寻得了生活的意义。

有一年，曾听到一位老同志说，年底单位里有"述职"，春节回家，每个儿女也要"述职"。是的，不管是以哪种形式，到了春节，每家都会回忆过去的一年，展望新的一年。一家人围坐，分享各地见闻，互相交流鼓励。年轻人为家庭注入活力，年长者传授如何在社会上走得稳健，积极敦励德行。这是春节这个节日本身对个人、家庭及社会的美好贡献。

事实正是如此。如何更好地为家庭的前途而共同努力，无非就是要好好工作，爱岗敬业。这时，家、国、天下就自然而然地牵系于一体。梁漱溟先生曾说，人们"所努力者，不是一己的事，而是为了老少全家，乃至为了先人、为了后代。或者是光大门庭，显扬父母；或者是继志述事，不坠家声；或者积德积财，以遗子孙。这其中可能意味严肃、隆重、崇高、正大，随个人学养而认识深浅不同。但至少，在他们都有一种神圣般的义务感。在尽了他们义务的时候，睡觉亦是魂梦安稳的。"世界和谐就表现为一个个家庭的其乐融融。

勿忘本初，心念归于纯厚

如果说家人的团聚与和谐主要体现了"爱"，那么祭祀活动则是"爱"与"敬"的和谐统一。

春节期间有很多祭祀活动，现在保留较多的是对祖先的祭拜。现世的家人团聚、族人相聚，进一步延伸就是纪念祖先，或者请逝去的先人、亲人"回家过年"。最晚自周代开始，人们已经"以祀礼教敬"，认为"礼有五经，莫重于祭"。孔子讲"祭如在，祭神如神在"，《中庸》讲"鬼神之为德，其盛矣乎！……洋洋乎！如在其上，如在其左右。"祭祀应该是庄严、庄重的，祭祀者全然投入其中，就好像祖先、亲人在现场一般，祭祀的虔诚恭敬让人思其德，让参与者在"如在"的氛围中"投入"其中，"敬"与"爱"就是这样的重要品质。此时，这样的"诚敬"与任何做作都不相容，任何理性的力量都无法强行把"敬"植入其中。

春节还是弘扬家风、申饬家训的绝佳机会。中国古代思想家思考的问题，其核心的内容也不离"家庭""孝道""祭祀""和睦"等。孔子儒家提倡"孝"，认为培养人的爱心应从"亲亲之爱"开始，尊祖敬宗的意义就深含其中。古人讲"慎终追远，民德归厚矣"，追远而重视祭礼，有助于民风淳朴，这种祭祀之礼便落脚在了现实人间的秩序上。这时候，作为家庭、家族的成员，一般都会思考给家族带来什么。春节祭祀祖先就是凝聚家族、崇尚风化的载体。

敦睦族谊，和睦邻里，联络乡情，与祭祀逝去的先人具有相同的旨趣。尊祖敬宗、慎终追远，美德将自然地生长。这就像垦地播种，"花未发而草先萌，禾未绿而草先青"，草籽在耕种前早已种下。祭祀使人勿忘先祖，勿忘本初，心念归于纯厚，从而对当下，对于生命，生发更多的珍爱，宜兄宜弟，宜室宜家。能守其本，则有所定。

从"春天的节日"到"中国新年"

以前，人们常将春节翻译成"Spring Festival"，原意为"春天的节日"。

近年来，则更多的译为"Chinese New Year"，即"中国新年"。说起来，春节本来就是"春天的节日"，但春天不仅只有春节这一个节日，况且春节还有更为特别的属性。于是，给"New Year"特别冠以"Chinese"，意义就有不同，它的特别属性是"中国"，具有中国符号、中国标志、中国声音、中国时代的意义。

每个国家、每个民族的节假日实际都是其民族文化的最好载体，是自己民族文化的集中体现。对于中国人，春节包含着浓郁的文化含义，是弘扬传统文化的最好时机。春节作为中国传统节日对于敦化社会风俗、矫正个人行为，都能起到一定作用。社会风俗就在自觉不自觉中慢慢养成了。

当下，中国年已成为全球的盛会，春节不仅是中国人的节日，亚洲还有韩国、菲律宾等9个国家有春节假期，全球有大约1/4的人口在过年。春节是弘扬传统文化的重要节点，承载着中国人积淀了数千年的文化行为和生活共识，折射出老百姓对美好生活的向往及优良传统和勤劳美德。新时代要有新内涵，人们的生活方式变了，春节习俗和礼仪有的也会随之演变，但这个特殊节点所承载的价值观应该代代相传。

（原载于《人民政协报》2018年2月12日）

经典相伴，知近知显

常有人问：中小学生为何读经典？中小学生怎样读经典？《中庸》里面有一句话，可以说点到了经典教育的本质，蕴含着问题的全部答案："知远之近，知风之自，知微之显，可与入德矣。"

人生在世，不能没有方向和目标，青少年更应有理想与信念。对于每个人来说，"知远之近"的那个"远"就是远处的自己。那么，通往"远"的"近"在哪里？如果这样思考，就能了解自己的当下，了解眼前的疑惑与困顿，明白若目前的"微"发展为"显"将会如何。只有认识眼下的自己，才能克服缺点、发扬优点。

古之教者，教以人伦，使人明善恶、知是非、示训诫，以正人心。中国传统讲究"五常"（仁、义、礼、智、信）、"八德"（孝、悌、忠、信、礼、义、廉、耻），就是要培养人中正无邪的品质，找到生命的立足点。人在社会上有着不同的社会身份，试想，如果大家都自觉修养，正其名，尽其分，按"父慈子孝、兄良弟悌、长惠幼顺"的方向去努力，拥有平和幸福的生活还是空想吗？经典教育恰是关注"人"的教育，关乎生命的成长，以正确的信念与梦想指引生命的航向。

经典教育不同于一般的知识教育，不同于一般的技能训练，它不是一时一地之教育，也非一人一物之教育。因此，需要用心学、系统学，从小学、一生学，人人学、全民学，以涵泳德性，化民成俗。

用心学、系统学

中华经典之所以为经典，因为它是对以往数千年思想文化的凝练与总结，经过了以后数千年历史与生活的选择与检验，包含着丰富而深刻的社会感悟与人生智慧。经典大多有严密的逻辑结构，本身就是完整的生命展现。

若细心去读，往往就能发现经典的美妙。每一部经典，往往都首尾之间遥相呼应，篇章之间血脉相连，章节之间大小相成。可以说既散落成珠，又浑然一体。经典教育的魅力，恰恰在于它本身就是至高的智慧、完整的生命。感知生命，择贤托身，才能用智慧点燃智慧，以生命点燃生命。

富有生命的经典，就像骏马可以致远，这恰是学习经典的奥妙所在。而割裂的经典，如同良驹的手足皮毛，虽然也不无用处，但已经支离破碎，意义流失，缺乏了应有的效用。所以，对于经典，一定要尽量通读，整体地读，以避免断章取义，不见全体。读经典，不在于读了多少部，而在于是否系统读、是否真明白。

从小学、一生学

人生而幼，幼而学，学而长，人的学习与成长，应该就是社会道德内涵不断扩充的过程。"时过然后学，则勤苦而难成。"读经典，"适时"特别重要，要适时而教，适时而学。青少年处于价值观形成的关键时期，亦处于记忆的黄金时期。翩翩少年，豆蔻年华，正是读经典的好时光。

经典教育走进中小学必需而迫切。小学阶段，以读诵涵泳经文为主，辅以词汇解释，为学生进入经典提供简单的工具，学有余力的学生可根据"成长和感悟"做进一步思考。中学阶段，学生们进一步形成了自己的独立思维，所以在经文、词汇的基础上，加入"成长和感悟""链接"。在这个过程中，沉潜反复存其心，抑扬读诵明其志。

或有人说，成人读经典都困难，孩子们能够读得懂吗？这里有必要强调，经典教育在于正人心。要知道，人心本来就是正的，经典教育是为了童蒙养正，助人守正。"人生而静""感于物而动"，孩子的心如洁白的画布，能写最新最美的文字，能画最新最美的图画。相反，如果"心"已经涂了颜色，反倒不能直接作画，需要清理，需要"拨乱"而后"反正"。如果家长或教师简单地认为"我不懂，孩子怎么能懂"，这样的观点本身就存在问题。也许，在学习的过程中，教师、家长有时反倒不如孩子接受得快、接受得好。

经典是"常读常新"的，方向对了，走得慢点没关系。其实，真正地"懂"经典，并不是中小学阶段必须解决的任务。真正的"懂"，也许需要用人的一生，需要生活的检阅与历练。但是，前提是要播下好的种子，可以随时就事，因为经典是经世致用之学。种子的生发可以根深蒂固，青少年时的教育会影响人的一生。将经典镶嵌在学生的脑海，将经典的大"义"植入青少年心底，才有可能事半功倍！反之，错过最佳时机，到了成年阶段，个体已经形成固定的思维，再接受价值教育，就如苗木嫁接，或许可以成活，但是难挡风雨。此即所谓"时过然后教，则勤苦而难成"。于是，弊端就开始显现，或人云亦云，随波逐流；或上无信念，下无底线。

关于读经典的方法，有人提出可以"不求甚解"，也有人甚至把它作为不懂经典而教授经典的理由，这是有严重问题的！经典富有能量，最怕郁结，需要加以疏导而不失其正。所以，青少年的经典教育，不是讲，也不是不讲；不是解，也不是不解；不是懂，也不是不懂。那么，到底是什么？是适时启发。何时启发？师长应有切实的把握，这其实对师长提出了很高的要求。事实上，也只有了解孩子且内心真正强大的人，方可为人师、为人长。

这套读本采用了不同的编写方法，我们将之称为"以经解经"。首先，我们"请孔子讲解《论语》"，这一定是最佳的选择，因为答案往往就在问题之中。所以，我们尽量经经相参，这就像以孔子及其弟子的言论为《论语》作注。其次，站在巨人的肩膀上可以看得更远，历代都有学者对经典有所阐发，有影响力的经典注本是我们参校的主要对象。最后，关于语言的表述方式，我们倾向于浅近文言。浅近文言接近文言，靠近经典，可以搭起经典与今天之间的桥梁，更能呈现民族语言的雅致与情趣。民族的，就是世界的；过去的，也是未来的。也许，开始读时，可能不如白话文"通俗"，然而，假以时日，不断涵泳，就会发现其中有白话文难以承载的气蕴和力量。不能因其雅正高远而往下拉，应该因此仰望和追随。我们认为，这也是读经典应有的基本认知。

人人学、全民学

经典教育的主体是受教育者。经典教育不同于一般教育，读诵辞章已不是"本"而是"末"，教育者本身必须承载道德，做学生行为的榜样。只有真正言传而且身教，才能更好地传承与传播正确价值观，经典教育才有效果，才有力量，经典才能像细细的春雨那样，"润物细无声"地融入学生鲜活的生命。这就要求老师、家长首先要深解经典义趣，内化于心，外化于行。

当下，最严重、最紧迫的问题，恰恰是教育者需要强化读经的基础，整个社会需要解决经典教师短缺的问题。虽有困难，但并非无法解决，这恰是对师长的考验。这就像孔子一贯主张的欲正人先正己，要求别人做到，自己哪能不先做到？要求别人学，自己哪能不先学？只有学，才可以教。

为此，我们另外编写了《斯文在兹——〈论语〉讲读》，作为教师用书，为老师、家长尽快走近经典提供帮助。试想，若是引领方向的人方向不明，有多么可怕！所以，当下最关键、最迫切的，就是教师以及家长带头学习经典。大家一起学，才能人人学、全民学，经典教育才能达到理想效果。通过经典教育，可以培育全社会的共同理想，实现民族的伟大复兴。

［本文为杨朝明、李文文著《中小学生读〈论语〉》（浙江教育出版社2016年版）一书的"前言"］

儒学普及切忌虚华不实

近年来，社会上儒学普及等孔子文化活动取得了一些成效，但同时也暴露出一些问题，常常给人一种虚华不实的感觉，值得认真关注。

由于中国社会特殊的历史文化原因，长期以来，人们远离了孔子儒学，不少人对孔子儒学十分生疏或有隔膜。在这样的情况下，如果从事相关文化活动的人仅仅根据自己的片面理解去"表现历史""展现圣人"，则常常会"以讹传讹"，给人以"渐行渐远""乱上加乱"的感觉。孔子学说并不"远人"，并没有远离大众，但是，理解孔子等"圣人"的言论决不可以表面化、简单化。正如英国作家贡布里希所说，孔子言论往往"蕴含着比人们第一眼所看到的更多的智慧"。从事孔子文化普及既不可故弄玄虚、故作高深，也不能不顾孔子儒家思维的整体性、系统性特征。

在当下的一些社会活动中，甚至在有关孔子文化的重要活动中，常见人们对于孔子儒家言论的一知半解。最典型的是对《论语》首篇首章中"有朋自远方来，不亦乐乎"的使用。人们常常用它来表示对远来朋友的热情欢迎自然不错，但在读音上，不少人还是模糊不清。2009 年"中国曲阜孔子文化节"上，就在重要的环节中将其中的"乐"读成了 yue。

对于《论语》首篇首章，传统的理解恐怕还存在问题，如果得其正解，恐怕这样的错误就会少些。《论语》首篇首章说："学而时习之，不亦说乎；有朋自远方来，不亦乐乎；人不知而不愠，不亦君子乎！"这里孔子表达的是："如果我的学说被时代或社会所采用，那不就太值得高兴了吗？退一步说，如果时代没采用，可是有很多赞同我学说的人从远方而来，和我一同讨论问题，不也很快乐吗？再退一步说，不但社会没采用，而且人们也不理解我的学说，我也不恼怒，不也是一位有道德修养的君子吗？"

《论语》首章中的"学"不是动词，而是名词，指的是孔子的"学说"或"道"；"时"不应解作"时常"或"按时"，而应解作"时代"，也可引申为"社会"；"习"不应作"温习"讲，而应作"使用""采用"讲。下面两句与之相应，第二句中的"有朋"其实就是"朋友"，指"志同道合的人"。关于这一理解，已经有学者指出。程树德《论语集释·学而上》说："'学'字系名辞。"清人毛奇龄《四书改错》说："'学'者，道术之总名。"今还有学者专门撰文，认真研究。遗憾的是没有引起人们的注意。

　　人们引用、展示孔子名言时，随意截取、断章取义，以至于贻笑大方。例如，《论语·卫灵公》有这样的记述：子贡问曰："有一言可以终身行之者乎？"子曰："其恕乎！己所不欲，勿施于人。"有的仅仅截取"其恕乎！己所不欲，勿施于人"，实际上，"其恕乎"一句乃是孔子回答子贡的提问，包含着孔子的语气表达，不应离开前面的问话单独出现。

　　祭祀祖先、先圣、先哲的活动在各地都有举行。但在礼仪活动中，常见参与者缺乏基本礼仪训练，具体仪节中往往手足无措。更有人缺乏应有的敬畏之心，把参与祭祀活动当作一种"表演"。不难理解，祭祀礼仪应当"诚于中，形于外"，表达的是对祭祀对象的尊崇与赞颂。古人认为，"礼之所尊，尊其义也"，"礼仪"表达的是"礼义"，没有对祭祀内涵的真正理解，恐怕就应了古人那句话："为礼不本于义，犹耕而弗种也。"

（原载于《衡水学院学报》2012 年第 3 期）

与《论语》相伴，走人生正道

不管你知道《论语》的多少章句，只要你真的理解了其中深蕴的道理，你一定会觉得它们简直就像金子一般珍贵。可别简单地、轻蔑地或不耐烦地以为这只是"一些老套的道德说教"，更不要以为"半部《论语》治天下""天不生仲尼，万古长如夜"是前人的梦呓。《论语》是"六经真义"，是孔子以前数千年中华智慧的沉淀，还经过了孔子以后数千年社会历史的检验。随着人生阅历的丰富，你每一次读《论语》，它可能都是新的！因为《论语》在讲世道与人心，在谈价值与信念，它指引的是人生的正道。

心中有 "道"， 脚下有路

人往往会有迷茫的时候，没有了人生目标，简直就像迷途的羔羊，四顾茫然，不知走向哪里。如果在《论语》中寻找答案，孔子开出的良方或许是三个字：志于道。

孔子时常说"志于道"："士志于道，而耻恶衣恶食者，未足与议也。""志于道，据于德，依于仁，游于艺。"人"志于道"，就不会只专注于生活的琐事，就会做对家庭、对社会有用的人；"志于道"就要做有德的人，做有爱心的人，做自觉以诗礼涵养自身的人。

《论语》开篇讲的就是人生价值与信念的大问题。人组成社会，就需要有人来担当、有人来引领，这些人明辨是非、信念坚定，他们就是大人，就是君子，儒学就是培养这样的人。《论语》开篇说"学而时习之，不亦说乎"，其深意讲的是自己的价值信念如果被社会认可、接受、施行，不是令人喜悦吗？接着孔子讲如果社会不认可，理解自己价值信念的人从远处赶来，和自己讨论问题，不是很快乐吗？即使没人理解也不感到悲观、痛心、愤懑，这不也是信念坚定的君子吗？

人来到这个世界当然没什么目的性，《论语》提醒年轻人，为了使人生有意义，人必须找出自己生活的意义才好。早期儒家思维的逻辑起点就在于"人禽之别"，即思考人类的根本问题。人除了自然生命的意义，就是社会人生的价值。矢志于"道"，人生就有格局、有气象，人生脚步更稳健。孔子说："后生可畏，焉知来者之不如今也？"年轻人年富力强，谁也不能断定其将来的成就不如今人。孔子又说："年四十而见恶焉，其终也已！"人到了四十岁还被人厌恶，这个人也就这样了。何不趁年轻，清醒头脑，看对路子，坚定地走下去！

人有志向，有目标，就有动力。持之以恒，目标就不难实现。我们不仅要聆听孔子的教诲，其实孔子的人生也给我们很好的启迪。他小时候贫贱，但在逆境中奋发。孔子"十有五而志于学"，早早确立了学习和奋发的方向，"志于学"就是"志于道"，这个"学"就是孔子一生的追求。他"三十而立，四十而不惑"，五十岁达到"知天命"的境界。孔子心中有"道"，为了心中的那个"道"，他追寻了一生，努力了一生！

人道之 "正" 在于 "政"

孔子所处的时代，天下无道，礼崩乐坏，社会乱象丛生，人们行为失范，"臣弑其君者有之，子弑其父者有之"。那么，怎样使天下归于正道，使人心归于正途，这正是孔子思考的核心问题。于是，孔子的着眼点落在了"政"上。

打开《论语》，就很容易发现其对于"政"的格外重视。《论语》开篇在总体谈论修身做人的问题之后，接着就是《为政》篇，由此开启了全书为政问题方方面面的讨论。

《论语》为政的精神，通过《孔子家语》也会得到印证。《孔子家语》开篇就是《相鲁》，记述孔子执政于鲁国期间的政绩。它首先给人们展示了孔子作为"政治家"的形象，显示了孔子卓越的治世才能。孔子说："人道，政为大。夫政者，正也。君为正，则百姓从而正矣。君之所为，百姓之所从。君不为正，百姓何所从乎？"他直接明了，简直说到根本上了！人道的关键在于政，人道由政而得正。"为政"就是"为正"，人不见"正"，何以端正？

　　人是社会性的存在，为政是全部社会系统的提携处、撬动点。当今之世，社会分工更加细密，人们行业不同，各司其职，都是为了天下的安宁与发展。子夏说："仕而优则学，学而优则仕。"仕不离学，学不离仕。学仕一体，互为本末。超凡脱俗固然是一种人生境界，但人们却难以真的超然物外。孔子说，人非鸟兽，故鸟兽不可与同群。人系人，故与之仁。圣人之仁，甚至不以天下无道而弃之。

　　孔子关于君主身正为范、为政以德的论述有很多很多，这都是由于为政者自身"正"的必要性与重要性使然。孔子说"君子之德风，小人之德草""子欲善而民善"，所以，为政者要明白"风行草偃"的道理；为政者本身做好了，社会风气就必然会根本好转。于是，有人向孔子问政时，孔子开出了很多的良方，比如以诗书教义、培养正确的信念、忠信踏实、"举直错诸枉"、临民以庄、使民孝慈、"举善而教不能"等。这些，都是以为政者的"正"为根本的。例如，有人问政，孔子说"先之，劳之"，自己先做到勤政，然后再使老百姓勤劳。自己有勤政之劳，加之"无倦"不懈，民众虽劳不怨。

以正为政则无不正

　　明白了人道之"正"在于"政"，接着就是如何由"政"而"正"的问题了。从事管理的人思考管理之道，思考怎样才能取得管理的成效，于是，有的徘徊于东方西方之际，有的纠结于德政法治之间。其实，孔子给出的方法简单明了，那就是这个"正"。

　　孔子儒家强调"正名"，同样也是上行下效的问题。为政在于正名，正名就是"君君、臣臣、父父、子子"，人在社会上都具有不同的身份与角色，应该遵守各自的行为规范，履行相应的责任义务。孔子儒家讲"君仁臣忠""父慈子孝"，先君后臣、先父后子强调的是"君""父"的引领意义。长期以来人们诟病的"君为臣纲""父为子纲"，其实，换个角度理解，其中首先包含"君"与"父"的担当与责任。正是在这样的意义上，孔子才说："名不正则言不顺，言不顺则事不成，事不成则礼乐不兴，礼乐不兴则刑罚不中，刑罚不中则民无所措手足。"为君、为政者首先"其身正"，才能民知所措，天下有道，社会臻至理想境界。

有人向孔子问政，孔子常说"政者，正也"。孔子认为："子帅以正，孰敢不正？"无论国君还是大臣，都应当发挥表率作用，都要尽力做到"其身正"。为政者本人做好了，百姓就容易受到熏陶，这就是"上行下效"。在古代，"政"与"正"往往通用，这是用音训。政，就是端正。在位者带头端正了，谁敢不端正呢？

为政者要重视教育，是因为教育对于人心之"正"具有关键的意义。"德成而上，艺成而下"，知识就是力量，力量需要方向，有了人心之正，才智才会发挥积极作用。传统教育格外注重"养正"和"正心"。例如，孔子重视诗教，正如他本人所说："诗三百，一言以蔽之，曰'思无邪'。""思无邪"就是"归于正"，真正理解了《论语》成书的特点，就知道其中的篇与篇、章与章之间都存在着密切的关联，就知道《为政》篇何以在首章"为政以德"后接着就谈"诗三百""思无邪"了。

何谓"正"？看看这个字，《说文》解释得很明白："一以止。凡正之属皆从正……古文正，从一足。足者，亦止也。"正，从结构上讲，上边是"一"，下部是"足"或"止"，所以有人理解为"守一以止也"。孔子对曾子说"吾道一以贯之"，曾子说"夫子之道，忠恕而已矣"。孔子还说过"礼本于太一"，在孔子的思想体系中，太一是世界或宇宙的本体，天地、阴阳、男女、夫妻、夫子、君臣……这一对一对的"一"都被化生出来。世间的事物都是一个个的"一"，如果处理人际关系，就应该"守一"或"抱一"，坚守一条正道，做到"守一"而"知止"，或"守一以止"，这也就是"正"了。说到这里，我们就明白了为什么也说"以正治国"了。

外面的世界很精彩，人们很容易被外物所"化"。既然"物之感人无穷"，人就不能"好恶无节"。因此，治国要以"正"为标准，这是治国的根本。为政者以"正"引领而"为天下正"，为世人做出示范与导向，则社会的"正"就不难取得了。

（原载于《中国纪检监察》2018 年 12 月）

下篇　中华文化的当代思考

中国献给世界的最伟大礼物

从 2013 年 11 月 26 日至 2014 年 9 月 24 日，在不到 10 个月的时间里，笔者有幸两次亲自聆听习近平总书记关于孔子、儒学与中国传统文化的论述，感触颇深。如果说习近平总书记在孔子研究院的讲话是向全国发出了大力弘扬传统文化的重要信息的话，那么，他在国际儒学联合会纪念孔子2565 周年诞辰国际学术研讨会上的讲话，则是就大力重视优秀传统文化向全世界的重要宣示。在国际儒学研讨会与纪念孔子诞辰这样特殊而重要的场合与时机，习近平总书记站在世界文明与国际关系的高度，首先讲到"思想"对世界和平与发展的意义，指出中国传统爱好和平的思想直到今天依然是中国处理国际关系的基本理念。习近平总书记再次谈到联合国教科文组织总部大楼前石碑上的那句话："战争起源于人之思想，故务需于人之思想中筑起保卫和平之屏障。"其实，此言正深度契合孔子儒学思想。在当今时代，大力宣传孔子儒学，弘扬传统文化，正符合当今时代的主题，也是中国献给世界的最伟大礼物。在讲话中，习近平总书记阐述了中华民族传统思想的发展阶段，客观分析了儒学发展中的几个特点，这就是与其他学说的"和而不同"、与时迁移和应物变化的长久生命力，还有坚持经世致用原则，这对中华民族延续不断起了重要作用，也对当今世界解决普遍存在的社会问题具有重要意义，习近平总书记进而提出了要"把这个课题研究好"的期望。习近平总书记的讲话立足于当今中国的实际，从哲学高度上阐发了中国传统文化修齐治平、尊时守位、知常达变、开物成务、建功立业的内在气质，系统全面地提出了中华优秀传统文化的十五个方面，这就回答了中华优秀传统文化是什么的问题。习近平总书记的讲话尤其注重中华传统文化的整体性和完整性，强调了中华传统文化的一体多元或多元一体特征。

2014年3月27日，习近平总书记在巴黎联合国教科文组织总部进行演讲时，明确提出了文明交流互鉴的态度和原则。此次在国际儒联会议上的讲话，习近平总书记做了进一步阐发，提出了正确对待不同国家和民族的文明，正确对待传统文化和现实文化应该注重坚持的原则：第一，维护世界文明多样性；第二，尊重各国各民族文明；第三，正确进行文明学习借鉴；第四，科学对待文化传统。文明多姿多样是认识前提，文明平等与尊重是基本态度，文明相互包容和学习使人类文明不断发展和进步，而科学对待文化传统则使前进的脚步更加稳健。只有秉持这样的原则，才有可能参透其他文明的奥妙，消除独尊、歧视、排他心理，避免无知、傲慢和偏见，进而求同存异，互相涵摄，和谐相处，共同前行。著名学者、孔子文化奖获得者牟钟鉴教授曾说，习近平总书记的这一文明观念可概括为世界"文明和谐论"，这是中国关于世界文明观的最新表达。这一讲话高瞻远瞩，气势恢宏，掷地有声，它明显高于"文明冲突论"，也包含了既有的"文明对话论"。这样的评价准确到位，习近平总书记的讲话业已引起广大学者和国际社会的广泛关注和一致好评。习近平总书记的论述基于中国文化发展的历史经验，体现了中国传统文化的伟大智慧。习近平总书记2013年11月26日视察孔子研究院时谈到，有的外国元首看长城，就能联想到中国文化的特点在于热爱和平，不进攻侵略，而是防守自己的家园。习近平总书记说，长城还象征包容与凝聚力，外来的东西，进来后也变成内生的东西。中华民族就是不少民族共同融合形成的，中国常把外来文化本土化。这样的例证不胜枚举，佛教中国化就是如此。中华文明的包容性特征很早便形成了。春秋时期就有人说"和实生物，同则不继"，孔子儒家集古代文化之大成，形成了"和而不同"的优秀品质，虽不苟同，但相互尊重，和平共处。只要秉持平等、谦虚的态度，了解各种文明的真谛，就能具有包容精神，实现文明和谐，就能像习近平总书记所说，哪里还有什么"文明冲突"？

中国先人早就看到"人心惟危"，人不能"好恶无节"，而应明理修身，推衍亲情，放大善性，"允执厥中"。孔子便说："凡民之为奸邪、窃盗、靡法、妄行者，生于不足。不足生于无度……"又说："人藏其心，不可测度。美恶皆在其心，不见其色。"既然"有度"与"无度"全在"人之思想"，那么，中华文明"以礼制中"的意义便不言而喻。孔子是世界公认的与苏格拉底、柏拉图、释迦牟尼等齐名的伟大思想家。主张"文明冲突论"的美国学者亨廷顿也把孔子所创立的儒家文明作为与基督教文明、伊斯兰文明等相对应的基本人类文明。世界应更多理解和认识儒家文明。英国作家贡布里希说，在孔子学说的影响下，"中华民族比世界上别的民族更和睦、更和平地共同生活了几千年"。孔子提出的方法是简单的，不管你是否喜欢它，但"其中却蕴含着比人们第一眼所看到的更多的智慧"。1989 年，联合国教科文卫生组织干事泰勒博士说，"如果人们思索一下孔子的思想对当今世界的意义，人们很快就会发现"，"当今一个昌盛、成功的社会，在很大程度上仍然立足于孔子所确立和阐述的很多价值观念"。儒家主张天人合一，民胞物与，它启示我们与自然和谐相处，呵护珍惜、合理利用有限的资源。儒家提倡以人为本，仁者爱人，这种宝贵理念可以应对科学主义、消费主义带来的人的异化，疏解现代人的焦虑与困惑。儒学关注人的生命价值，提升人的道德境界，当我们把内心深处的爱从自己的亲人向外扩展、推广，使爱心弥漫开来时，爱将充满世界，洋溢全球，人类将会减少很多的对抗和冲突！儒家文明倡导和谐，强调包容。世界本来就丰富多彩，人类的文化也多元共存。单一音符奏不出悦耳动听的音乐，单一色彩绘不成赏心悦目的图画，单一文化和宗教也将使世界变得单调乏味。经济的全球化绝不意味着文化的一体化、同质化。因此，学会尊重，学会对话，拒绝冲突，放弃对抗，不同宗教信仰、不同文化背景的人相互交流、互利共赢，世界才会更美好、更富有生机！

中华传统文明的生命力在于主张与时偕行，在新的时代，古老的儒学也将立足人类所面临的问题，以全球视野进行思考，与世界所有优秀思想相互学习，以丰富、完善自我，焕发出无穷的生机。今天，地球变得越来越小，人类命运越来越荣辱与共，风雨同舟。在"即凡而圣"的孔子那里，在历久弥新的儒家思想中，会得到缓解现代危机的启迪，获得走出困境的灵感。从元典时代走来的孔子儒学，是此后两千多年中华文明的"源头活水"。许多贤达俊彦意识到，人们应该放下现代人的虚骄和狂妄，平心静气、抱着温情与敬意，去回望遥远的古代贤哲——不管是孔子，还是苏格拉底，不管是佛陀，还是耶稣——这些人类思维范式的奠定者，总会毫不吝啬地回馈给我们智慧的灵光。对于中国，以孔子儒学为代表的优秀传统文化，也是新文化、新思想的肥沃土壤和不竭源泉。对于整个世界，儒家文明在与异质文化和思想的交流中，十分有助于全球化时代多元文化的良性发展。亲近孔子儒学，弘扬中华传统，以"中国思维"指导中国的内政与外交，只有这样，才能使中国文化更好地为世界所认知，才能使中国贡献的"伟大礼物"为各国所了解。习近平总书记特别强调，马克思主义基本原理必须同中国具体实际紧密结合起来，应该科学对待民族传统文化，科学对待世界各国文化，用人类创造的一切优秀思想文化成果武装自己。中国优秀传统思想文化核心的内容已经成为中华民族最基本的文化基因，是中华民族和中国人民的独特标识。要不断发掘和利用人类创造的一切优秀思想文化和丰富知识，更好开创人类社会的未来。在不到 10 个月的时间里，习近平总书记一再提出重视孔子、儒学与传统文化，不断为传统文化"撑腰""鼓劲"，意义重大，发人深省，令人振奋。习近平总书记对传统文化的"高调"表态，尤其是 2014 年 9 月 24 日在国际儒联大会上的讲话，系统阐发儒学在历史的发展、儒学在社会的作用、儒学在今天的世界等问题，显示了对传统文化的理性认知和充分尊重，充满了对中华民族传统文化的温情与敬意，表现了习近平总书记构建思想文化强国的使命担当，标志着中国迈出了建构时代新文化的步伐。

习近平总书记的一系列讲话精神，展现了未来中国的文化蓝图，对所有中国传统文化研究者都是鼓舞与鞭策。我们坚信，习近平总书记表态要真正予以继承和发扬，将会从实质意义上构建思想文化，建设文化强国，支持和引导在继承的基础上创新。我们应当牢记习近平总书记的嘱托，群策群力，集思广益，在新的形势下更加发奋努力，思考如何发挥现有资源的作用，高水平、高标准做好包括孔子儒学在内的中国优秀传统文化现代转换这篇大文章，在弘扬社会主义核心价值观方面做出自己的贡献。

（原载于国际儒学联合会主编：《国际儒学研究》第 23 辑，华文出版社2016 年版）